LIBÉRESE
DE LAS
TOXINAS

DR. DON COLBERT

CASA
CREACIÓN

La mayoría de los productos de Casa Creación están disponibles a un precio con descuento en cantidades de mayoreo para promociones de ventas, ofertas especiales, levantar fondos y atender necesidades educativas. Para más información, escriba a Casa Creación, 600 Rinehart Road, Lake Mary, Florida, 32746; o llame al teléfono (407) 333-7117 en Estados Unidos.

Libérese de las toxinas por Dr. Don Colbert
Publicado por Casa Creación
Una compañía de Charisma Media
600 Rinehart Road
Lake Mary, Florida 32746
www.casacreacion.com

A menos que se indique lo contrario, todos los textos bíblicos han sido tomados de la *Santa Biblia*, versión Reina-Valera, revisión 1960. Usada con permiso.

Traducido por: Belmonte Traductores
Director de diseño: Bill Johnson

Originally published in the U.S.A. under the title: *Toxic Relief, Revised and Expanded*
Published by Charisma House, A Charisma Media Company, Lake Mary, FL 32746 USA
Copyright © 2011
All rights reserved

Visite la página web del autor: www.drcolbert.com

Copyright © 2011 por Casa Creación
Todos los derechos reservados

Library of Congress Control Number: 2011940878
ISBN: 978-1-61638-556-9
E-book ISBN: 978-1-61638-557-6

Nota de la editorial: Aunque el autor hizo todo lo posible por proveer teléfonos y páginas de Internet correctas al momento de la publicación de este libro, ni la editorial ni el autor se responsabilizan por errores o cambios que puedan surgir luego de haberse publicado.

11 12 13 14 15 * 5 4 3 2 1
Impreso en los Estados Unidos de América

Dedicatoria

ME GUSTARÍA DEDICAR ESTE LIBRO A MI NIETO BRADEN, A quien llamo mi "Joy Boy". Tiene dos años y medio de edad y está lleno de amor, gozo y energía.

Yo soy su papá, y hace un par de meses llegó corriendo a mi sala de exámenes gritando: "¡Papá, Papá!". Estaba tan emocionado por verme que corrió hasta mí y me dio un gran abrazo, y después se giró para ver a tres niños pequeños en la sala con su mamá y su papá. El pequeño de cuatro años estaba muy enfermo y era mi paciente. También estaban en la sala su hermano de diez meses y su hermana de seis años.

Joy Boy fue primero al bebé y abrazó y mostró su amor a ese bebé durante un minuto aproximadamente. Después fue al niño de cuatro años y le abrazó durante un minuto. Se podía sentir de modo tangible el amor y la sanidad mientras Joy Boy abrazaba al niño enfermo. Entonces, con una sonrisa dientuda, se dirigió hacia la hermana y la abrazó.

Los padres quedaron sorprendidos ante mi pequeño Joy Boy y el gozo y el amor que demostró. Que todos nosotros seamos como niños y compartamos el amor y el gozo de Cristo con un mundo enfermo y moribundo.

También me gustaría dar las gracias a mi esposa, Mary, por todo su amor y su apoyo muy necesarios durante la escritura de este libro.

ÍNDICE

SECCIÓN I
NECESITA LIBERARSE DE LAS TOXINAS

SECCIÓN II
PROGRAMA DE DESINTOXICACIÓN DEL DR. COLBERT

SECCIÓN III
CÓMO DESINTOXICAR LA PERSONA COMPLETA

x

PREFACIO

$\bowtie\bowtie\bowtie\bowtie\bowtie\bowtie\bowtie\bowtie\bowtie\bowtie\bowtie\bowtie\bowtie\bowtie$

Don Colbert llegó a la Universidad Oral Roberts (ORU por sus siglas en inglés) en agosto de 1977 como alumno de segundo curso. Después de completar su trabajo como estudiante universitario, pasó a completar también la Escuela de Medicina en ORU. Durante aquel período atravesó una experiencia muy grave que subrayó su conciencia del poder sanador de Dios. Debido a la sanidad sobrenatural que él experimentó de primera mano, el Dr. Colbert se convirtió en un hombre encendido por llevar la salud y el bienestar de Dios a tantas personas como fuese humanamente posible.

En 1963, ORU fue fundada sobre el principio de educar al "hombre completo": espíritu, alma y cuerpo. Yo sabía en mi corazón que Dios quería que estuviésemos bien en todas las áreas de la vida. Dios nos creó a cada uno de nosotros con un balance perfecto, y si alguna parte de ese balance está desalineado, todas las demás partes sufren. Cada persona puede ser tratada de ese modo también en la medicina. Somos espíritu, vivimos en un cuerpo, y tenemos una mente.

El Dr. Colbert está llevando a cabo el compromiso de Dios con el concepto del hombre completo. Su conocimiento del cuerpo en relación con la mente y el espíritu es bastante único. Su aplicación de ese conocimiento ayuda a proporcionar una atmósfera para que el hombre completo se ponga bien. El Dr. Colbert cree que al tratar todas las partes como conectadas unas a otras, le da a la persona una mejor oportunidad de recuperar el balance en todas las áreas.

Este libro aborda el concepto del hombre completo de modo médico que también incluye la necesaria conciencia de que la mente y el espíritu son tratados con igual importancia en el cuerpo. Debido a sus muchas experiencias personales en encontrar salud y bienestar, Dios ha dotado de modo único al Dr. Colbert de una capacidad para mirar por encima de la enfermedad y ver a la persona. Él ha hecho una crónica de ese conocimiento en este libro a fin de transmitirla a aquellos que deseen encontrar nuevas respuestas a antiguos problemas.

Es mi oración que también usted pueda experimentar el mismo bienestar que el Dr. Colbert y muchos de sus pacientes han experimentado. Le doy gracias a Dios por su poder sanador que es tan importante para todos nosotros, y le doy gracias a Dios por el deseo del Dr. Colbert de difundir ese conocimiento sanador del hombre completo con libros como este. Que Dios le bendiga abundantemente a medida que lea.

—ORAL ROBERTS

24 DE ENERO DE 1918–15 DE DICIEMBRE DE 2009

INTRODUCCIÓN

HOY MÁS QUE NUNCA, ESTAMOS EXPUESTOS Y SOMOS conscientes de las toxinas que hay en nuestros alimentos y en el ambiente que hacen grandes estragos en nuestra salud. La compra de alimentos orgánicos se ha generalizado, con mercados de agricultores y cadenas de alimentos orgánicos como Whole Foods, Trader Joe's y Sprouts que aparecen en la mayoría de ciudades y suburbios por todo el país. Documentales como *Super Size Me*, *An Inconvenient Truth* y *No Impact Man* atraen nuestra atención al modo en que los alimentos ingeridos afectan a nuestro cuerpo y los actos de la humanidad afectan a nuestro planeta. Hemos aprendido que gran parte de nuestro aire es tóxico, gran parte de nuestras aguas están contaminadas, nuestros alimentos carecen de nutrientes y normalmente están llenos de productos químicos y hormonas tóxicas, y los virus y las bacterias proliferan.

Añadamos a todo eso el preocupante impacto de los desastres naturales y los desastres provocados por el hombre, como el derrame de crudo en el Golfo en 2010 y el terremoto y el tsunami en Japón en 2011 que condujeron a una explosión en el reactor nuclear, y no hay duda alguna de que la toxicidad de nuestro planeta está alcanzando una proporción crítica.

¿Hay algún modo de escapar a ello?

Sí, lo hay. Y este libro está pensado para enseñarle cómo.

La versión original de este libro se publicó en 2001. En aquel momento, escribí que vivíamos en un estado peligrosamente tóxico y, tristemente, la mayoría de nosotros ni siquiera éramos conscientes de ello. Incluso en aquel tiempo, las muertes relacionadas con nuestra dieta y estilo de vida tóxicos constituían la mayoría de muertes en América. Enfermedades del corazón, cáncer, derrames, diabetes, obesidad y otras enfermedades causaban más del 85 por ciento de todas las muertes,[1] y muchas enfermedades en aquel momento también estaban causadas por una acumulación de toxinas que crean

1

excesivos radicales libres y estrés oxidativo, dañando tejidos y órganos y preparando el escenario para la enfermedad y síntomas inquietantes entre los que se incluyen: fatiga, pérdida de memoria, envejecimiento prematuro, trastornos de la piel, artritis, desequilibrios hormonales, fatiga crónica, ansiedad, trastornos emocionales, cánceres, enfermedades del corazón y muchos, muchos más.

Tristemente, ese patrón no ha cambiado; si algo ha hecho es que ha empeorado. Nuestro planeta sigue estando cada vez más enfermo con cada año que pasa, y juntamente la gente y los animales que viven en él. Los desastres naturales y los causados por el hombre solamente alimentan la erupción de una toxicidad cada vez mayor a nuestro alrededor.

Pero la noticia alentadora tiene dos sentidos. En primer lugar, nuestra conciencia es mucho mayor de lo que era hace diez años, cuando publiqué la primera versión de *Libérese de las toxinas*. Es probable que tenga usted este libro en sus manos porque sea consciente de las toxinas que están obrando en nuestros alimentos, nuestro medio ambiente y nuestros cuerpos, y quiere una táctica y esperanza para un futuro mejor, y por eso le aplaudo. En este libro encontrará exactamente lo que busca.

Y ahí es donde entra la segunda parte de la noticia alentadora. Después de muchos años como médico practicante y de familia dedicado a la mejora de la salud y la educación de los pacientes, estoy convencido de que hay una manera mejor de cuidar de nuestros cuerpos y encontrar esperanza para nuestro futuro. Sí, somos tóxicos, y muchos de nosotros sufrimos largas listas de enfermedades crónicas como resultado. Pero no estamos sin esperanza. ¡Hay liberación de las toxinas!

Por eso he escrito esta versión actualizada y revisada de *Libérese de las toxinas*. Gran parte del dolor, el sufrimiento y la resultante muerte prematura causada por nuestro estilo de vida tóxico y nuestro medio ambiente pueden evitarse e incluso revertirse, y este libro le ofrece una guía práctica llena de aliento y esperanza genuina. Usted no solo puede prevenir la enfermedad crónica y una mala salud debido a la toxicidad, sino que también, si está sufriendo actualmente una enfermedad crónica, puede que incluso sea capaz de darle la vuelta por completo a su situación. En este libro, le he proporcionado un programa médicamente sensato y fácil de seguir para proporcionarle liberación de las toxinas.

Como aprenderá en este libro, limpiar su cuerpo llegando hasta el nivel celular renovará su vitalidad, restaurará su energía, recuperará su salud, eliminarán grasa tóxica, alargará su vida y le dará un saludable resplandor que no ha tenido usted en años.

No solo eso, sino que este programa de ayuno y desintoxicación es también para la persona total. El ayuno como disciplina espiritual es tan antiguo como Moisés. Este programa está pensado para limpiarle y restaurar su salud: ¡cuerpo, mente y espíritu!

Por tanto, si ha estado usted sufriendo de sobrecarga tóxica del cuerpo, la mente y el espíritu, es momento de que se prepare para experimentar una bendita liberación de las toxinas.

—Dr. Don Colbert

SECCIÓN I
NECESITA LIBERARSE DE LAS TOXINAS

Capítulo 1
NUESTRA TIERRA TÓXICA

EL DÍA 20 DE ABRIL DE 2010, UNA TORRE PETROLERA LLAMADA Deepwater Horizon explotó en las aguas del Golfo de México, y fueron necesarios casi tres meses para contener el vertido. Cada día que la torre seguía activa, entre 53 000 y 62 000 barriles de petróleo se vertían a las aguas del océano, dando como resultado un total de 4.9 millones de barriles de petróleo vertidos hasta que fue taponado.[1] Imágenes de peces, aves y pelícanos recubiertos de petróleo circularon por la Internet durante aquellos tres impredecibles meses, dando testimonio de los peligrosos contaminantes que hacían efecto en las aguas del golfo. A finales de junio, se habían recibido más de 400 quejas por exposición al petróleo y se había informado de 100 enfermedades relacionadas con el vertido en los centros de control de tóxicos.[2]

Menos de un año después, el 11 de marzo de 2011, un terremoto de magnitud 9.0 y su tsunami resultante en Japón condujeron a una explosión en la planta nuclear de Fukushima Daiichi, causando una fusión de combustible en tres de sus cuatro reactores y conduciendo a una fuga de radiación al océano y los terrenos circundantes. Más de 170 000 residentes en un radio de unos 20 kilómetros fueron evacuados de sus hogares, y al menos 200 personas quedaron expuestas a la radiación en los primeros días de la explosión.[3] Más adelante supimos que los trabajadores de la planta nuclear fueron expuestos al doble del límite de radiación establecido por el gobierno, equivaliendo esa exposición a un efecto mayor de radiación del resultante tras 1000 rayos X abdominales.[4] En la impresión de este libro, la zona de evacuación alrededor de la planta de Daiichi ha sido declarada inhabitable y es probable que siga siéndolo por años, posiblemente décadas.[5]

Haga un viaje mental en el tiempo conmigo y considere lo siguiente: en menos de un período de diez años, hemos sido testigos de desastres como el huracán Katrina, tsunamis en Tailandia y Japón, inundaciones en Tennessee y Alabama, terremotos en Haití y Japón, además de un importante vertido de petróleo y la explosión de una planta nuclear. ¿Cuál es el impacto en la salud de los seres humanos cuando se producen tales desastres? ¿Debiéramos estar preocupados por sus efectos a corto y largo plazo? ¿Qué necesitamos saber para ayudar a nuestros cuerpos a desarrollarse a pesar de esas situaciones? Este es el tipo de nuevas preguntas al que nos enfrentamos en una época en que los desastres naturales y los causados por el hombre prevalecen en nuestro planeta.

Y sin embargo, hay todavía más cosas a considerar. Por encima de los catastróficos desastres naturales y causados por el hombre que han golpeado nuestras vidas en esta última década, la continua y triste realidad es que vivimos en un mundo tóxico. Clara y sencillamente, nuestro tóxico planeta está causando estragos en nuestros cuerpos cada día, lo sepamos o no.

Piense en estos hechos. Debido a nuestros avances tecnológicos desde la Revolución Industrial, hemos seguido derramando peligrosos productos químicos y contaminantes a nuestras corrientes de agua, el terreno y la atmósfera. En este momento, probablemente tenga usted alguna cantidad de plomo en su cuerpo, normalmente almacenada en sus huesos; la mayoría de nosotros la tenemos.[6] La mayoría de nosotros tenemos pequeñas cantidades de DDT (o su metabolito DDE, al cual cambia durante el metabolismo) en nuestros tejidos adiposos.

Los niveles de plomo medioambiental existentes son al menos quinientas veces mayores que los niveles prehistóricos.[7] El plomo, uno de los metales más comúnmente utilizados (además del hierro) se usa en la fabricación de baterías, productos químicos y otros productos de metales. El plomo realmente ha contaminado todo nuestro planeta. Incluso se ha encontrado plomo en algunas de las zonas más remotas del planeta, como el Casquete Polar Ártico y en los aborígenes de Nueva Guinea que viven muy lejos de cualquier fuente de exposición al plomo. La contaminación se debe con mayor probabilidad a la contaminación atmosférica. Realmente se ha establecido que tenemos entre quinientas a setecientas veces más plomo en nuestros huesos que nuestros antecesores.[8]

Desgraciadamente, gran parte de nuestras aguas, alimentos y atmósfera están contaminados por productos químicos que no son biodegradables, o que necesitan muchos años para descomponerse.

No solo es difícil para la tierra degradar esos productos químicos, sino que también es difícil para su cuerpo desintoxicarlos o eliminarlos eficazmente. A veces, carecemos de las enzimas desintoxicantes que se requieren para eliminarlos. Por tanto, esos productos químicos se almacenan en nuestros cuerpos, especialmente en los tejidos adiposos, e incluso se almacenan en el cerebro, el cual está constituido aproximadamente en un 60 por ciento por lípidos, que son sustancias parecidas a la grasa.

Enfermos y tóxicos

Si nuestra tierra está enferma y es tóxica, entonces hay una buena probabilidad de que la mayoría de nosotros estemos enfermos y seamos tóxicos. Desgraciadamente, normalmente somos incapaces de oler, gustar, ver o sentir la mayor parte de los productos químicos tóxicos a los cuales estamos expuestos diariamente. Como resultado, cada vez se hace más difícil evitar la exposición.

Cada día estamos expuestos a miles de toxinas, y se acumulan lentamente en nuestros cuerpos. Si no nos liberamos de las toxinas, esos venenos finalmente pueden matarnos por medio de enfermedades y males.

Pero no estamos sin esperanza. No tenemos que quedarnos sentados pasivamente mientras nuestro sistema inmunológico se derrumba bajo la pesada carga. Es posible liberarse de las toxinas. Usted puede limpiar su cuerpo de años de toxinas acumuladas y sus efectos aprendiendo a apoyar el propio y elaborado sistema de desintoxicación de su cuerpo.

Veamos más de cerca las toxinas que nuestros cuerpos deben tratar de manera continua.

El secreto de los vertidos de petróleo

El triste hecho es que en realidad no sabemos aún cuánto daño puede causar un importante vertido de petróleo en el cuerpo humano. Aunque hemos sido testigos de más de treinta importantes vertidos de petróleo en los últimos cincuenta años, se ha realizado muy poca investigación sobre los efectos que esos vertidos han tenido en el cuerpo humano.[9] Lo que es más, la investigación que se realizó en una fracción de esos treinta vertidos utilizaban con frecuencia pequeñas muestras sin comparaciones de grupo, y nunca examinaron ninguna consecuencia a largo plazo.[10]

Quienes estaban cerca de los vertidos, como obreros de la limpieza, con frecuencia informan de síntomas como picor en los ojos, erupciones cutáneas, náuseas, mareos, dolores de cabeza, tos y otros síntomas respiratorios después de haber trabajado en las zonas del vertido.[11] Pero todas ellas son enfermedades que los investigadores tienen confianza en que pueden revertirse. Como mayor confirmación de que los efectos de los vertidos en los seres humanos tienen probabilidad de ser reversibles, un estudio realizado en las secuelas del naufragio de un petrolero llamado Prestige en las costas de Galicia en el año 2002 evidenció un marcado aumento de daño en el ADN en individuos que habían estado expuestos al vertido, pero se demostró que los daños habían sido revertidos meses después de que se realizaran las primeras pruebas.[12] Por el momento, entonces, los investigadores parecen optimistas en que el daño en seres humanos expuestos tras la estela de un vertido de petróleo es reversible y no permanente.

Aun así, la preocupación por la salud humana como resultado de un vertido de petróleo es muy amplia. Quienes trabajan para limpiar los daños se preguntan cómo afectará a la calidad de su salud estar respirando los gases y manejando el alquitrán. Los padres se preguntan cómo afectará a la salud de sus hijos pequeños tales gases y productos químicos. ¡Y todos parecen preguntarse cuándo llegará el momento en que vuelva a ser seguro consumir marisco".[13]

Cuando se produce un vertido de petróleo, algunos productos químicos tóxicos son inmediatamente liberados que pueden afectar al cuerpo humano. Los primeros de ellos son el benceno y el tolueno. Ambos son compuestos orgánicos volátiles (VOCs), que se evaporan rápidamente cuando el petróleo llega a la superficie del agua, pero pueden causar molestias respiratorias cuando entran en contacto con los seres humanos.[14] Otras sustancias químicas, denominadas hidrocarbonos poliaromáticos (PAH), pueden quedarse en el agua mucho más tiempo y causar más preocupación.[15]

Cuando se trata del efecto de un vertido de petróleo en la cadena alimenticia, nos enfrentamos a riesgos potencialmente a largo plazo. Por ejemplo, sabemos que las especies vertebradas en el agua generalmente pueden filtrar los PAH sin mucha dificultad, pero a las especies invertebradas (como ostras y gambas) les resulta mucho más difícil, y los productos químicos PAH pueden acumularse en esos organismos durante años.[16] En un lugar como Louisiana, donde se produjo el vertido en Deepwater Horizon, el conocimiento de este hecho puede ser especialmente útil, ya que ostras y gambas constituyen gran parte de la industria pesquera allí.

Debido a la magnitud del vertido en Deepwater Horizon en 2010 y el resultante descubrimiento de que no se había hecho históricamente mucha investigación sobre ningún efecto de los vertidos en la salud de los seres humanos, el Departamento de Salud y Servicios Humanos destinó 10 millones de dólares para comprobar las enfermedades relacionadas con el vertido en el período subsiguiente al vertido de 2010, y más de 14 000 empleados de la empresa petrolífera BP responsable del vertido se prestaron voluntarios para ser parte de un sistema de seguimiento.[17] Los científicos han estado comprobando los efectos del vertido desde que se produjo, pero se tardará algún tiempo en ver las conclusiones.

Para más protocolos sobre cómo protegerse usted mismo de los efectos de un vertido de petróleo, vea el Apéndice A.

¿Qué sucede en las explosiones nucleares?

Cuando se produjo la noticia de que un terremoto de magnitud 9.0 había sucedido en Japón, puede que usted viese casi con incredulidad, como me sucedió a mí, las imágenes del mayor tsunami llegando hasta las costas de Japón. Y a pesar de lo devastadora e increíble que fue esa catástrofe, parece que nadie estaba preparado para lo que sucedió a continuación: el anuncio de las explosiones en la planta nuclear de Fukushima. De repente, el mundo colectivamente se preguntaba: *¿Será esto otro nuevo Chernobyl?*

Con una fusión nuclear como la que se produjo en Japón en marzo de 2011, hay dos importantes asuntos que más preocupan a los oficiales de salud. El primero es la liberación de yodo radioactivo que causa cáncer de tiroides. El segundo es la liberación de cesio, que es absorbido por todo el cuerpo y se queda en los órganos, los tejidos y la atmósfera mucho más tiempo que el yodo radioactivo.[18]

La explosión de Chernobyl en Ucrania en 1986 trajo con ella la segunda amenaza de la liberación de cesio, y en realidad fue mediante aquella explosión cuando aprendimos de los dañinos efectos a largo plazo del cesio. Antes de la explosión de Chernobyl, se creía que el cesio podría diluirse o eliminarse con lluvia. Pero en lugar de ser eliminado, se acumuló en la vegetación. Cuando los animales se alimentaban de esa vegetación, también ellos se contaminaban, lo cual afectó a nuestra carne y leche como resultado.[19]

La exposición al yodo radioactivo, aunque es peligrosa, es claramente la menos amenazadora de las dos posibilidades. No solo tiene un período de semidesintegración de ocho días, queriendo decir que cada ocho días se descompone sin daño alguno y finalmente no es ningún problema en cuestión de un par de meses, sino que también puede contrarrestarse con pastillas de yodo potásico ingeridas en las primeras veinticuatro horas.[20] Por el contrario, el cesio puede permanecer en el terreno hasta treinta años y puede tener efectos inmensamente dañinos en el cuerpo, como quemaduras, aguda enfermedad por radiación e incluso la muerte.[21]

En el incidente de la explosión de Fukushima, supimos unos tres meses después de la explosión que la liberación de radiación fue el doble de la que originalmente se predijo: 770 000 terabecquerelios, contrariamente a 370 000 terabecquerelios.[22] También supimos que los niños a una distancia de 50 kilómetros del lugar de la explosión sufrían fatiga, diarrea y sangrado por la nariz, que son las tres más comunes de entre ocho señales de radiación, testificando de una mayor susceptibilidad de los niños a los efectos de la radiación en el ambiente.[23] Además, otro producto químico radioactivo, el estroncio 90, se detectó en el terreno en 11 puntos tan solo a 62 kilómetros de la planta nuclear.[24] El estroncio 90 radioactivo se acumula en los huesos, y se cree que causa cáncer de huesos y leucemia.[25]

Claramente, las explosiones nucleares plantean una grave preocupación para la salud, pero afortunadamente la incidencia de tales explosiones es escasa. Refiérase al Apéndice A para mayores consideraciones y protocolos a seguir en caso de estar expuesto a la radiación.

Inundados de caos químico

Nuestros cuerpos están luchando contra una avalancha de productos químicos tóxicos de proporciones sorprendentes. En 2009, casi mil millones de libras de productos químicos tóxicos fueron liberados a nuestra atmósfera, según el Inventario de Toxinas Liberadas de 2009 de la Agencia de Protección del Medioambiente.[26]

Piense en estas estadísticas:

- Aproximadamente 77 000 productos químicos se producen en Norteamérica
- Más de 3000 productos químicos se han añadido a nuestro suministro alimentario
- Más de 10 000 disolventes, emulsionantes y conservantes se utilizan en el procesado de alimentos
- Unos 1000 productos químicos nuevos son introducidos cada año[27]

Más aún, un estudio en la revista *British Medical Journal* en 2004 calculaba que el 75 por ciento de los cánceres son causados por factores medioambientales y de estilo de vida. Otro informe de la Escuela de Salud Pública de la Universidad de Columbia calculaba que la dieta y las toxinas en el medioambiente causan el 95 por ciento de los cánceres.[28] Los cálculos también muestran que los americanos llevan entre 400 y 800 productos químicos en sus cuerpos en cualquier momento dado, la mayoría de ellos almacenados en células adiposas.[29]

El aire que usted respira puede que esté contaminado por gases de nuestros autos, autobuses, trenes y aviones, y por la contaminación ambiental industrial, la contaminación del aire por los desechos, y mucho más. El monóxido de carbono constituye casi la mitad de nuestros contaminantes en el aire. La mayoría proviene del combustible. Este peligroso gas ha sido directamente relacionado con las enfermedades del corazón.[30]

Metales pesados y otros contaminantes se emiten desde plantas de fundido, refinerías de petróleo e incineradoras. El ozono es el principal producto químico culpable en la niebla tóxica. Irrita los ojos y también el tracto respiratorio. La niebla tóxica y la contaminación del aire en el condado de Los Angeles son tan elevadas a veces en los meses de verano que los residentes reciben advertencias sobre hacer ejercicio al aire libre. El aire puede volverse tan espeso por los productos químicos que a veces puede resultar difícil ver.

Usted puede vivir durante semanas sin comida y durante días sin agua, pero solamente minutos sin aire. Si el aire que inhala contiene niebla tóxica, productos químicos, monóxido de carbono, metales pesados y otros contaminantes, entonces atraviesa su nariz, va hasta sus pulmones y de allí al flujo sanguíneo. Con cada respiración, productos químicos tóxicos son realmente bombeados por el corazón a todas las células de su cuerpo por medio del flujo sanguíneo.

Plantas industriales, incineradoras y peligrosos lugares de desechos liberan productos químicos orgánicos que son volátiles. Entre ellos pueden incluirse benceno, formaldehido, cloruro de vinilo, tolueno, tetracloruro de carbono, y otros productos químicos orgánicos volátiles. Muchos de ellos pueden causar cáncer.

Además, la American Lung Association recientemente informó que se calcula que las plantas de carbón matan a 13 000 personas por año, con más de 386 000 toneladas de contaminantes del aire que se emite desde más de 400 plantas en los Estados Unidos por año. Estas plantas de carbón son también las responsables de emitir mercurio transportado por el aire, que con frecuencia entra en la cadena alimentaria humana mediante el pescado y la fauna y flora. Elevados niveles de mercurio pueden conducir a daños cerebrales, defectos de nacimiento y daños en el sistema nervioso, y los contaminantes en el aire de las plantas de carbón se cree que causan ataques al corazón, derrames, cáncer de pulmón, defectos de nacimiento y muerte prematura.[31] (Véase el Apéndice A).

Contaminación interior

Si cree que la contaminación solamente se encuentra en el exterior, está equivocado. La contaminación interior es con frecuencia incluso más peligrosa para su salud que lo que inhala usted en el exterior. Veamos.

La mayoría de personas pasan aproximadamente el 90 por ciento de su tiempo dentro de casas, edificios de oficinas, restaurantes, empresas y edificios escolares. En esos lugares, toxinas interiores, productos químicos y bacterias están atrapadas y circulan a través del sistema de calefacción y de aire acondicionado de esas estructuras, y puede crear un riesgo mucho mayor para la salud.

Los edificios actuales son mucho más herméticos y bien aislados de lo que lo eran hace años, haciendo que se conviertan en cámaras acorazadas para gérmenes, bacterias y toxinas químicas. Si viaja usted por trabajo o negocios, podría estar aún peor. Los aviones herméticos pueden encerrar gérmenes, bacterias y contaminantes recopilados de personas de todo el planeta.

Síndrome de enfermedad de edificios

¿Piensa que está más seguro porque su edificio de oficinas es nuevo? No me gusta nada tener que ser la persona que le informe, pero no podría estar usted más equivocado. Compuestos orgánicos volátiles, como el benceno, el estireno, el tetracloruro de carbono y otros productos químicos están presentes tanto como cien veces más en los edificios nuevos, comparados con los niveles que se encuentran en el exterior.

Los edificios nuevos son los peores. Los materiales de construcción emiten gases al aire por medio de un proceso conocido como «desgasificación». Las alfombras nuevas liberan formaldehido. Las pinturas y liberan disolventes como el tolueno y formaldehido, y los muebles hechos de aglomerado también liberan formaldehido al aire. Además, la desgasificación también puede ocurrir desde telas, sillones, cortinas, alfombras, pegamentos y mucho más.

Los muchos productos químicos liberados mediante la desgasificación desde alfombras, pinturas y pegamentos pueden llegar a ser tan fuertes que quienes trabajan en esos edificios pueden ponerse muy enfermos. Cuando el nivel de contaminación interior en un edificio llega tan alto, usted tiene más probabilidad de enfermar de síndrome de enfermedad de edificios. El *síndrome de enfermedad de edificios* se define como "la situación de excesivas enfermedades relacionadas con el trabajo o con la escuela entre trabajadores o alumnos en edificios de reciente construcción". Con el tiempo, sin embargo, esos niveles tóxicos gradualmente disminuyen.

Elevadas cantidades de compuestos orgánicos volátiles también pueden encontrarse en las oficinas. Esos compuestos son emitidos desde fotocopiadoras, impresoras láser, computadoras y otros equipos de oficina.

¿Ha estado experimentando dolores de cabeza que se agudizan en el trabajo? ¿Le pican los ojos, están enrojecidos y acuosos? ¿Tiene dolor de garganta, mareos, náuseas y problemas de concentración? Esos son solo algunos de los muchos síntomas relacionados con el síndrome de enfermedad de edificios.

Otros síntomas del síndrome de enfermedad de edificios incluyen congestión nasal, mala respiración, problemas de memoria y concentración, fatiga y picores. Además, los pegamentos de alfombras y también la madera prensada, que también se fabrica de pegamentos y productos químicos que contienen formaldehido, comúnmente causan fatiga y dolores de cabeza.

¿Está inhalando bacterias, moho y levadura?

Los materiales nuevos no son la única causa del síndrome de enfermedad de edificios. Moho en el aire, bacterias y los venenos que despide la levadura también pueden causar síndrome de enfermedad de edificios. Muchas personas recuerdan las misteriosas muertes en 1976 de 182 legionarios que estaban alojados en un hotel en Philadelphia mientras asistían a una conferencia. Más adelante se determinó que ese grupo de personas contrajo neumonía debido a la bacteria legionella que había contaminado el sistema de aire acondicionado del hotel. Antes de ese acontecimiento, prácticamente no se oía de casos de síndrome de enfermedad de edificios.

Sin embargo, muchas, si no todas, de las unidades de aire acondicionado y sistemas de calefacción contienen alguna cantidad de moho. Frecuentemente se encuentran en ellos cantidades importantes, y las esporas de ese moho pueden viajar por todo un edificio.

El moho crece siempre que hay humedad, lo cual hace que las unidades de aire acondicionado sean incubadoras. Las casas húmedas no solo tienen moho, sino también ácaros del polvo. Los ácaros del polvo son la alergia más común en el aire.

Contaminación por pesticidas

La humedad no es el único peligro para un ambiente interior sano. La peligrosa contaminación interior también se crea con el uso cada vez más en aumento de pesticidas, que pueden encontrarse en algunos productos realmente sorprendentes.

Lo crea o no, pueden encontrarse pesticidas en pañales desechables, champús, ambientadores, colchones y alfombras. Usted está expuesto a los pesticidas cada día. Puede que incluso haga que rocíen su casa regularmente con pesticidas para el control de insectos.

Los pesticidas más comunes en uso en la actualidad son de una variedad llamada *organofosfatos*. Este grupo incluye el diazinón, que fue eliminado del mercado el 31 diciembre 2004 por la EPA (Agencia de Protección Medioambiental). La Universidad de California recientemente descubrió que la exposición prenatal a los pesticidas organofosfatos está relacionada con menores índices de inteligencia en niños de hasta siete años.[32] Los investigadores también han sugerido una relación entre la exposición a pesticidas organofosfatos y el síndrome de déficit de atención con hiperactividad en niños.[33]

Los pesticidas son fácilmente absorbidos en el cuerpo mediante el contacto con la piel, al respirarlos en los pulmones y al ingerirlos por la boca. Aunque su cuerpo está diseñado para eliminar tales venenos peligrosos, solamente la cantidad de ellos que encuentra diariamente es mucho mayor de la que su cuerpo fue diseñado para manejar. Por tanto, los pesticidas, sus metabolitos, y otras peligrosas toxinas finalmente se acumulan en su cuerpo lo largo del tiempo. Y cuanto mayor es la acumulación, más difícil se hace para el cuerpo eliminarlos. Cuando tal residuo de pesticidas se acumula en su cuerpo, puede usted comenzar a experimentar los siguientes síntomas o enfermedades:

- Pérdida de memoria
- Depresión
- Ansiedad
- Psicosis y otras formas de enfermedades mentales
- Parkinson y otras formas de degeneración neurológica
- Posiblemente cánceres sensibles a hormonas, como cáncer de mama y de próstata

¿Está siendo forzado a ser fumador pasivo?

Otro potente culpable es el humo de los cigarrillos. El humo de un cigarrillo encendido mientras está sobre un cenicero contiene una concentración tóxica más elevada de gases que la que el fumador realmente inhala.[34]

El humo de los cigarrillos de otros contiene cadmio, cianuro, plomo, arsénico, alquitranes, material radioactivo, dioxina (que es un pesticida tóxico), monóxido de carbono, cianuro de hidrógeno, óxidos de nitrógeno, nicotina, óxidos de sulfuro, y otros siete mil productos químicos.

La nicotina del humo del cigarrillo es la principal causa de adicción al tabaco. Sin embargo, la nicotina también estrecha los vasos sanguíneos y estimula el sistema cardiovascular y el sistema nervioso. Las sustancias causantes de cáncer y las toxinas que se encuentran en los alquitranes del humo son los principales peligros del humo de los cigarrillos.

Cuidado con los protectores solares

A pesar de lo cuidadosos que la mayoría de nosotros somos, especialmente las mujeres, para proteger nuestra piel con cierta medida de protección solar cada día, un reciente estudio por los Centros para el Control de la Enfermedad descubrió que la mayoría de protectores, hidratantes, bálsamos labiales, barras de labios, fragancias y otros cosméticos con frecuencia contienen un dañino producto químico llamado oxibenzona.[35] Este producto químico se ha relacionado con alergias, alteraciones hormonales y daño celular, al igual que con poco peso al nacer en niños cuyas madres han estado expuestas a los productos químicos durante el embarazo.

Además, la oxibenzona es una facilitadora de penetración, lo cual significa que facilita la penetración en la piel de otros productos químicos con los que se combina.

Tenga cuidado con el protector solar y los productos cosméticos que escoge utilizar en su piel; ¡escoja productos naturales que no contengan oxibenzona!

Toxinas en nuestros alimentos y en el terreno

Se siguen rociando nuestras tierras con pesticidas, los cuales después se abren camino hasta nuestros suministros de alimentos. Cuando comemos frutas y verduras con pesticidas, y especialmente carnes grasas, los pesticidas se acumulan en nuestros tejidos grasos, los cuales no solo incluyen nuestro tejido adiposo sino también el cerebro, las mamas y la próstata.

Cada año, aproximadamente 877 millones de libras de pesticidas y herbicidas son rociados sobre las cosechas en América que constituyen nuestro suministro alimentario; eso supone cerca de 1000 millones de libras de productos químicos que se introducen intencionadamente en nuestro medioambiente en nuestro suministro alimentario, ¡*cada año!*[36] Además, el herbicida glifosato ha duplicado su uso entre 2001 y 2007, pasando de 85–90 millones de libras por año a 180–185 millones de libras. Los cloruros e hipocloritos constituyen el 51 por ciento de los pesticidas utilizados en los Estados Unidos.[37]

Los agricultores que trabajan cerca de esos productos químicos tienen un riesgo mucho mayor de desarrollar ciertos cánceres, en especial cáncer de cerebro, cáncer de próstata, leucemia y linfoma. Estudios en agricultores revelan que a medida que aumenta su exposición a pesticidas y herbicidas, así también aumenta su riesgo de linfoma de no-Hodgkin.[38]

Además, un reciente informe de la Pesticide Action Network North America y la Commonweal descubrió que los americanos están expuestos hasta a setenta residuos de contaminantes orgánicos persistentes (POP) cada día en sus dietas. La exposición a los POP se ha relacionado con graves enfermedades y trastornos del desarrollo, como cáncer de mama, supresión del sistema inmunológico, trastornos en el sistema nervioso, daños reproductivos y alteración de los sistemas hormonales.[39]

Aunque los POP han sido prohibidos en los Estados Unidos, otros países todavía fabrican y usan esos productos químicos, y sus residuos son filtrados a nuestro aire y suministro de agua. Eso ha conducido a encontrar que prácticamente todos los alimentos están contaminados con los POP que han sido prohibidos en los Estados Unidos; es común que nuestra dieta diaria contenga alimentos que han sido tocados por tres hasta siete POP.[40]

Algunas de esas peligrosas sustancias se sabe que perduran durante cientos e incluso miles de años antes de descomponerse.

El DDT es un ejemplo de un producto químico que no se descompone. Fue utilizado en este país a gran escala desde principios de los años cuarenta hasta 1972. Es un veneno muy peligroso que fue prohibido en 1972 debido a sus graves efectos sobre la fauna y la flora, causando múltiples anomalías en los huevos de muchas aves y deformidades de órganos reproductores de muchos otros animales. Águilas calvas, cóndores, caimanes y otros animales desarrollaron deformidades, y sus poblaciones descendieron de modo dramático. Sin embargo, los residuos de DDT siguen estando presentes en los cuerpos de prácticamente todos los americanos. El DDT pertenece a la clase de pesticidas conocidos como organocloruros. Se ha sabido que muchos de ellos causan cáncer y defectos de nacimiento. También son almacenados en los tejidos adiposos del cuerpo.

En 1962, la ecologista Rachel Carson escribió un libro titulado *Silent Spring* [Primavera Silenciosa], que demostraba el efecto tóxico y mortal que el DDT ha causado en nuestra cadena alimentaria.[41]

Carson nos advirtió que si los pesticidas podían tener efectos tan dañinos y dramáticos en los animales y las aves, entonces sus efectos en los seres humanos no serían distintos. Hace casi cuarenta años, esta perspicaz mujer en realidad predijo las consecuencias globales de la contaminación medioambiental en su revelador libro.

A pesar del la prohibición del DDT, sigue abriéndose camino hasta nuestro terreno y nuestras verduras, especialmente tubérculos como las patatas y las zanahorias.

Hay más de seiscientos pesticidas que se utilizan en los Estados Unidos. Sin embargo, la Agencia para la Protección del Medioambiente ha nombrado sesenta y cuatro pesticidas como compuestos potencialmente causantes de cáncer. Para más información sobre pesticidas en nuestros alimentos, por favor refiérase a mi libro *Walking in Divine Health*.

Como dije anteriormente, todos nosotros aquí en los Estados Unidos tenemos residuos de DDT, o su compuesto cercano, el DDE, en nuestros tejidos adiposos.[42] Trágicamente, aunque muchos de esos pesticidas tóxicos muy peligrosos fueron prohibidos para su uso en los Estados Unidos, aún se permite a los fabricantes exportarlos al exterior. Enviamos esos venenos a México y otros países del Tercer Mundo para sus cosechas, y después volvemos a importar alimentos que los contienen.

Los productos lácteos son una de las principales fuentes de DDT en nuestras dietas, y el pescado de agua dulce normalmente está contaminado con DDT y PCB.

Los pesticidas se han relacionado con un menor conteo de esperma en hombres, y con cantidades más elevadas de xenoestrógenos en mujeres. Los xenoestrógenos son productos químicos falsos que engañan al cuerpo para que los acepte como estrógenos genuinos. Esos estrógenos son más potentes que los estrógenos fabricados por los ovarios. Cuando eso se produce, las hormonas de la mujer pueden desequilibrarse mucho, conduciendo a síntomas de SPM, mamas fibroquísticas y potencialmente endometrosis. Hasta puede tener un efecto estimulador de cáncer de mama y cáncer de endometrio.[43]

Ceras que no se eliminan

Sin duda, habrá usted intentado lavar una brillante manzana roja o un oscuro pepino verde, solo para descubrir que estaban cubiertos de una capa de fina cera que es casi imposible de eliminar.

Los agricultores hacen eso a propósito. Se aplican espesas capas de cera a casi todo lo que compramos en la sección de verduras en nuestros supermercados. La cera evita que los productos se deshidraten sellando el agua, y también les proporcionan un mejor aspecto para la vista. Frutas y verduras que han sido enceradas se ven brillantes, resplandecientes y sanas.

Muchas de esas ceras, sin embargo, contienen potentes pesticidas o fungicidas que han sido añadidos para evitar que el alimento se deteriore. Esas ceras se hacen para que permanezcan, no para que se eliminen. Sin embargo, si usted quiere mantenerse sano, elimínelas. Sea consciente también de que algunas frutas y verduras son más propensas que otras a estar inundadas de pesticidas. Los principales ejemplos son conocidas como "la docena sucia", indicados en la tabla siguiente: cuando consuma estos tipos de frutas y verduras, asegúrese de que sean orgánicas. Y mejor aún, escoja muchas frutas y verduras de entre la lista de "las quince limpias" con regularidad. Las investigaciones han demostrado que quienes comen de la lista de "las quince limpias" ingieren menos de dos pesticidas diariamente, comparado con los diez pesticidas al día ingeridos cuando se come de entre la lista de "la docena sucia".

SU GUÍA DE PESTICIDAS EN FRUTAS Y VERDURAS[44]

Docena sucia más pesticidas	Quince limpias menos pesticidas
Pepino	Cebolla
Melocotón	Aguacate
Fresa	Maíz dulce
Manzana	Piña
Arándanos	Mango
Nectarina	Guisantes dulces
Pimientos	Espárragos
Espinacas	Kiwi
Cerezas	Col

Col rizada/silvestre	Berenjena
Patatas	Cantalupo
Uvas (importadas)	Sandía
	Granada
	Batata
	Melón dulce

Pesticidas en alimentos para animales

Elevadas concentraciones de pesticidas no solo pueden encontrarse en las frutas y verduras que comemos, sino también en los alimentos para animales. Por tanto, nuestra provisión de carne resulta también contaminada por pesticidas.

Los pesticidas se acumulan en los tejidos grados de los animales que comemos. Cuando damos un bocado a un graso pedazo de carne, una hamburguesa grasosa, salchichas, beicon o incluso mantequilla y crema, estamos ingiriendo incluso más residuos de pesticidas.

Uno de los grandes culpables que se encuentran en alimentos para animales es, lo crea o no, el arsénico, conocido más comúnmente como un veneno. En una investigación conducida por el Institute for Agriculture and Trade Policy, se detectó arsénico en el 55 por ciento del pollo no cocinado adquirido en supermercados locales. Los productos más contaminados tenían un nivel de arsénico diez veces más elevado que los productos menos contaminados. Tyson y Foster Farms estaban entre las marcas con menos trazas detectables de arsénico.[45]

¿Grasa tóxica?

¿Tiene usted sobrepeso, aunque sea un poco? Su cuerpo está diseñado para eliminar las toxinas que usted come; pero cuando los pesticidas no son descompuestos y eliminados de su cuerpo, normalmente se almacenan en sus tejidos adiposos. Considere esas curvas de la felicidad como un escondite para toxinas y venenos almacenados. En otras palabras, la grasa normalmente es también tóxica.

Ya que su cerebro está compuesto aproximadamente por un 60 por ciento de grasa, algunas de esas toxinas terminarán siendo almacenadas en él y también en las mamas, la próstata y cualquier otro tejido adiposo en el cuerpo.

En el cerebro

Muchos de quienes sufren enfermedades neurológicas probablemente tengan niveles más elevados de pesticidas almacenados en su cerebro y otros tejidos adiposos.

¿Ha seguido alguna vez una dieta, solo para descubrir que es más olvidadizo, y su mente está más nublada y fatigada? Cuando hace dieta, esos pesticidas almacenados en sus tejidos adiposos pueden ser liberados y pueden depositarse en el tejido adiposo del cerebro. Mire, con frecuencia el hígado es incapaz de descomponer y eliminar adecuadamente esos pesticidas que han sido liberados de sus tejidos adiposos. Esto puede enviar incluso más de esos residuos al cerebro a medida que buscan un lugar para almacenarse.

En las mamas

Como he mencionado, ciertos pesticidas pueden hacerse pasar en el cuerpo por la hormona femenina estrógeno. Por tanto, tales toxinas se denominan xenoestrógenos.

Ya que elevados niveles de estrógeno se relaciona con el cáncer de mama, elevados niveles de estrógenos falsos, o xenoestrógenos, también pueden fomentar cáncer. Los xenoestrógenos imitan al estrógeno estimulando los receptores de estrógeno en el cuerpo. Por tanto, cuando usted ingiere niveles mayores de ciertos pesticidas, la incidencia de cáncer de mama aumenta.

Por ejemplo, un estudio desde Israel mostró un declive en la incidencia de cáncer de mama entre las mujeres israelitas después de la puesta en vigor de una ley contra el uso de pesticidas.[46]

Aquí en los Estados Unidos, fabricamos más de 1.3 mil millones de libras de pesticidas cada año. Eso significa que cada uno de nosotros está expuesto a pesticidas cada día. Varios tipos de pesticidas pueden en realidad comportarse con más potencia cuando se combinan con otros, aumentando de manera dramática su toxicidad.

Toxinas en nuestra agua

La mayoría de productos químicos que han sido emitidos a nuestra atmósfera, rociados sobre nuestras cosechas o echados en nuestros vertederos finalmente terminarán en nuestra agua. Las lluvias eliminan esos productos químicos del aire y de nuestra tierra y los llevan a nuestros lagos y ríos.

Pesticidas, herbicidas y fertilizantes, que contienen nitratos, finalmente terminan en los acuíferos subterráneos. Las toxinas presentes en las plantas de desechos químicos y basureros, incluyendo vertederos, pueden finalmente filtrarse a nuestro suministro de aguas y contaminarlas. Incluso los tanques de almacenaje subterráneo que contienen gasolina pueden filtrarla al agua de la tierra. Las tormentas de lluvia pueden realmente arrastrar esos productos químicos a las corrientes y las masas de agua mayores. Tarde o temprano, se abren camino hasta nuestro suministro de agua potable.

El informe Kellogg afirmaba que el crecimiento de la industria en este siglo ha sido el responsable de la introducción de nuevos, complejos y a veces letales contaminantes en los sistemas de suministro de agua de nuestro país. Las plantas de tratamiento municipales ni detectan ni desintoxican el suministro de aguas de la mayoría de contaminantes químicos, según el informe.[47]

El agua no potable es ahora un importante problema en los Estados Unidos debido a la contaminación química. Aproximadamente el 50 por ciento de nuestra agua subterránea, o agua de la tierra, está contaminada.

El agua de la tierra proporciona el suministro de agua aproximadamente para la mitad de las personas en América. Con frecuencia, los municipios tratan el agua con aluminio para eliminar el material orgánico, y trazas de aluminio se quedan en el agua potable.

Se añade cloro al agua para matar los microorganismos. El cloro también puede combinarse con materiales orgánicos para formar trihalometanos, que son sustancias que fomentan el cáncer. Aumentamos nuestro riesgo de desarrollar cáncer de vejiga y de recto bebiendo agua clorada. De hecho, el riesgo aumenta a medida que aumenta nuestra ingesta de agua clorada.

Trihalometanos como el cloroformo se evaporan del agua durante una ducha caliente, y son entonces inhalados. De hecho, una ducha caliente de diez minutos puede aumentar el cloroformo absorbido en nuestro cuerpo más que beber un litro y medio de agua del grifo clorada.

Aunque el cloro mata a la mayoría de las bacterias, no mata a los virus y los parásitos. Los parásitos incluyen a protozoos como la ameba, la giardia y el criptosporidium. También incluyen a los helmintos, que son gusanos, y los artrópodos, que son garrapatas, piojos y otros insectos. La giardia es una de las principales causas de diarrea en los centros de día. La giardia contamina muchos de los lagos y corrientes en América. Puede que usted que los esté bebiendo en su propia agua del grifo.

LAS 10 TOXINAS MÁS COMUNES EN EL AIRE, AGUA Y SUMINISTRO DE AGUA[48]

Toxina	Principales fuentes	Riesgos
PCB (bifenilo policlorado)	Salmón de criadero	Cáncer, desarrollo cerebral fetal dañado
Pesticidas	Frutas, verduras, carnes criadas comercialmente, espráis para insectos	Cáncer, enfermedad de Parkinson, aborto, daño nervioso, defectos de nacimiento, absorción bloqueadade nutrientes de alimentos
Moho y hongos	Edificios contaminados, cacahuates, trigo, maíz, bebidas alcohólicas	Cáncer, enfermedades del corazón, asma, esclerosis múltiple, diabetes
Ftalatos	Plástico de envolver, botellas de plástico, recipientes de plástico para alimentos	Daño del sistema endocrino
VOC (compuestos orgánicos volátiles)	Agua potable, alfombra, pinturas, desodorantes, líquidos de limpieza, barnices, cosméticos, ropa limpia en seco, antipolillas, ambientadores	Cáncer, irritación de ojos y tracto respiratorio, dolor de cabeza, mareo, trastornos visuales, problemas de memoria
Dioxinas	Grasas animales	Cáncer, trastornos reproductivos y de desarrollo, cloracné, erupción cutánea, decoloración cutánea, vello corporal excesivo, leve daño del hígado
Asbestos	Aislamiento en pisos y techos, tuberías de agua y conductos calefacción desde los años cincuenta a los setenta	Cáncer, fibrosis del tejido depulmonar

Metales pesados	Agua potable, pescado, vacunas, pesticidas, madera conservada, antitranspirante, materiales de construcción, amalgamas dentales, plantas de cloro	Cáncer, trastornos neurológicos, Alzheimer, confusión, fatiga, denáuseas, vómitos, disminución glóbulos rojos y blancos, ritmo cardíaco anormal, daño de vasos sanguíneos
Cloroformo	Aire, agua potable, alimentos	Cáncer, daño reproductivo, defectos de nacimiento, mareo, fatiga, dolor de cabeza, daño de hígado y riñones
Cloro	Limpiadores para la casa, agua potable	Dolor de garganta, tos, irritación de ojos y piel, respiración rápida, sibilancia, colapso pulmonar

Caos químico y flora y fauna

Pesticidas, disolventes, productos químicos industriales, desechos industriales, productos del petróleo y miles de otros productos químicos ya están haciendo horribles estragos en nuestra flora y fauna.

Aquí en Florida donde yo vivo, vimos eso de cerca en el lago Apopka, una hermosa masa de agua por la que paso a menudo cuando conduzco.

En el libro *Our Stolen Future* [Nuestro futuro robado], Theo Colborn registró los efectos de un vertido de pesticidas que se produjo en 1980 en el lago Apopka. Después del vertido, la población de caimanes fue estudiada por un biólogo de la Universidad de Florida, junto con un biólogo del US Fish and Wildlife Service y la Florida Game and Freshwater Fish Commission. Descubrieron que los ovarios de los caimanes hembra tenían anomalías tanto en sus huevos como en sus folículos, similar a lo que sucede en seres humanos que están expuestos a DES en los primeros años de la niñez.

Los caimanes macho revelaban también anomalías estructurales. Sus testículos y penes eran más pequeños de lo normal. Además, los machos también tenían elevados niveles de estrógeno y niveles significativamente reducidos de testosterona.[49]

El vertido de pesticidas también afectó a las tortugas en el lago Apopka. Las investigaciones descubrieron una sorprendente ausencia de tortugas macho. Descubrieron muchas tortugas hembra en el lago y muchas tortugas que no eran varón ni hembra, lo cual resultó de un trastorno hormonal a gran escala debido al pesticida en el lago. Las tortugas que deberían haberse convertido en varones terminaron siendo ni varones ni hembras y, por tanto, eran incapaces de reproducirse.[50]

Este estudio tiene pocas implicaciones para algo más que la flora y la fauna, pero si el trastorno hormonal de los reptiles puede crear tales efectos, ¿qué podría suceder a las personas a largo plazo? Ciertamente vale la pena pensarlo.

Sin embargo, si la toxicidad de nuestro planeta debido a todos esos pesticidas no fuese suficiente para crear alarma, no son las únicas toxinas medioambientales contra las que debe batallar su cuerpo. Los disolventes que se encuentran en los limpiadores también pueden contener peligrosas toxinas.

Los peligros de los disolventes

Los disolventes, que son productos químicos utilizados en productos de limpieza, están por todas partes. Los disolventes disuelven otros materiales que de otro modo no serían solubles en agua.

Los disolventes pueden dañar sus riñones y su hígado. También pueden abatir el elaborado sistema nervioso central de su cuerpo.

Al igual que los pesticidas, los disolventes son solubles en grasa, lo cual sencillamente significa que es probable que se almacenen en sus tejidos grasos, incluyendo, desde luego, su cerebro.

Los disolventes tienen la capacidad de disolverse en las membranas de las células, especialmente en las células adiposas, y acumularse allí. El formaldehído se utiliza comúnmente como disolvente de maneras muy distintas. Los fabricantes lo utilizan para hacer cortinas, alfombras y aglomerado; ¡e incluso cosméticos!

El fenol es otro disolvente común que se encuentra ampliamente en los productos de limpieza. Este peligroso producto químico en realidad se utiliza en la fabricación de aspirinas y sulfamidas. Su piel absorbe fácilmente el fenol.

El tolueno es otro disolvente parecido al benceno. Se utiliza para fabricar varios tipos de diversos pegamentos y líquidos correctores. Si usted tiene elevados niveles de tolueno en su cuerpo, podría experimentar arritmias de corazón al igual que daños nerviosos.

El benceno es un disolvente que se utiliza para hacer tintes e insecticidas. La exposición continuada al benceno puede causar leucemia.

El último disolvente que vamos a ver es el cloruro de vinilo, que se utiliza en la fabricación de tubos de PVC y envoltorios plásticos para alimentos. Este producto químico se ha relacionado con varios tipos de cánceres y sarcomas.

Otras toxinas comunes incluyen el producto químico industrial PCB, que fue prohibido en el año 1977. Muchos lagos y corrientes están contaminados con PCB. Cantidades mayores de PCB en el cuerpo se relacionan con un mayor riesgo de cáncer. Un gran porcentaje de personas tienen PCB en sus tejidos adiposos.

Metales pesados como el mercurio, el plomo, el cadmio y el arsénico también son comúnmente almacenados en nuestros cuerpos debido a nuestro ambiente tóxico.

Estamos expuestos no solo a pesticidas y disolventes; nuestros cuerpos también deben tratar aproximadamente tres mil productos diferentes aditivos químicos alimentarios.

Una abundancia de mercurio

Por muchas razones, la exposición al mercurio se ha convertido en una realidad crónica y peligrosa. Cuando es expuesto al sistema nervioso central, el mercurio puede causar problemas psicológicos, neurológicos e inmunológicos, sin mencionar un largo período de desintegración en el cuerpo de quince hasta treinta años. La exposición tóxica al mercurio se ha relacionado con el Alzheimer, enfermedades autoinmunes, disfunción renal, infertilidad, alergias alimentarias, esclerosis múltiple y sistema inmunológico dañado.[51]

Las amalgamas dentales son probablemente el peor culpable de nuestra exposición al mercurio, ya que un empaste de amalgama dental libera hasta 15 microgramos de mercurio al día. Para el individuo promedio, que tiene hasta ocho empastes, esto significa que el individuo absorbe potencialmente hasta 120 microgramos de mercurio al día de esta única fuente que traspasa rápidamente las membranas celulares y llega a la barrera hematoencefálica.[52] El mercurio continuamente libera vapores a lo largo de la vida del empaste, y actividades como masticar, el cepillado y la ingesta de fluidos calientes estimulan su liberación. Yo recomiendo encarecidamente que consulte usted con un dentista especializado en la eliminación de empastes de amalgama.

Una segunda fuente de mercurio de alto riesgo está en nuestro suministro alimentario mediante el consumo de pescado y marisco. Aunque el pescado y el marisco contienen proteína de alta calidad y son una buena fuente de ácidos grasos omega-3, casi todos los pescados y mariscos contienen trazas de mercurio, ya que el mercurio es liberado a la atmósfera en gran medida mediante la contaminación y después envenena nuestras fuentes de agua.[53] Mis sugerencias más fuertes serían evitar comer tiburón, caballa, pez espada y pez azulejo, los cuales han demostrado contener niveles muy elevados de mercurio, y escoger en cambio salmón de Alaska. Un suplemento de aceite de pescado de alta calidad es también una maravillosa alternativa al consumo de pescado.

Una potente manera adicional de combatir la toxicidad del mercurio en nuestro cuerpo es mediante el aumento del antioxidante Glutatión, el cual exploraremos en un capítulo posterior.

Aditivos y condimentos alimentarios

Los aditivos alimentarios son una larga lista de sustancias químicas que se añaden a la comida para dar sabor, color, para que dure más tiempo, y por muchas otras razones. El mayor grupo de aditivos alimentarios es el de los condimentos. La mayoría de esos agentes para dar sabor son versiones sintéticas fabricadas desde productos químicos. Otro grupo de aditivos alimentarios incluye a los agentes colorantes, y la mayoría de ellos también son productos químicos sintéticos.

Puede que esto le sorprenda, ¡pero los aditivos alimentarios químicos normalmente se fabrican de petróleo o productos de alquitrán de hulla!

Otros aditivos alimentarios incluyen los conservantes, agentes blanqueantes, emulsionantes, texturizadores, humectantes y agentes de maduración, como el gas etileno, que se rocía sobre los plátanos para hacer que maduren con más rapidez.

Consejos para evitar las toxinas[54]

1. Escoger productos orgánicos y carne orgánica magra. Si solamente puede comprar un producto orgánico, escoja huevos o leche. Si es posible, compre siempre pollo y res orgánicos y de corral.

2. Escoger aceite de pescado en lugar de pescado. El pescado con frecuencia está contaminado con PCBs y mercurio; por tanto, escoja en cambio un aceite de pescado de alta calidad.

3. Evitar los alimentos procesados. Recuerde: ¡están procesados con productos químicos!

4. Usar solamente productos de limpieza naturales. La mayoría de tiendas naturistas tienen productos de limpieza naturales.

5. Cambiar a marcas naturales de productos de aseo. Se incluyen champú, pasta de dientes, desodorantes y cosméticos. De nuevo, están disponibles en su tienda naturista.

6. Evitar los insecticidas que contengan DEET. En cambio, escoja una alternativa segura, eficaz y natural.

7. Eliminar los empastes de metal de sus dientes. Son una importante fuente de mercurio, el cual fomenta la acumulación tóxica en su cuerpo.

8. Evitar ambientadores artificiales, paños con suavizante en seco, u otras fragancias sintéticas. Pueden contaminar el aire que usted respira.

9. Evitar los aditivos alimentarios artificiales. Se incluyen entre ellos los edulcorantes artificiales y el MSG.

10. Exponerse al sol de modo seguro y natural para aumentar su vitamina D. ¡Esto también mejorará su sistema inmunológico!

Como conclusión

Por tanto, puede usted ver que incluso su sistema inmunológico está siendo bombardeado con productos químicos desde todas las direcciones. Esta usted expuesto a pesticidas, aditivos alimentarios, disolventes y otros productos químicos mediante los alimentos y el medioambiente cada día.

Si eso no fuese suficiente, su cuerpo también debe contender con toda otra serie de toxinas que produce él mismo, desde el interior. Vayamos al siguiente capítulo y echemos un vistazo.

Capítulo 2

UNA BATALLA TÓXICA EN EL INTERIOR

SI USTED VIVIESE EN UNA ATMÓSFERA PERFECTA Y NO DAÑADA, sin ningún producto químico ni toxinas, su cuerpo seguiría produciendo sus propias toxinas. Al igual que el motor de un vehículo que crea gases en el tubo de escape cuando quema el combustibles para moverse, de una manera mucho más profundamente compleja y maravillosa su cuerpo crea muchas toxinas distintas en una infinita variedad de maneras solamente para funcionar. En un ambiente perfecto, tratar las toxinas interiores de su cuerpo sería pan comido para su hígado y su sistema excretor. Pero cuando su hígado, su sistema gastrointestinal y los órganos y los tejidos de su cuerpo son bombardeados tanto desde fuera como desde dentro con muchas más toxinas y radicales libres de los que fueron diseñados para manejar, pueden comenzar a suplicar que se liberen toxinas. El hígado no solo tiene miles y miles de toxinas químicas que provienen de fuentes externas con las cuales contender, sino que también debe tratar las toxinas que él mismo fabrica. Echemos un vistazo a la batalla tóxica que se libra contra su cuerpo desde el interior.

El ataque antibiótico

¿Quién de nosotros no ha tomado antibióticos para un grave caso de sinusitis, amigdalitis, bronquitis o una grave infección? Ir al doctor y conseguir antibióticos en la actualidad es tan común como comerse un sándwich de mantequilla de cacahuate. Pero si usted ha tomado repetidamente tandas de antibióticos, o incluso una sola toma de superantibióticos, entonces podría correr el riesgo de desarrollar un crecimiento desmedido de peligrosas bacterias intestinales y levadura. Permítame explicarlo.

Sus intestinos están llenos de buenas bacterias llamadas *lactobacillus acidophilus* y *bifidus* que evitan el crecimiento desmedido de bacterias malas (llamadas *bacterias patógenas* o *microbios*) en su tracto intestinal. Cuando usted toma antibióticos, muchas de las bacterias beneficiosas de su cuerpo pueden ser eliminadas. Sus bacterias buenas funcionan como si fuesen un cortafuegos para mantener a raya las bacterias patógenas y la levadura. Por tanto, cuando los antibióticos destruyen el equilibrio, las bacterias malas o patógenas pueden extenderse como si fuesen un incendio, sin control alguno y sin nada que las ralentice o las detenga.

Ahora su cuerpo tiene problemas, porque las bacterias malas pueden producir endotoxinas, las cuales pueden ser tan tóxicas como cualquier pesticida o disolventes químicos que entren en su cuerpo desde el exterior.

Una cantidad excesiva de bacterias en su intestino delgado puede causar excesiva fermentación, al igual que la fermentación que se produce cuando usted deja sidra en el exterior durante demasiado tiempo. Ese proceso de fermentación crea incluso más venenos, que se llaman *indoles, escatoles* y *aminas*.

La pesadilla de la candida

Sin antibióticos tendríamos problemas. Infecciones que podrían haber apagado una vida hace un siglo, en la actualidad son poco más que una molestia. Pero estamos justamente al comienzo de obtener un cuadro completo de los estragos que el uso excesivo de los antibióticos ha causado en una generación de usuarios.

Aunque casi no se oía de ello en siglos pasados, una epidemia de candida y proliferación excesiva de levadura en el tracto intestinal ha barrido nuestra nación. Cuando el delicado equilibrio en nuestro cuerpo de bacterias buenas y levadura está desequilibrado, pueden resultar multitud de síntomas y enfermedades, que van desde problemas relativamente leves del tracto digestivo como inflamación, gases y síndrome del intestino irritable hasta enfermedades importantes como soriasis, colitis y enfermedad de Crohn.

Al igual que la plaga bíblica de las langostas que asolaron los cultivos de la antigüedad, la sobrepoblación de levadura causa daños a los intestinos como una plaga de toxinas. Esas toxinas producidas por levaduras son absorbidas por los intestinos y crean devastación en el interior de su cuerpo, de modo parecido al desastre sobre la tierra causado por las plagas bíblicas.

Por ejemplo, la candida albicans libera más de ochenta toxinas diferentes en el cuerpo. Las sustancias más tóxicas producidas por la candida albicans son el acetaldehído y el etanol, que es alcohol.

El acetaldehído está relacionado con el formaldehido, que es el peligroso disolvente que se encuentra en alfombras y madera aglomerada. El formaldehido es ya bastante peligroso en pequeñas cantidades que usted podría respirar, ¿pero puede imaginar cuál sería el efecto en su cuerpo al beberlo? ¡Las consecuencias de que se produzca son desastrosas en el interior de su cuerpo!

El acetaldehído es también muy tóxico para el cerebro, incluso más que el etanol. Causa pérdida de memoria, depresión, problemas de concentración y fatiga severa.

Cuando considere el potencial peligro de tener fuertes y destructores venenos dentro de su cuerpo, reconocerá que las toxinas del interior pueden hacer tanto o incluso más daño que las toxinas que hay en el medioambiente.

Puede que piense: *¡Menos mal! ¡Me alegro de no tener candida!* Si no lo tiene, yo también me alegro. Sin embargo, eso no significa que su cuerpo no esté librando una guerra tóxica cada día. Con o sin candida, sus células están en un combate armado.

La guerra molecular de los radicales libres

Mientras usted lleva a cabo sus tareas cotidianas se libra una guerra dentro de su cuerpo en el ámbito molecular. Los radicales libres son similares a metralla microscópica que ametralla el cuerpo, dañando células y tejidos a lo largo del día. Permita que me explique.

Por un momento, imagine un átomo. Tiene un núcleo rodeado por electrones. El núcleo tiene carga positiva, y los electrones tienen carga negativa. Se parecería a algo similar a un sol con los planetas que dan vueltas alrededor de él.

¿Qué sucede cuando alguien echa humo delante de su cara o está usted expuesto a la contaminación del aire o la radiación? ¿O qué sucede cuando usted ingiere algún producto químico o pesticida? Cuando la toxina entra en una célula, los radicales libres creados por una de esas toxinas pueden sacar fuera de su órbita a uno de los electrones. Así, comienza una masiva inestabilidad a nivel molecular; recuerde que son células vivas y con carga eléctrica. Cuando el átomo, al que le falta un electrón, se vuelve inestable, comienza a agarrar electrones de otras moléculas cercanas para sustituirlo, causando reacciones en cadena.

Esos electrones inestables se denominan *radicales libres* porque han sido librados o liberados de donde estaban. Las reacciones en cadena causadas por los electrones liberados pueden enviar radicales libres que rocían su flujo sanguíneo y sus células, tejidos y órganos por todo el cuerpo, creando grandes estragos e incluso posiblemente preparando la escena para el cáncer, enfermedades del corazón y muchas otras enfermedades degenerativas.

Piense en lo que sucedería si una grúa de demolición muy grande fuese conducida por las calles de Manhattan con una bola de demolición descontrolada moviéndose de un lado a otro. Puede que los rascacielos no cayesen, pero se verían gravemente dañados. Es parecido a lo que los radicales libres pueden hacer a las células, tejidos y órganos.

En un nivel diferente, los radicales libres también se forman durante el proceso de oxidación. Por ejemplo, cuando los metales son oxidados, se produce óxido. Cuando ocurre la oxidación en superficies pintadas, la pintura comienza a resquebrajarse y caerse. Cuando usted corta por la mitad una manzana, se pone marón: eso es la *oxidación*. También ocurre cuando la carne se oxida. Nuestros cuerpos pasan por procesos oxidativos cada día.

La oxidación es en realidad causada por los radicales libres. ¿Pero qué sucede cuando usted pone jugo de limón sobre una rebanada de manzana?

La rebanada de manzana no se pone marrón con tanta rapidez porque los antioxidantes en el limón obstaculizan el proceso oxidativo: detiene la formación de radicales libres.

Cada una de las trillones de células de su cuerpo tiene una envoltura protectora a su alrededor hecha de lípidos o membranas celulares "adiposas". Pero los radicales libres, al igual que las bolas de demolición, pueden comenzar a rebotar de las membranas celulares, dañando las membranas celulares y finalmente dañando las estructuras intracelulares como las mitocondrias, el núcleo y otros elementos celulares.

Cuando se quema madera en una hoguera, se produce humo. En el cuerpo, cada célula contiene mitocondrias que producen energía. Las células del músculo del corazón tienen miles de mitocondrias porque necesitan mucha energía, pero las células adiposas son las que tienen menos mitocondrias. El oxígeno se combina con glucosa en las mitocondrias para producir energía. Sin embargo, en el proceso de producción de energía, dañinas formas de radicales libres de oxígeno se producen en lugar de humo. En otras palabras, cuando se quema madera, se produce humo; pero en nuestros cuerpos, cuando se produce energía, se forman radicales libres como el singlete de oxígeno y el peróxido de hidrógeno.

Cuando los radicales libres comienzan una reacción en cadena, hay que detenerlos con toda rapidez. Los antioxidantes en nuestra dieta o suplementos y los antioxidantes producidos en nuestro cuerpo se apresuran al rescate al instante para apagar el fuego de actividad de los radicales libres. Muchos radicales libres se producen con los procesos metabólicos normales en todas las células del cuerpo. Los antioxidantes internos, como el superóxido dismutasa, Glutatión peroxidasa y catalase, actúan como antioxidantes, controlando la producción de radicales libres.

Pero se producen problemas cuando el nivel de actividad de radicales libres se descontrola. Cuando el cuerpo está sobrecargado de radicales libres por la contaminación, los pesticidas, el humo de los cigarrillos, los alimentos fritos, las grasas trans, los azúcares y las grasas poliinsaturadas de nuestra dieta, entonces cantidades excesivas de radicales libres hacen estragos en nuestras células. En realidad pueden causar la descomposición de las grasas en las membranas celulares, hacer estragos en las proteínas y las enzimas, y finalmente dañar el ADN, provocando mutaciones. Esas mutaciones pueden dar como resultado el cáncer. Los radicales libres también pueden dañar tanto las membranas celulares, que pueden entrar virus. Como ve, ¡los radicales libres son malas noticias!

Un modo de escapar

En este punto, puede que se sienta abrumado por la monumental batalla que sus células, tejidos y órganos afrontan cada día. Mírese en el espejo y vea los resultados de esta guerra: envejecimiento prematuro, arrugas, piel flácida, enfermedad, fatiga crónica, artritis, cáncer, enfermedades cardíacas y muchas otras.

Su cuerpo está bajo un agresivo y continuando asalto contra una carga de toxinas siempre creciente que probablemente ya esté causando grandes estragos en su salud, sea que usted lo sepa o no. Pero la buena noticia es que no tiene usted que quedarse sentado pasivamente mientras el derecho que Dios le ha dado a tener una buena salud se lo roban ante sus propias narices. ¡Puede liberarse de las toxinas! Como mencioné anteriormente, su cuerpo está diseñado con un increíble sistema de defensa que mantiene su salud aún bajo circunstancias extremas; y usted nunca tiene que ponerse a pensar en ello. Pero cuando está abrumado por toxinas o su sistema excretor no funciona correctamente, su hígado y su sistema excretor finalmente quedan sobrecargados. Sencillamente no pueden mantener el ritmo.

Sin embargo, puede usted escoger pasar a la acción y equilibrar la balanza. Al realizar el programa de desintoxicación bosquejado en los capítulos siguientes, puede usted limpiar su cuerpo de toda una vida de toxinas y descubrir la salud y la vitalidad que se producen con la liberación de toxinas. Ya que la carga de toxinas se ha ido acumulando en su cuerpo lo largo del tiempo, puede que haya aprendido a aceptar la fatiga y la falta de vitalidad general que causa la toxicidad. Sencillamente se sorprenderá de lo mucho mejor que se sentirá después de haber librado a su cuerpo de su carga de toxinas.

En mi consulta, he alentado a muchos de mis pacientes enfermos crónicamente a realizar la desintoxicación. Los resultados han sido sencillamente asombrosos. Enfermedades del corazón, diabetes, hipertensión, artritis, fatiga crónica y muchas otras graves enfermedades están siendo revertidas por completo a medida que mis pacientes limpian sus propios cuerpos de toxinas. Más adelante en este libro encontrará un capítulo dedicado a la desintoxicación para enfermedades concretas.

Además, si usted tiene sobrepeso o es obeso, este programa de desintoxicación tiene el beneficio añadido de hacer que adelgace. Y como ha visto, muchas de las toxinas que están almacenadas en su cuerpo quedan atrapadas en la grasa extra. Por tanto, su salud mejorará de modo dramático cuando esas toxinas sean eliminadas y no solamente trasladadas a otras zonas del cuerpo. Usted no solo se sentirá mejor y vivirá más tiempo, sino que también tendrá un mejor aspecto.

Como conclusión

La siguiente es una visión general de mi programa de liberación de toxinas. Planee dedicar aproximadamente un mes a sentirse mejor y tener un mejor aspecto:

- Comenzará usted realizando una dieta de dos semanas para fortalecer y apoyar su hígado y mejorar la eliminación mediante el aparato gastrointestinal.

- Después pasará a un ayuno a base de jugos durante dos o tres días (o más prolongado si es supervisado por un doctor). Regresará a la dieta especial para su hígado y aparato gastrointestinal durante otras dos semanas

- Comenzará a hacer cambios en su estilo de vida y planeará ayunar periódicamente para seguir limpiando y manteniendo su salud,

¡Ahí lo tiene! A medida que siga este programa, descubrirá unas energías renovadas, una salud rejuvenecida y un nuevo y brillante sentimiento de vitalidad que le sorprenderá por completo.

La liberación de toxinas es para la persona completa. A medida que aprenda sobre este programa de liberación de toxinas, descubrirá que su cuerpo no solo trabaja bajo una carga de toxinas físicas, sino que también su alma y su espíritu libran su propia batalla contra las toxinas en otro frente. A medida que lea este libro, descubrirá que este programa de liberación de toxinas aborda también su alma y su espíritu. Por tanto, prepárese para un usted totalmente nuevo: por fuera y por dentro, ¡cuerpo, mente y espíritu!

Ahora que ha visto el verdaderamente abrumador cuatro tóxico, acompáñeme para comenzar a encontrar una liberación de toxinas saludable, vital y transformadora. Pero antes debemos afrontar la terrible verdad con respecto a la dieta estadounidense.

Capítulo 3

¿SOBREALIMENTADOS Y CON HAMBRE?

⊃⊂⊃⊂⊃⊂⊃⊂⊃⊂⊃⊂⊃⊂⊃⊂⊃⊂⊃⊂⊃⊂⊃⊂⊃⊂⊃⊂

Un viejo proverbio dice que un hombre cava su propia tumba con su tenedor y su cuchillo. ¡Es totalmente cierto! En la actualidad en América, somos una de las sociedades que más come y menos alimentada está que haya vivido jamás.

Afrontar la terrible verdad sobre la dieta estadounidense

La mayoría de los problemas de salud en los Estados Unidos actualmente están causados por abusos en la dieta. Elizabeth Frazao, del Departamento de Agricultura de los Estados Unidos (USDA), informó que los malos hábitos alimentarios están relacionados con más de la mitad de las muertes en los Estados Unidos.

> La dieta es un factor importante en el riesgo de enfermedades coronarias (CHD), ciertos tipos de cáncer y derrames: las tres principales causas de muerte en los Estados Unidos, y responsables de más de la mitad de las muertes en el año 1994. La dieta también juega un papel principal en el desarrollo de la diabetes (la séptima causa de muerte), la hipertensión y la obesidad. Estas seis enfermedades provocan considerables gastos médicos, pérdida de trabajo, discapacidades y muertes prematuras, que en su mayor parte son innecesarias, ya que una proporción importante de esas enfermedades se considera evitable por medio de dietas mejoradas.[1]

Adictos al azúcar

Para comenzar, somos un país de adictos al azúcar. El estadounidense promedio consume más de cinco mil kilos de azúcar durante toda su vida, lo cual supone unos 68 kilos de azúcar por persona y año. ¡Eso es medio camión! Eso significa que estamos echando una pequeña montaña de azúcar a nuestro cuerpo a lo largo de nuestra vida.[2]

Alimentos procesados

Los alimentos procesados son cómodos y baratos: por ejemplo, pan blanco, perritos calientes, salchichas y muchos otros. Sin embargo, el precio que usted pagará en el futuro no justifica la comodidad a corto plazo. Realmente terminamos robándole a Pedro para pagar a Pablo. Los alimentos procesados son otro método de abuso dietético de nuestro cuerpo. Generalmente están tan manipulados para prolongar su vida que son muy deficientes en nutrientes. Normalmente contienen aditivos alimentarios, edulcorantes, condimentos, agentes colorantes, conservantes, agentes blanqueantes, emulsionantes, texturizadores, humectantes, ácidos, álcalis y otros productos químicos. Como resultado de ingerir alimentos procesados, nuestros tejidos y órganos deben continuamente extraer de las reservas de nutrientes almacenadas en nuestro cuerpo, preparándonos para una deficiencia de nutrientes. No es sorprendente que estemos comiendo demasiados alimentos procesados y a la vez estemos mal alimentados. Tales alimentos proporcionan muchas calorías y pocos nutrientes.

Alimentos muertos

Los alimentos desvitalizados son otro modo de abusar de nuestro cuerpo en lugar de alimentarlo. Cuando los alimentos se han cultivado el terreno con pocos nutrientes, terminan con un aspecto muy bonito, pero eso es todo. Cuando nuestras tierras de cultivo se han visto desprovistas de importantes minerales y nutrientes, los alimentos que producen serán también pobres en nutrientes.

Grasas tóxicas

Las grasas hidrogenadas y parcialmente hidrogenadas, o grasas trans, son las grasas más tóxicas de todas, y están presentes en la mayoría de margarinas, mantequillas de cacahuate comerciales, manteca, sopas, alimentos empaquetados como mezclas para pasteles y galletas, comida rápida, comida congelada, alimentos horneados, patatas fritas y galletas saladas, alimentos para desayunos, caramelos, salsas, etc. Son grasas muy inflamatorias que contribuyen a la formación de placa en las arterias. Los alimentos muy fritos, especialmente cuando se fríen en grasas poliinsaturadas, también son muy tóxicos e inflamatorios, y contribuyen a la acumulación de placa en las arterias.

Comida rápida

La comida rápida, patatas fritas, y comer demasiada cantidad de carne a la vez que negamos a nuestro cuerpo sanas frutas y verduras son, una vez más, otras maneras en las cuales abusamos de nuestro cuerpo por medio de nuestra dieta.

Alimentos modificados genéticamente (GMO)

La Academia Nacional de Ciencias publicó un informe que afirmaba que los productos fabricados genéticamente introducen nuevos alergenos, toxinas, productos químicos dañinos y desconocidas combinaciones de proteína en nuestros cuerpos. Se han cultivado alimentos pesticidas que son fabricados genéticamente para producir su propio pesticida. Cuando ingerimos esos alimentos, también estaremos ingiriendo el pesticida producido por ese alimento.

Es demasiado temprano para hablar de los efectos secundarios y los peligros de esos alimentos. Sin embargo, ya estamos viendo los efectos alérgicos. Ya que los fabricantes etiquetan sus productos como libres de ingredientes genéticamente modificados, los clientes pueden reconocer esos alimentos. Los clientes cuidadosos pueden así evitar los alimentos fabricados genéticamente.

Es fácil ver por qué comemos en exceso pero estamos mal alimentados. Nos atracamos de cantidades cada vez mayores de comida para responder a los anhelos de nutrición de nuestro cuerpo. Después de haber comido, nuestro cuerpo, incluso bajo una pesada carga de calorías, sigue entendiendo que nunca recibió los nutrientes que necesitaba. Por tanto, nuestro cerebro envía más señales, desencadenando hambre, lo cual interpretamos como la necesidad o el deseo de más comida. Terminamos en una espiral descendente hacia un círculo vicioso de comer en exceso alimentos vacíos, anhelando mayor nutrición y volviendo a comer en exceso alimentos aún más procesados, desvitalizados y azucarados.

12 ADITIVOS ALIMENTARIOS A EVITAR[3]

Aditivo	Fuente
Nitrato de sodio (también llamado nitrito de sodio)	Beicon, jamón, perritos calientes, embutidos, pescado ahumado, carne curada
BHA y BHT	Cereales, goma de mascar, patatas fritas, aceites vegetales

Propil Gallate	Productos de carne, base para sopa de pollo, goma de mascar
Glutamato monosódico (MSG)	Sopas, aliño para ensaladas, patatas fritas, entrantes congelados, comida de restaurante
Grasas Trans	Comida de restaurante
Aspartame	Alimentos de dieta, postres bajos en calorías, gelatinas, mezclas para beber, refrescos
Acesulfame-K	Alimentos horneados, goma de mascar, postres de gelatina
Colorantes alimentarios: Azul 1, 2, Rojo 3, Verde 3, Amarillo 6	Bebidas, caramelos, alimentos horneados, comida para mascotas, cerezas, cóctel de frutas, salchichas, gelatina
Olestra	Patatas fritas
Bromato de potasio	Harina blanca, panes
Azúcar blanco	Alimentos horneados, cereales, galletas saladas, salchichas, alimentos procesados
Cloruro de sodio	Sal

El resultado final es una cintura, caderas y glúteos cada vez mayores. Engordamos cada vez más, forzando a nuestros cuerpos a quejarse bajo la carga de kilos extra. Pero en términos de alimento real, cada vez le damos menos a nuestro cuerpo.

¿Obeso y a la vez con hambre?

Puede que realmente estemos muriendo de hambre desde un punto de vista nutricional, mientras al mismo tiempo cada vez nos ponemos más obesos. El resultado final de este abuso inmisericorde de nuestro cuerpo es la enfermedad y la muerte. Tristemente, ¡realmente estamos cavando nuestra propia tumba con nuestros tenedores y cuchillos!

Como resultado de nuestros excesivos caprichos, tenemos una epidemia de enfermedades del corazón, ateroesclerosis, hipertensión, diabetes, cáncer, alergias, obesidad, artritis, osteoporosis, y muchas otras enfermedades degenerativas dolorosas y debilitantes.

¿Comer demasiadas cosas equivocadas?

Muchas personas tienen la idea equivocada de que pueden existir a base de comida basura día tras día y después tomar un complejo vitamínico o una multitud de vitaminas cada día y seguir manteniendo una salud excelente. Algunas personas incluso hacen esto intentando revertir las enfermedades degenerativas. Desgraciadamente, muchos doctores y nutriólogos están fomentando esta falacia, con frecuencia por ignorancia.

Tomar vitaminas y otros nutrientes y seguir comiendo mal es parecido a no cambiar nunca el aceite o el filtro del aceite de su auto y aun así seguir conduciéndolo. Periódicamente, podría usted añadir pequeñas cantidades de aceite al auto para mantener el nivel de aceite en un nivel normal. Eso es, en esencia, lo que la mayoría de personas está haciendo en su creencia errónea de que pueden seguir comiendo comida basura y a la vez tomar una vitamina al día o una multitud de vitaminas y estar sanos.

Yo he tenido pacientes que han llevado a la consulta carteras muy grandes llenas de suplementos de todo tipo. Desgraciadamente, han sido algunos de mis pacientes más enfermos; y eso se debe a que siguieron comiendo cualquier cosa que querían, creyendo neciamente que solamente los suplementos podían compensar todo lo que faltase en su dieta.

¡Qué equivocados estaban! Algunos estaban gastando literalmente miles de dólares al mes y cada día estaban más enfermos.

La mayoría de enfermedades crónicas, como las enfermedades del corazón, la diabetes, la artritis y el cáncer, normalmente están relacionadas con deficiencias nutricionales. Sin embargo, hacer dieta y comer demasiado azúcar, grasas, alimentos procesados, comida rápida y otras comidas sin vida están literalmente quitándonos la vida a medida que estreñimos nuestro cuerpo, hacemos que nuestros tejidos sean ácidos, introducimos toxinas y agotamos nuestras reservas de nutrientes. Los americanos han sido embaucados para creer que podemos seguir comiendo cualquier cosa que queramos y que sencillamente tomar una vitamina o una multitud de vitaminas puede neutralizar o protegernos de cualquier cosa que hayamos comido.

La desnutrición y la enfermedad

Al tratar esas enfermedades degenerativas, comencé a observar un patrón. La mayoría de esos individuos no comían poco. De hecho, la mayoría de ellos comían mucho; pero comían las cosas equivocadas. Comían en exceso y a la vez estaban completamente desnutridos. Esto era particularmente cierto de personas con obesidad, enfermedades cardiovasculares, artritis, diabetes tipo 2, migrañas, multitud de enfermedades alérgicas, psoriasis, artritis reumatoide y lupus. De hecho, hasta cierto grado, parecía aplicarse casi a todas las enfermedades degenerativas.

Para muchas de esas personas, los medicamentos no ayudarán. Tampoco tomar vitaminas y nutrientes puede eliminar la causa de esas enfermedades. Se debe a que no es la carencia lo que causa muchas de las enfermedades; es comer demasiado.

Comencé a darme cuenta de que una de las principales causas de esas enfermedades degenerativas es el consumo en exceso de alimentos azucarados, grasos, con muchos hidratos de carbono y altos en proteínas; alimentos que han sido procesados, fritos, y más desvitalizados. Son alimentos inflamatorios que en realidad invitan a la enfermedad a nuestro cuerpo. Esas personas estaban tomando cantidades enormes de calorías vacías y que engordan, pero no estaban alimentando sus cuerpos sino inflamando sus cuerpos.

Tomar algunos suplementos como un complejo vitamínico general con minerales, antioxidantes y demás es importante. Sin embargo, mucho más importante es eliminar (o reducir de modo significativo) el consumo de esas grasas tóxicas, azúcares, alimentos procesados inflamatorios y "muertos", y comer más frutas, verduras, granos integrales, frutos secos, semillas y otros alimentos "vivos".

Comer alimentos muertos y nada beneficiosos crea una trampa. Cuando su cuerpo se da cuenta de que no ha recibido el alimento que anhela, incluso después de que usted haya hecho una comida grande y cargada de calorías, su cerebro envía una señal de que sigue necesitando nutrición. Pero cuando usted responde a ese deseo con más alimentos muertos, comienza un ciclo que deja a su cuerpo trabajando bajo una devastadora carga de demasiado azúcar, féculas y grasa, y sin suficiente alimento.

Este tipo de carga crea un enorme estrés para todo su tracto digestivo. Sobrecarga el hígado y abruma todo su cuerpo con cantidades masivas de peligrosas grasas, productos químicos y otras toxinas.

Mientras tanto, en cierto sentido, usted se muere de hambre. Se está viendo privado de lo que realmente necesita: esenciales vitaminas, minerales, antioxidantes, fitonutrientes y enzimas. Comer de esa manera le hará sentirse fatigado e irritable, y con el tiempo comenzará a desarrollar una o más de las enfermedades degenerativas enumeradas anteriormente.

La nutrición en exceso es peor que la desnutrición. De hecho, estudios en animales han demostrado que tomar muy pocas calorías, lo cual se denomina técnicamente *restricción de calorías*, puede en realidad aumentar la longevidad.[4] Aunque no recomiendo la restricción de calorías para algunas enfermedades, como la diabetes tipo 2 y la obesidad, creo que como nación necesitamos trabajar más duro en comer de una manera que nos mantenga dentro de un rango de peso saludable.

Por qué la medicina convencional no puede ayudar

La medicina convencional con sus recetas muchas veces no puede ayudar. Thomas A. Edison dijo: "El doctor del futuro no dará ninguna medicina, sino que interesará a sus pacientes en el cuidado del cuerpo humano, en la dieta y en la causa y la prevención de la enfermedad".[5] Lo que necesitamos es una mejor prevención.

Deténgase y piense en cómo comemos

Nuestra prosperidad como país ha llegado con un precio. Después de años de comer en exceso y de abuso, estamos experimentando una epidemia de enfermedades degenerativas e inflamatorias.

La mayoría de nosotros comemos según la dieta estadounidense estándar. Eso quiere decir mucha grasa, azúcar y productos de trigo y maíz muy refinados, los cuales incluyen el pan blanco, las galletas saladas, la pasta y los cereales. Añadamos otros alimentos procesados, como las patatas fritas, las tiras de maíz y el arroz blanco; no olvidemos los alimentos grasos como los filetes de res, las costillas, el beicon y las chuletas de cerdo. Ahora, cubrámoslo todo con una gran cantidad de grasas saturadas, grasas hidrogenadas, y aceite vegetal procesado y muy inflamatorio, como la mayoría de aderezos para ensalada, la mayoría de los aceites comerciales para cocinar y la mayonesa. Son típicamente aceites omega-6 procesados e inflamatorios. No es sorprendente que tengamos una epidemia de enfermedades cardíacas, cáncer, diabetes y artritis, al igual que muchas otras enfermedades degenerativas.

Ahora pasemos a los postres. ¿Qué podría ser más estadounidense que el pastel de manzana? Sin embargo, los alimentos absolutamente peores, y favoritos estadounidenses de todos los tiempos, contienen toneladas de azúcar y grasas hidrogenadas. Entre ellos se incluyen muchos alimentos horneados, como los pastelitos, las galletas, las tartas, los dulces de azúcar y los brownies; y no olvidemos las rosquillas y las barritas de caramelo.

Pero no siempre comimos de esta manera. Las anteriores generaciones fueron algunas de las más sanas del planeta. Al ser una cultura agraria, muchos de nuestros abuelos vivían mucho más cerca de la tierra; pero en la actualidad, nuestro estilo de vida es demasiado estresante y rápido y, como resultado, nuestra dieta se resiente.

¿Estresados?

La mayoría de nosotros casi nos estamos ahogando en estrés. Vivimos en el camino, tragándonos la comida desde un restaurante de comida «para llevar» de camino a nuestras reuniones y las actividades de nuestros hijos. Otros días, nos arrastramos al final del día sin apenas la fuerza suficiente para hacer cenas de televisión. O peor aún, nos llenamos de patatas fritas o de cualquier otra cosa que podamos encontrar en el camino.

Nos desgastamos trabajando más horas, y cada vez disfrutamos menos de nuestra vida. Hacemos muy poco ejercicio, si es que lo hacemos, y mantenemos nuestro frenético ritmo mediante estimulantes como café, tés, refrescos y chocolate. Estresamos nuestro cuerpo aún más comprando más «cosas»: casas más grandes y autos nuevos, lo cual significa trabajar más horas para pagar nuestros deseos. Nuestra lista de compromisos crece mientras nuestro aguante se acaba.

La América estresada está en el camino hacia la enfermedad degenerativa y la muerte prematura. Muchos de nosotros estamos muriendo en la mediana edad. Pero no tiene por qué ser de esa manera. Podemos escoger relajarnos, ralentizar, oler las rosas y escoger una dieta sana.

Cambie su manera de pensar

La mayoría de nosotros hemos crecido consumiendo la dieta estadounidense y sintiéndonos bastante bien en cuanto a eso. Pero para vivir vidas más sanas y largas debemos volver a pensar en lo que nos han enseñado sobre la comida: antes de que sea demasiado tarde.

¿Cómo cambiamos nuestro modo de pensar? Podemos comenzar

cambiando el *porqué* del comer. Sencillamente, ¿por qué come usted? ¿Come porque algo sabe bien y su carne lo desea? ¿O come porque le está proporcionando a su cuerpo energía para funcionar? Para la mayoría de estadounidenses, el comer se ha convertido más en un recreo que en una necesidad diaria basada en la sabiduría nutricional. Ahora bien, no estoy tratando de sugerir que no debiera disfrutarse de las comidas. Dios creó todas las cosas para que las disfrutemos, y comer fue una de esas cosas. Pero cuando nuestras elecciones en cuanto a dieta, que fueron pensadas para nutrir y sostener nuestros cuerpos, en realidad comienzan a enfermarnos, entonces debemos cambiar nuestra manera de pensar.

Hipócrates, el padre de la medicina, dijo: "Nuestro alimento debería ser nuestra medicina, y nuestra medicina debería ser nuestro alimento". En otras palabras, lo que comemos debería ser tan bueno para nosotros que realmente sanara y restaurara nuestros cuerpos. ¡Qué diferente al modo de pensar del estadounidense promedio sobre la comida!

Comience a pensar en algo más que el gusto y el placer cuando coma. ¡Comience a comer a causa de su salud!

Por tanto, este es su nuevo conjunto de prioridades: la salud en primer lugar, y el gusto y el placer en el segundo. Le garantizo que una vez que comience a satisfacer la *verdadera* necesidad de su cuerpo, la necesidad de nutrición genuina, comenzará a disfrutar de su comida mucho más.

Comer con la salud en primer lugar

Un estilo de vida de comer con la salud en primer lugar comienza por eliminar o reducir drásticamente la cantidad de alimentos fritos, procesados, grasas vegetales procesadas, grasas saturadas, grasas hidrogenadas y parcialmente hidrogenadas, y azúcar que usted ingiere. También significa evitar cortes grasos de carnes y seleccionar raciones más pequeñas de las carnes más magras. Entre ellas se incluyen los pollos de corral o la pechuga de pago y la res de corral orgánica, como el lomo y los filetes.

Los cinco vivos

Coma de tres a cinco raciones (no menos de tres) de verduras orgánicas y vivas y de dos a cuatro raciones de fruta cada día. Eso significa que frutas y verduras deberían constituir un gran porcentaje de su dieta. Esa es la recomendación del Departamento de Agricultura de los Estados Unidos, y también la mía.

Yo realicé mi internado y formación residencial en el hospital de Florida, que está dirigido por la iglesia Adventista del Séptimo Día. Los Adventistas del Séptimo Día evitan el alcohol, el tabaco, la cafeína y el cerdo; también se les enseña a restringir la ingesta de huevos, carnes y hasta pescado. Muchos son vegetarianos estrictos. Mientras estuve allí como residente, la cafetería servía solamente alimentos vegetarianos. Los adventistas que son vegetarianos viven aproximadamente trece años más que el americano promedio no fumador.[6]

Uno de tales adventistas era el médico Dr. John Harvey Kellogg. Él era un vegetariano que, juntamente con su hermano, construyó una fábrica en Battle Creek, Michigan, para producir varios alimentos sanos, incluyendo cereales integrales. De ahí proviene su caja de *Special K*. Sin embargo, el Dr. Kellogg no procesó sus cereales como están procesados la mayoría de ellos en la actualidad para extender su vida en los estantes. El Dr. Kellogg creía que el 90 por ciento de todas las enfermedades estaban causadas por un colon que funciona inadecuadamente.[7]

Uno de los pacientes del Dr. Kellogg, C. W. Post, era también un empleado. Más adelante él desarrolló Post Cereals.[8]

Limitar las carnes

La Biblia no recomienda el vegetarianismo, ni yo tampoco. Adán y Eva eran vegetarianos en el huerto de Edén, y algunos profetas, como Juan el Bautista, Sansón y otros que habían hecho votos nazareos, eran vegetarianos. Sin embargo, Jesucristo no lo era.

No obstante, la mayoría de estadounidenses comen demasiada carne; y más del 95 por ciento de nuestra exposición a dioxinas proviene de comer grasas animales comerciales.[9] Los riesgos para la salud de las dioxinas incluyen cáncer, trastornos reproductivos y de desarrollo, y leve daño hepático. Cuando se come res, yo recomiendo animales que hayan sido alimentados con pasto en lugar de con grano, ya que la res alimentada con pasto contiene de tres a cinco veces más ácido linoleico conjugado, una grasa beneficiosa y más grasas sanas Omega-3, y significativamente menos grasa Omega-6 que la res alimentada con grano.

Yo recomiendo que las mujeres coman solamente de 65 a 90 gramos de carne magra y de corral, preferiblemente una vez al día, o como mucho dos veces al día. Los hombres deben limitar las carnes a solamente unos cien gramos de carne magra y de corral solamente una o, como mucho, dos veces al día.

Es importante ser cuidadoso con el consumo de pescado. La mayoría de stocks de pescado en todo el mundo están contaminados con metales pesados, particularmente mercurio, que puede ser muy peligroso para el cuerpo. Problemas de salud relacionados con la toxicidad metálica incluyen:

- Cáncer
- Trastornos neurológicos, incluyendo el Alzheimer
- Fatiga y pensamiento borroso
- Menor producción de glóbulos rojos y blancos
- Ritmo cardíaco anormal
- Daño a los vasos sanguíneos[10]

Tenga en mente la regla general de que cuanto más grande sea el pescado, mayor es su nivel de mercurio y potencial tóxico. También, generalmente recomiendo el consumo de salmón de Alaska, o para ser seguro la ingesta regular de aceite de pescado de alta calidad, en lugar de pescado creado en factorías, ya que ese tipo de pescado normalmente contiene antibióticos, hormonas, PCB y otros productos químicos.

Evitar las dietas altas en proteínas

Cada vez más personas siguen altas dietas en proteínas, como la dieta Taquín. Sí, pierden peso; pero los efectos a largo plazo de esta dieta pueden ser muy peligrosos y pueden conducir a muchas enfermedades degenerativas.

Si está usted siguiendo esta dieta, limite sus raciones de proteínas a no más de cien gramos para los hombres y menos de 90 para las mujeres, una o dos veces al día. Para más información sobre este tema, consulte mi libro *What You Don't Know May Be Killing You* [Lo que usted desconoce puede estarle matando] (Siloam, 2004).

Como conclusión

Si se ve usted reflejado en este capítulo, tome aliento. Incluso si ha pasado toda la vida cavando su propia tumba con su tenedor y su cuchillo, nunca es demasiado tarde para cambiar. Hará usted muchas elecciones acerca de su destino al escoger lo que come. Escoja ahora cosechar una vida sana, feliz y larga. Usted tiene la llave de su propia salud en el futuro.

Veamos ahora la que yo creo que es la respuesta más eficaz al exceso de nutrición: ¡el ayuno! Más que ninguna otra cosa, el ayuno es una llave dinámica para limpiar su cuerpo de toda una vida de colección de toxinas, que invierte la inflamación y la nutrición excesiva y las enfermedades que causa, y que asegura un maravilloso futuro de energía renovada, vitalidad, longevidad y una salud bendecida.

SECCIÓN II
PROGRAMA DE DESINTOXICACIÓN
DEL DR. COLBERT

Capítulo 4

LIBERACIÓN DE TOXINAS
MEDIANTE EL AYUNO

D**AVID,* UN HOMBRE QUE HABÍA TRABAJADO POR MUCHOS AÑOS** como ingeniero medioambiental, parecía asustado y agitado cuando entró en mi consulta. Su piel estaba pálida y moribundamente grisácea. Sus ojos no parecían tener vida, y su comportamiento vacilante y en cierto modo confuso.

Se sentó y cruzó sus brazos disgustado después de haber lanzado algunos documentos sobre mi escritorio. Visiblemente conmocionado, declaró en voz alta: "¡Mi cuerpo está más contaminado que un montón de desechos tóxicos!". Señaló a los sorprendentes resultados del análisis de su cabello para encontrar metales pesados que había llevado con él. "Supongo que soy un montón de desechos tóxicos andante. Según estas cifras, si mi cuerpo fuese un trozo de tierra, ¡sería demasiado tóxico para que mis vecinos viviesen al lado de él!".

Las cifras no mentían. Si un pedazo de terreno contuviera las toxinas que contenía el cuerpo de aquel hombre, el gobierno probablemente lo habría declarado lugar de desecho tóxico. ¡Qué aterrador!

Este planeta contaminado está teniendo un impacto devastador sobre nosotros. Si, al igual que David, hemos llegado al punto en que nuestra buena salud y agudeza mental ya están comprometidas, entonces hemos ido demasiado lejos.

Los ojos de David se llenaron de temor mientras rogaba: "No sé qué hacer. Me siento horrible. Estoy cansado todo el tiempo. Apenas puedo recordar los detalles normales diarios de mi vida. Espero morir de cáncer o de algo peor si esto no puede invertirse. ¿Puede usted ayudarme, Doctor?".

Aunque mi corazón realmente sintió compasión por él, yo sabía que lo que David necesitaba no era compasión. De manera llana y simple, David necesitaba liberar toxinas.

---

* Personaje ficticio creado de un conjunto de relatos

¿Y usted? Puede que su cuerpo no sea tan tóxico como el de David, pero probablemente seguirá siendo mucho más tóxico de lo que usted pudiera imaginar. ¡La buena noticia es que liberar toxinas está a su disposición!

¿Qué está intentando decirle su cuerpo?

Para comenzar, hágase esta pregunta: ¿Está escuchando a su cuerpo? ¿Entiende lo que él está intentando decirle?

La enfermedad y las enfermedades degenerativas usualmente son solo la manera que tiene la naturaleza de decirle que su cuerpo es tóxico y necesita una limpieza. Si estuviera usted conduciendo su auto y se entendiese la luz roja del motor indicando que era el momento de revisar el motor, ¿continuaría conduciendo el auto sin llevarlo al taller para que lo revisaran? Eso en realidad le sucedió a una paciente. Ella terminó teniendo que cambiar todo el motor porque ignoró la luz roja del motor.

Puede que usted se ría, como hicieron sus familiares cuando ella me relató la historia. Sin embargo, eso es exactamente lo que muchos de nosotros estamos haciendo. Nuestra luz roja del motor está parpadeando los síntomas y las señales de enfermedades degenerativas que estamos experimentando: diabetes, enfermedades del corazón, artritis, dolores de cabeza, alergias, psoriasis, artritis reumatoide, lupus, y otras enfermedades degenerativas.

Con demasiada frecuencia sencillamente ignoramos las señales y los síntomas, y seguimos comiendo los alimentos equivocados. También mantenemos nuestro estilo de vida estresado y poco sano de fumar, beber alcohol y no hacer ejercicio.

Nuestros cuerpos sencillamente no fueron diseñados para manejarlo todo. Sin embargo, continuamos impulsando y estresando nuestros cuerpos con las cargas tóxicas hasta que finalmente ellos desarrollan enfermedades. En ese punto, entonces corremos al doctor y obtenemos medicinas, lo cual lesiona la capacidad del hígado de desintoxicarse y no hace nada para limpiarlo.

Si esa descripción le refleja a usted, es probable que sencillamente sea tóxico y probablemente, en exceso. Como mencioné anteriormente, sencillamente aumentar su ingesta de suplementos normalmente no funcionará. Por tanto; ¿qué puede hacer?

Encontrar alivio mediante el ayuno

La respuesta es el ayuno. El ayuno es una potente manera natural de limpiar su cuerpo de la carga de excesivos nutrientes tóxicos, como grasas malas, y de todos los otros productos químicos y toxinas que causan enfermedades degenerativas.

El ayuno es la manera más segura y mejor de sanar el cuerpo de las enfermedades degenerativas causadas por comer en exceso con la nutrición equivocada.

El antiguo padre de la medicina, Hipócrates, dijo: "La naturaleza se opone a todo en exceso". Muchos años practicando la medicina me han convencido de que él tenía razón. Nuestra nación está sufriendo una epidemia de enfermedades degenerativas y muerte causada por el exceso: llano y simple. Hemos comido demasiado azúcar, demasiada grasa, demasiadas calorías vacías y demasiados alimentos muy procesados y desvitalizados.

Ayuno periódico

Encontrar alivio tóxico por medio del ayuno puede cambiar su vida y su salud. Es un sistema bíblico y natural de apoyar y limpiar el cuerpo de la acumulación de productos químicos, grasas y otras toxinas. También tiene sorprendentes beneficios espirituales, como veremos más adelante.

El ayuno periódico, seguido por una dieta de limpieza, le permitirá vivir libre de la carga física y neurológica de las toxinas. El ayuno le da a su cuerpo tóxico y sobrecargado una oportunidad de "ponerse a tono" con su abrumadora tarea de eliminación de desechos.

El ayuno: un principio natural de sanidad

El ayuno permite su cuerpo sanar dándole un descanso. Todas las cosas vivas necesitan descansar, incluyéndole a usted. Incluso el terreno debe descansar, lo cual fue un principio que Dios dio a la nación judía agraria de la antigüedad con respecto sus campos. Cada séptimo año no se les permitía producir ninguna cosecha. Tenían que dejar el terreno en barbecho para que pudiese restablecer su propio contenido en minerales y nutrientes (véase Levítico 25:1-7).

En la actualidad, vivimos en una época en la que los agricultores han olvidado por completo este principio antiguo. Este es uno de los factores implicados en que comamos en exceso y no estemos bien alimentados. Se debe a que gran parte de nuestro terreno está tan mermado que nuestras fuentes de alimentos también se han vuelto parcialmente privadas de los minerales, vitaminas y otros nutrientes que nuestro cuerpo necesita. Cuando comemos y no obtenemos la nutrición que necesitamos de nuestros alimentos, normalmente comeremos más, intentando llenar el deseo de alimento de nuestro cuerpo. No pasará mucho tiempo hasta que nos hayamos vuelto obesos, comiendo en exceso y desnutridos.

Todos los inviernos, muchos animales hibernarán o descansarán durante un período de tiempo. Cada noche cuando usted duerme, le da descanso a su cuerpo y su mente. El descanso bendito es una ley del universo tanto como la gravedad. Es también un potente principio de sanidad.

Piense en ello: cuando un animal está herido o enfermo, ¿qué hace? Busca un lugar de descanso donde pueda beber agua, y deja de comer mientras se cura. Esto es sabiduría natural e instintiva que Dios puso en el reino animal

Pero cuando nuestro cuerpo se enferma; ¿qué hacemos?

Cuando enfermamos por una herida o enfermedad, como neumonía, infección del seno nasal, o amigdalitis, en lugar de descansar y ayunar bebiendo agua solamente, comemos helado, pasteles, sopas cremosas y otros alimentos altos en calorías que no hacen nada para limpiar y desintoxicar el cuerpo.

También prolongamos nuestras enfermedades tomando medicamentos para suprimir la fiebre y poder regresar al trabajo mucho antes de que nuestro cuerpo esté listo para ello. Nos empujamos a nosotros mismos tomando antibióticos, descongestionantes y antihistamínicos para secar el moco. Esto también impide el proceso natural de desintoxicación. En lugar de sanar, nuestro cuerpo puede almacenar incluso más material tóxico.

Ahora bien, yo sí recomiendo antibióticos para enfermedades infecciosas cuando están justificados. Tales ocasiones incluyen las infecciones bacterianas como neumonía, bronquitis aguda, infecciones del tracto urinario, amigdalitis, y muchas otras infecciones bacterianas. Sin embargo, demasiados doctores recetan antibióticos para infecciones virales, síntomas alérgicos, o cuando un paciente se los pide. A veces se recetan porque el médico es incapaz de descubrir qué está sucediendo o qué está causando la fiebre.

El dicho de Hipócrates: "Que tu medicina sea tu alimento y que tu alimento sea tu medicina", se aplica aquí también. En otras palabras, permita que lo que ingiere en su cuerpo proporcione sanidad. Dé descanso al cuerpo. Beba muchos líquidos. Beba jugos naturales que permitan al cuerpo curarse. ¿No cree que los seres humanos deberían tener tanto sentido como los animales?

Hipócrates practicó alrededor del año 400 a. C., y conjuntamente utilizaba alimentos medicinales como manzanas, cebada y dátiles para tratar a sus pacientes. Aristóteles, Platón, Sócrates, Galeno y Paracelsus creían en el ayuno y practicaban esta terapia. Utilizaban el ayuno, jugos, sopas, nutrición y descanso para hacer que sus pacientes recuperasen la salud. Hipócrates trataba al paciente y no la enfermedad.

Beneficios generales del ayuno

El ayuno proporciona un descanso al aparato digestivo. Su cuerpo utiliza una cantidad importante de su energía cada día para digerir, absorber y asimilar los alimentos. Ya que los jugos frescos son muy fáciles de asimilar para el cuerpo, le dan a su aparato digestivo la oportunidad de descansar y recobrarse. Esto, a su vez, le da a su hígado sobrecargado la oportunidad de ponerse al día en su tarea de desintoxicación.

El ayuno a base de jugos, como veremos posteriormente, también crea un ambiente alcalino para las células y los tejidos de su cuerpo de modo que puedan comenzar a eliminar productos de desecho por medio de los diversos canales de eliminación de su cuerpo. Los principales canales de eliminación del cuerpo incluyen los riñones y el tracto urinario, el colon, los pulmones y la piel. El ayuno permite a su hígado ponerse al día en su limpieza y desintoxicación internas. Al mismo tiempo, los órganos digestivos, incluyendo el estómago, el páncreas, los intestinos y la vesícula, obtienen un descanso bien merecido.

Incluso la sangre y el sistema linfático pueden ser limpiados eficazmente de la acumulación tóxica por medio del ayuno. Durante el ayuno, nuestras células, tejidos y órganos pueden comenzar a desechar productos acumulados de desecho del metabolismo celular, al igual que productos químicos y otras toxinas. Esto ayuda a sus células a sanar, repararse y ser fortalecidas.

Usted tiene aproximadamente de sesenta trillones a cien trillones de células en su cuerpo, y cada una toma nutrientes y produce productos de desecho. El ayuno permite que cada célula elimine sus productos de desecho y así sea capaz de funcionar con la máxima eficacia. Los tejidos adiposos liberan productos químicos y toxinas durante el ayuno. Estos, a su vez, son descompuestos por el hígado y excretados por los riñones. Su cuerpo excretará toxinas de maneras muy diferentes durante un ayuno. Algunas personas en realidad desarrollan furúnculos, sarpullidos u olor corporal durante el ayuno, ya que las toxinas están siendo eliminadas por medio del órgano excretor más grande del cuerpo: la piel.

El ayuno vigoriza las células

El ayuno es también un restaurador de energía. La acumulación tóxica en las células congestiona las mitocondrias (las fábricas de energía en cada célula) de modo que no pueden producir energía de modo eficaz. Esto conduce a fatiga, irritabilidad y letargo. Permita que lo explique. Las mitocondrias son similares a diminutas fábricas de energía dentro de cada una de sus células, donde se produce la energía. El desecho metabólico, productos químicos, otras toxinas, y radicales libres oxidativos afectan a la función de las mitocondrias de la célula, haciendo que sea menos eficaz en la producción de energía.

Rejuvenecer físicamente, mentalmente y espiritualmente

El ayuno periódico y breve también fortalecerá su sistema inmunológico y le ayudará a vivir más tiempo.

La limpieza en profundidad de cada célula de su cuerpo por medio del ayuno tiene el maravilloso beneficio añadido de mejorar su aspecto. A medida que su cuerpo se desintoxica, su piel finalmente se volverá más fina y brillante con un brillo que probablemente usted no haya visto durante algunos años. El blanco de sus ojos normalmente se vuelve más claro y más blanco, y hasta resplandece.

A medida que la grasa tóxica se elimina por medio del ayuno, se sentirá y se verá mejor que en muchos años. Su energía será sobrecargada; y su función mental normalmente mejora a medida que su cuerpo se limpia, se repara y rejuvenece.

El ayuno limpia y rejuvenece el cuerpo físicamente, mentalmente y espiritualmente. Es también una de las mejores maneras de prevenir y tratar las enfermedades, como veremos más adelante.

¿Un basurero de basura celular?

¿Ha pasado alguna vez al lado de un basurero en mitad del verano? No es una experiencia agradable. Por tanto, no permita que su cuerpo se convierta en basurero de basura celular lleno de toxinas que finalmente conducen a enfermedades degenerativas. En cambio, limpie su cuerpo periódicamente con el ayuno para prevenir o para tratar las enfermedades degenerativas.

Puede que esté pensando: *¡El ayuno es algo que yo sencillamente no puedo hacer! El ayuno es para personas mucho más disciplinadas que yo. Es imposible para mí ayunar.*

Si ha respondido de ese modo, probablemente vea el ayuno como una hazaña de inquebrantable abnegación y determinación de otro mundo para la cual solo algunos están diseñados. Ciertamente, ¡no usted mismo! Sin embargo, eso sencillamente no es cierto. Aunque algunos ayunos son poco más que una rigurosa prueba de aguante, ese no es en absoluto el tipo de ayuno que estoy sugiriendo aquí.

El ayuno de desintoxicación que estaré bosquejando en los siguientes capítulos no es una horrible hazaña de abnegación. Si sigue usted cuidadosamente los pasos que bosquejaré, no le resultará difícil en absoluto ayunar.

Por tanto, echemos un vistazo el primer paso, que es la preparación.

Hablemos del ayuno

El ayuno en general es muy controvertido. Existen muchos métodos de ayuno, al igual que muchas actitudes con respecto al ayuno. Como médico, he podido ver de cerca los diversos métodos populares de ayuno. Algunos de ellos son buenos, mientras que otros pueden ser claramente peligrosos. Por tanto, antes de que decida comenzar un ayuno, investiguemos el ayuno y veamos atentamente el método de ayuno que estoy convencido que le situará en un camino hacia una vida más saludable.

El ayuno: ¿de qué se trata?

A pesar de que muchos creen que el único método verdadero de ayuno es el ayuno total, no comer ni beber nada, yo considero que este método no es seguro. Veamos.

Ayuno total

Con frecuencia se piensa en el ayuno como no tomar nada por la boca. Técnicamente hablando, este es el verdadero ayuno. Pero no es el tipo de ayuno que yo estoy sugiriendo aquí para la desintoxicación. Yo nunca recomiendo el ayuno total. Su cuerpo siempre debe tener al menos dos litros de agua al día para sostener su vida, porque usted puede vivir solamente unos días sin agua.

El tipo de ayuno con el que la mayoría de nosotros estamos familiarizados es evitar todo tipo de alimento sólido y consumir solo líquidos.

Ayuno bebiendo solo agua

El ayuno más estricto y más severo es el ayuno bebiendo solo agua. En general, yo normalmente no recomiendo este tipo de ayuno. Pero para ciertas enfermedades autoinmunes, como el lupus y la artritis reumatoide o para la ateroesclerosis grave como la enfermedad arterial coronaria severa, los beneficios del ayuno bebiendo solo agua son poderosos. Sin embargo, también puede experimentar beneficios similares para esas enfermedades con ayuno a base de jugos; solo que es necesario más tiempo.

Si está considerando el ayuno bebiendo solo agua, esté preparado para dedicar completamente varios días a hacer poco más que ayunar. Para la mayoría de individuos, el ayuno bebiendo solo agua debilita tanto el cuerpo que realizar un trabajo de jornada completa a la vez que se ayuna no es posible.

Si usted no tiene ninguna de esas enfermedades, creo que el mejor método de ayuno para limpiar y desintoxicar es el ayuno a base de jugos. El ayuno a base de jugos proporciona la mayoría de los beneficios del ayuno bebiendo solo agua sin la desagradable debilidad y hambre que con frecuencia acompañan al ayuno a base solo de agua.

Ayuno a base de jugos

El método de ayuno que yo recomiendo para una desintoxicación completa es el ayuno a base de jugos. Para este tipo de ayuno necesitará muchas frutas frescas, verduras y una licuadora.

Algunos sienten que el ayuno a base de jugos no es realmente ayuno en el verdadero sentido de la palabra. Otros dudan de que tenga los mismos beneficios del ayuno a base de agua. Y mientras que el ayuno bebiendo solo agua sí tiene algunos efectos restauradores saludables, el ayuno a base de jugos puede ser aún más beneficioso, y es menos agotador, ya que apoya la desintoxicación, alcaliniza el cuerpo y sostiene el hígado. Uno normalmente no experimenta la debilidad o el hambre del ayuno solo con agua, y normalmente experimenta una energía tremenda durante el ayuno.

Como he mencionado, el ayuno bebiendo solo agua puede reducir la inflamación en el cuerpo. Además, puede en realidad causar que la placa arterial endurecida de la enfermedad coronaria severa disminuya. El ayuno a base de jugos puede producir un efecto similar, pero durante un largo período de tiempo.

Además, los jugos naturales recién exprimidos proporcionan generosas cantidades de vitaminas, minerales, antioxidantes, enzimas y fitonutrientes que ayudan a su cuerpo a restaurarse a sí mismo y sanar.

Echemos un vistazo a algunos de los beneficios especiales del ayuno a base de jugos.

Restauración del delicado equilibrio de la naturaleza

Pocas personas consideran alguna vez que la salud de sus cuerpos se basa en delicado balance natural de ácido y alcalino. Sin embargo, este equilibrio es esencial para la capacidad de su cuerpo de desintoxicarse exitosamente. Cuando todo su cuerpo obtiene la dieta estadounidense estándar, sus tejidos se vuelven más ácidos de lo que la naturaleza quiso, afectando a este delicado equilibrio.

Si quisiera saber lo ácido que es su cuerpo, puede descubrirlo muy fácilmente tan solo comprando algunas tiras de pH en la farmacia. Recoja la primera orina de la mañana y moje en ella una tira de pH, la cual indicará el nivel de pH de su orina con un cambio de color. El pH de la orina normalmente indica el pH de los tejidos. El cambio de color puede entonces corresponderse con un dígito numérico. Se incluye una tarjeta en el papel de pH que relaciona un color con un número de pH.

La mayoría de personas tendrán una lectura de prueba de pH de aproximadamente 5.0, lo cual significa que su cuerpo es muy ácido. Debería estar entre 7.0 y 7.5. Acercarse a esos números no cuenta. Aunque el cinco está solo a dos puntos del siete, un pH de 5.0 es en realidad cien veces más ácido que un pH de 7.0.

¿Estreñimiento celular?

¿Qué ocurre cuando su cuerpo es demasiado ácido? Preciosos minerales, incluyendo calcio, potasio y magnesio, se pierden en la orina y las células se vuelven menos permeables, lo cual significa que son incapaces de excretar productos de desecho de modo eficaz. En cierto sentido, sus células llegan a estreñirse, o cada una de ellas puede llegar a llenarse de desechos de los que no puede librarse.

Cuando eso sucede, las mitocondrias o estructuras de producción de energía en la célula no funcionan adecuadamente, y usted se siente normalmente fatigado. Sus células se vuelven tóxicas. Ahora, la actividad de los radicales libres aumenta y la sobrecarga tóxica continúa acumulándose hasta que su cuerpo comienza a deteriorarse y se producen enfermedades degenerativas.

El ayuno a base de jugos recupera el equilibrio natural. Alcaliniza los tejidos y eleva el pH. Ahora las células pueden comenzar a excretar toxinas otra vez. Ha comenzado la desintoxicación.

Dar descanso a su intestino

Un ayuno ocasional a base de jugos, cada uno, tres o seis meses, le da a su sistema gastrointestinal un descanso muy necesitado.

Los jugos son fáciles para el sistema digestivo. Se absorben fácilmente en el cuerpo sin requerir mucho trabajo de su estómago e intestinos. Los ayunos solo con agua también dan un descanso al sistema digestivo.

Ayuno con jugos contra ayuno solo con agua

El ayuno no es nada nuevo. De hecho, ha estado ahí desde antes de Moisés. Muchas personas hacen ayunos bebiendo solo agua y creen que esa es la única manera de ayunar. Sin embargo, este programa de ayuno a base de jugos normalmente le proporcionará más beneficios que el ayuno a base solo de agua, pero sin muchas de las desventajas. Echemos un vistazo.

Pérdida de músculo

El tipo correcto de ayuno a base de jugos seguirá alimentando su cuerpo. No experimentará usted el tipo de pérdida de músculo que puede producirse durante un ayuno bebiendo solo agua. Si es usted un fan de la serie de televisión *Supervivientes*, habrá observado a los participantes menguar cada semana, perdiendo grandes cantidades de masa muscular. En esencia, a excepción de unas cuantas cucharadas de arroz cada día, ellos normalmente hacen un ayuno bebiendo solo agua. El ayuno periódico a base de jugos proporciona al cuerpo tanta nutrición que tal pérdida de músculo sería mínima.

Además, preparado correctamente, el jugo puede proporcionar nutrientes, aminoácidos y la energía que su hígado requiere para desintoxicarse. Este es un aspecto muy importante de la desintoxicación que examinaremos en profundidad más adelante.

Antioxidantes

¡Eso no es todo! El ayuno a base de jugos tiene incluso más efectos de limpieza. Correctamente preparados, los jugos pueden proporcionar un amplio abanico de antioxidantes, los cuales necesitará para proteger su hígado de las enormes cantidades de radicales libres que son liberados durante el ayuno. Los ayunos bebiendo solo agua disminuyen las reservas de antioxidantes, aumentando su riesgo de daño oxidativo de los radicales libres a los tejidos y órganos por todo su cuerpo.

El ayuno bebiendo solo agua, e incluso el ayuno prolongado a base de jugos, deja a su cuerpo sin Glutatión. Eso puede no parecer importante, pero realmente lo es. El Glutatión es el antioxidante más importante y más abundante en el cuerpo. Nos protege de la actividad de los radicales libres y se regenera a sí mismo al igual que las vitaminas C, E y otros antioxidantes. El hígado sobrecargado es un caldo de cultivo de actividad de radicales libres, y adecuados niveles de Glutatión son esenciales o el hígado puede ser dañado por los radicales libres.

Para limpiar su cuerpo eficazmente, yo creo que es mucho más saludable realizar una serie de breves ayunos a base de jugos en lugar de hacer un ayuno prolongado. Esto da a su cuerpo tiempo para recuperarse y reconstruir sus reservas de antioxidantes y también de Glutatión. También recomiendo tomar un suplemento que refuerce el Glutatión mientras se ayuna (ver el Apéndice D).

Sanidad

Ayunar con los tipos correctos de jugos frescos aumenta los beneficios sanadores del ayuno.

Los jugos especialmente preparados están llenos de nutrientes, fitonutrientes y enzimas, los cuales pueden proporcionar los materiales que su cuerpo necesita para reparar sus células, sanar sus órganos y proteger sus tejidos de los radicales libres.

Ayuno a base de jugos y pérdida de peso

Este sensato y médicamente sano método de ayunar puede permitirle con mucha rapidez eliminar cualquier grasa tóxica extra que su cuerpo pueda estar soportando, incluso si usted tiene sobrepeso de forma importante. Además, puede usted evitar una trampa del ayuno a base de agua de la que muchas personas ni siquiera son conscientes. ¿Cuál es la trampa? ¡El ayuno bebiendo solo agua puede en realidad hacerle *subir* cantidades importantes de peso después del ayuno!

Esa es una de las razones por las que ayunar con un programa de jugos especialmente preparados es mucho más sensato. No solo eso, sino que también es mucho más fácil permanecer en un ayuno a base de jugos especialmente preparados, porque su cuerpo no deseará nutrición del mismo modo que lo hace durante un ayuno bebiendo solo agua.

Ninguna subida de peso inducida metabólicamente

La razón de esto es que el ayuno con jugos especialmente preparados no lanza a su cuerpo a un estado de catabolismo muscular, que es una excesiva descomposición de músculo.

Durante un ayuno bebiendo solo agua, el cuerpo pasa a este estado y finalmente quema tejido muscular para obtener energía. Después de dos a tres días de quemar músculo, que es convertido en glucosa, como energía, el cuerpo pasa a quemar cetonas de la descomposición de grasa como energía. Así, después de unos días de ayunar solo con agua, el cuerpo comienza a descomponer más grasa y menos músculo. Se desarrolla la cetosis y el cuerpo puede volverse más ácido.

El ritmo metabólico también se ralentiza. Esta ralentización metabólica puede en realidad hacerle subir de peso después del ayuno solo con agua cuando usted comience a comer de nuevo.

Permita que me explique. Cuando usted realiza un ayuno bebiendo solo agua, mecanismos en su cerebro dan señales a su cuerpo de que usted está pasando hambre aunque no sea así. Por tanto, su cuerpo pasa a un estado de supervivencia para intentar retener todas las calorías que obtenga. En este estado, usted puede realmente no comer nada y perder tan solo una pequeña cantidad de peso.

Sin embargo, su cuerpo no sale de inmediato de ese estado cuando usted comienza a comer otra vez. Así, cuando usted vuelve a comer una dieta normal, normalmente subirá de peso rápidamente y con frecuencia ganará más peso. Cuando haga otro ayuno, el ritmo metabólico puede que nunca se haya recuperado totalmente, y por tanto, puede que continúe subiendo de peso aún más después de que interrumpa el ayuno.

Esto no debería sucederle en mi ayuno a base de jugos especialmente preparados. El ayuno con el programa de jugos que he proporcionado en este libro le dará a su cuerpo suficientes calorías y nutrición, de modo que usted debería poder pasar por alto toda esa experiencia.

El efecto final para usted será: ¡pérdida de peso! Este método de ayuno especial no solo liberará a su cuerpo de los productos químicos que causan enfermedades, sino que también lo liberará de la grasa tóxica. Si tiene usted sobrepeso, e incluso si es muy obeso, uno de los efectos verdaderamente maravillosos y saludables de este método de ayuno es que puede ayudar a su cuerpo a regresar al tamaño normal y saludable que Dios quiso. Un programa de ayuno regular y sensato puede hacerle adelgazar con mucha rapidez, y usted también experimentará el beneficio más importante de eliminar las zonas grasas en su cuerpo, donde normalmente se almacenan peligrosas toxinas y productos químicos. A medida que esos depósitos de grasa son movilizados, las toxinas en la grasa serán liberadas y las toxinas serán desintoxicadas y eliminadas más rápidamente de su cuerpo.

Usted no solo vivirá más tiempo por medio de este plan de desintoxicación a base de jugos, ¡sino que también se sentirá mejor y se verá mejor!

Permanezca vigorizado

Muchos programas de ayuno son tan físicamente desafiantes que usted puede quedarse sintiéndose completamente agotado, con poca o ninguna energía para funcionar. Este programa de ayuno a base de jugos está pensado para mantenerle lo bastante vigorizado para trabajar, jugar y disfrutar de sus actividades diarias.

De hecho, ya que el ayuno a base de jugos aumentará las capacidades de desintoxicación del cuerpo y también aumentará la eliminación de toxinas, realmente puede experimentar mayor energía durante este ayuno, y no menos.

Bueno para el hígado

El ayuno bebiendo solamente agua puede suponer una considerable presión adicional sobre un hígado ya sobrecargado. Y ya que su hígado es el principal órgano de desintoxicación, necesita hacer todo lo posible para apoyar su vital función en el cuerpo.

El ayuno a base de jugos hace esto, mientras, por otro lado, el ayuno bebiendo solo agua normalmente pone más presión sobre el hígado y puede dejar al hígado sin Glutatión, el desintoxicante más importante y el antioxidante más importante. Esa es una de las razones del abrumador sentimiento de fatiga que usted puede experimentar durante un ayuno bebiendo solo agua.

Durante un ayuno solo con agua, se libera una inundación de toxinas de la grasa y de otras células y tejidos con tanta rapidez que el hígado puede sobrecargarse al intentar mantener el ritmo del proceso de desintoxicación. Se sitúa sobre el hígado tal carga en este punto, que normalmente requiere más Glutatión, vitaminas, minerales, aminoácidos y antioxidantes. El ayuno a base de jugos proporciona las vitaminas, minerales, aminoácidos y antioxidantes, pero el ayuno a base solo de agua no lo hace. Además, se crea una lluvia de radicales libres en esta inundación de toxinas liberadas, produciendo un semillero de actividad de radicales libres en el hígado y posiblemente dañando el hígado.

Mantener el colon en el juego

Una de mis principales preocupaciones en cuanto al ayuno bebiendo solo agua es que derriba a un importante jugador en el juego de la desintoxicación: el colon. Cuando usted ayuna solo con agua, su colon normalmente se cierra. En un mundo menos tóxico, eso probablemente no importaría tanto; pero con la carga tóxica con la que nuestros cuerpos tratan, no queremos que este vital jugador de desintoxicación se quede sentado en el banquillo.

Una razón muy importante para mantener a este vital jugador en el juego de la desintoxicación es el DDT, al igual que otros pesticidas.

Como mencioné anteriormente, la mayoría de nosotros tenemos DDT o DDE (el metabolito tóxico del DDT) en nuestros tejidos adiposos. Durante un ayuno solo con agua en el cual el colon descansa, el DDT y también otros pesticidas y disolventes son liberados desde los tejidos adiposos al flujo sanguíneo a un ritmo muy rápido. Esto, a su vez, puede abrumar tanto al hígado que no pueda desintoxicar los productos químicos de modo eficaz. Si eso sucede, el DDT y otros pesticidas y disolventes pueden terminar en otro tejido adiposo en el cuerpo, incluyendo el cerebro, la espina dorsal y los nervios periféricos.

Por eso es absolutamente esencial mantener a este potente jugador de desintoxicación en el partido. Incluso mientras esté en este programa de ayuno a base de jugos, debería beber infusiones para mantener el funcionamiento del colon. Si su colon se detiene, esté preparado para utilizar una infusión o un enema suave. Yo recomiendo una batidora Vitamix, que mantiene la fibra en el jugo. La fibra soluble enlaza toxinas y hormonas y ayuda a excretarlas del cuerpo, mientras que el ayuno bebiendo solo agua no incluye fibra alguna. Hablaremos más sobre esto posteriormente.

Como conclusión

Siempre permanecerá la controversia entre los métodos de ayuno bebiendo solo agua y el ayuno a base de jugos. Por eso es tan importante considerar con atención ambos métodos y decidir cuál será más eficaz para usted.

Ahora veamos el ayuno a base de jugos y lo prometedor que es para su renovada salud y vitalidad.

Capítulo 5

LA ALEGRÍA DE LOS JUGOS

⟝⟞⟝⟞⟝⟞⟝⟞⟝⟞⟝⟞⟝⟞⟝⟞⟝⟞⟝⟞⟝⟞⟝⟞⟝⟞⟝

RECIENTEMENTE, MIENTRAS ESTÁBAMOS DE VIAJE EN OTRA ciudad, mi esposa, Mary, estaba frente a un mostrador de Clinique en unos grandes almacenes y entabló una amigable conversación con una pareja que estaba a su lado en la fila. El hombre de mediana edad compartió que seis meses antes había realizado un ayuno a base de jugos de un mes de duración. Lo interesante es que no había ayunando por consejo de un médico o porque hubiera leído al respecto. Sencillamente sintió la necesidad de realizar un ayuno a base de jugos.

Unos minutos después de comenzar la conversación, la esposa del hombre comenzó a dibujar un cuadro de los cambios físicos que se produjeron en el cuerpo de su esposo a medida que se desintoxicó. En tres o cuatro días de ayuno, su piel comenzó a desprender un mal olor y a emitir una oscura sustancia grisácea a medida que las toxinas en el interior de su cuerpo eran visiblemente eliminadas. Sus sorprendentes síntomas duraron solo unos cuantos días.

Él siguió compartiendo su historia con Mary. Al final del mes del ayuno, se sentía mejor de lo que se había sentido en años. No podía recordar cuándo había tenido más energía. Se sentía verdaderamente vigorizado, renovado y limpio, hasta el núcleo mismo de su ser.

Dijo: «Eso fue hace seis meses, pero quiero hacer otro ayuno a base de jugos solo para sentirme así de bien». Anhelaba experimentar el sentimiento de rejuvenecimiento una vez más.*

Su programa de ayuno a base de jugos

Me resulta singularmente interesante que aquel hombre simplemente sintiera la necesidad de realizar ese ayuno. Aparentemente su cuerpo era extremadamente tóxico. Puede que hubiera trabajado en un ambiente tóxico. ¿Quién sabe? Su inclinación a realizar un prolongado ayuno a base de jugos puede haberle librado del cáncer o de una enfermedad cardíaca en el futuro. Es imposible decirlo. Pero cierta

---

* Esto es un relato dramatizado de una historia real.

sabiduría interior le dijo que necesitaba limpiar su cuerpo. Me alegro de que él escuchase.

Las sustancias tóxicas, como aprendimos anteriormente, están por todas partes. Están en el agua que bebemos, el aire que respiramos y la comida que comemos. Nos atacan desde el exterior y desde el interior. Vivimos en la época más tóxica que el mundo haya conocido jamás. Nuestra capacidad de mantenernos sanos queda cada vez más determinada por la capacidad de nuestro cuerpo de desintoxicarse.

La mejor manera de eliminar esas toxinas de nuestro cuerpo es comenzar un programa de desintoxicación. Así podemos hacerlo:

- Comenzar siguiendo la dieta de limpieza del hígado durante dos a cuatro semanas.
- Tomar suplementos para un hígado más saludable.
- Beber al menos dos litros de agua alcalina.
- Comer mucha fibra.
- Realizar ayunos periódicos a base de jugos durante cuatro días cada vez (o más tiempo si es supervisado por un médico).
- Terminar con otras dos semanas de la dieta de limpieza del hígado.

Al seguir este sencillo programa, puede eliminar de manera segura y eficaz las peligrosas toxinas de su cuerpo.

Limpieza celular de primavera

El ayuno periódico es como la limpieza periódica de la casa. Puede que usted tenga la rutina regular de la limpieza de la casa que incluye limpiar el polvo, pasar la aspiradora, barrer los pisos, limpiar los baños y muchas otras tareas. Pero una o dos veces al año, muchas personas buscan el polvo y la suciedad escondidos. Lavan cortinas, separan los muebles de las paredes, limpian ventanas, limpian armarios, y no dejan pasar ni un solo rincón hasta que todo brilla.

Nuestro cuerpo no es muy distinto. Necesita limpiezas regulares y detalladas para funcionar con la máxima eficacia.

Cuanto más tiempo vivimos en esta tierra tóxica, más toxinas absorbemos y recogemos en nuestros tejidos. Esas toxinas realmente se almacenan en los tejidos de nuestro cuerpo, en especial en los tejidos adiposos. El hígado también almacena algunas toxinas que no puede descomponer y excretar. Lo crea o no, el metabolito del DDT, denominado DDE, está presente en la mayoría de la grasa de las personas. El ayuno es una manera eficaz de ayudar a su cuerpo eliminar esas toxinas.

Las maravillas de los jugos

La USDA, la Dirección General de Salud Pública, el Instituto Nacional contra el Cáncer, al igual que el Departamento de Salud y Servicios Humanos de EU, recomiendan que comamos muchas frutas y verduras. De hecho, la USDA aconseja que comamos de cinco a trece raciones de frutas y verduras al día para mantener la salud.[1]

La cantidad mínima de frutas y verduras recomendadas al día es de cinco: tres verduras y dos frutas. Menos de una tercera parte de los americanos toman el mínimo de cinco raciones al día. Debido a que comemos tan pocas frutas y verduras, muchos americanos sufren deficiencias nutricionales, incluyendo deficiencias de vitaminas y minerales. Las deficiencias comunes incluyen deficiencias de ácido fólico tanto en hombres como mujeres. De hecho, el 60 por ciento de los americanos más mayores no toman suficiente ácido fólico para prevenir niveles elevados de homocisteína, lo cual es un factor de riesgo para las enfermedades cardíacas.[2]

Para empeorar aún más las cosas, las verduras más comunes que comen los americanos son patatas en forma de patatas fritas, cebollas en forma de aros de cebolla fritos, y tomates en forma de salsa kétchup. Incluso nuestras verduras frescas están perdiendo su contenido en minerales y vitaminas. Cuando comparemos las tablas alimentarias de la USDA de hace veinticinco a treinta años con las tablas alimentarias de la actualidad, veremos que el valor nutritivo de más de una docena de frutas y verduras ha descendido de manera dramática.

Por ejemplo, casi la mitad de la vitamina A y del calcio en el brócoli han desaparecido. En otras palabras, hay aproximadamente un descenso de un 50 por ciento en estos nutrientes en el brócoli comparado con el manual de la USDA de hace veinticinco o treinta años.

Verduras vitales

Las frutas y verduras están llenas de fitonutrientes, antioxidantes, vitaminas y minerales que previenen el cáncer, las enfermedades del corazón, los derrames, la osteoporosis y la mayoría de otras enfermedades degenerativas.

Haga todo lo que pueda para comer más frutas y verduras. Ya que la mayoría de nosotros no tenemos tiempo para comer las frutas y verduras crudas, es mucho más sencillo comenzar a licuar frutas y verduras diariamente.

Al licuar frutas frescas y verduras, los jugos son separados de la fibra y rápidamente se digieren, se absorben y se asimilan por el cuerpo. Haga jugos cada día para asegurarse de comer muchas frutas y verduras. Veintitrés centilitros de jugo de zanahoria proporcionan los carotenoides que son equivalentes aproximadamente a ochocientos gramos de zanahorias. Tomaría bastante tiempo preparar y comer tantas zanahorias cada día.

Otra excelente manera de obtener cantidades adecuadas de verduras es mediante Green Superfood (véase el Apéndice D). Una cucharada es equivalente aproximadamente a seis raciones de verduras. Yo lo recomiendo al menos una vez al día en la mañana.

Cuando tenga el hábito diario de licuar frutas y verduras, puede estar seguro de estar obteniendo las recomendadas tres a cinco raciones de verduras al día y de dos a cuatro raciones de fruta al día que necesita. No solo aprenderá a amar comenzar su día con deliciosos jugos de frutas y verduras, sino que también reducirá de modo dramático su riesgo de enfermedades del corazón, cáncer, derrame, diabetes, osteoporosis y degeneración macular.

Dé a su cuerpo la energía que más desea, frutas y verduras frescas, en una forma que sea fácilmente digerida, absorbida y asimilada. Puede hacer esto mediante jugos recién exprimidos.

Energía de las enzimas

Los jugos recién exprimidos están llenos de enzimas. Las enzimas son realmente compuestos orgánicos o catalizadores que aumentan el ritmo al cual la comida es descompuesta y absorbida por el cuerpo. Las frutas y verduras frescas son muy altas en enzimas. Esas enzimas son destruidas durante la preparación y el procesado. Los jugos embotellados y empaquetados son pasteurizados, lo cual destruye las enzimas. El jugo fresco contiene enzimas digestivas vivas que son importantes para descomponer alimentos en el tracto digestivo. Esto preserva las enzimas digestivas de su propio cuerpo, lo cual, a su vez, le da a su sistema digestivo un descanso muy necesario de modo que pueda repararse, recuperarse y rejuvenecer.

Comer grasas, proteínas y almidones ponen mucha presión en el tracto digestivo. Recuerde cuando comió un filete grande y patatas con mantequilla o crema junto con pan y un postre. ¿Tenía sueño una o dos horas después? Se debió a que esa copiosa comida se quedó en su estómago durante horas a medida que el cuerpo empleaba en tremenda energía para digerirla.

Las féculas cocinadas, como puré de patatas, panes y pasta no contienen enzimas. Por tanto, echan mano de las enzimas que se producen en el páncreas y le dejan sin energía.

Sin embargo, cuando usted bebe jugos de frutas y verduras recién hechos que están rebosantes de enzimas vivas, se preservan las valiosas enzimas digestivas, dando a su páncreas un respiro.

Licuar la piña incluso le da una energía de enzimas extra. Las piñas contienen la enzima bromelina, que se ha utilizado durante décadas para tratar problemas inflamatorios como la artritis, para mejorar la sanidad de las heridas, ayudar a la digestión y otras muchas aplicaciones clínicas y terapéuticas.

¡Poder de los fito!

Pero los nutrientes más importantes en las frutas y jugos frescos son los fitonutrientes. Los fitonutrientes son sencillamente nutrientes derivados de plantas que contienen antioxidantes. A continuación están algunas de las cosas increíbles que estos poderosos nutrientes pueden hacer:

- Luchar contra tumores y el cáncer
- Disminuir el colesterol
- Aumentar la función inmunológica
- Luchar contra los virus
- Estimular las enzimas de la desintoxicación
- Bloquear la producción de compuestos causantes de cáncer
- Proteger el ADN de sufrir daños

Muchos de estos fitonutrientes se encuentran en los pigmentos de las frutas y verduras, como la clorofila de las verduras verdes, los carotenos carotenoides en las frutas y verduras naranjas y los flavonoides en las bayas.

Uno de cada tres americanos en algún momento desarrollará cáncer en su vida. Consumir verduras crucíferas cada día en forma de jugos es una de las mejores maneras de proteger su cuerpo del cáncer.

Elegir sus frutas y verduras para jugos

Para preparar sus jugos para el ayuno es importante elegir las verduras y frutas que le harán mayor bien. Por tanto, echemos un breve vistazo a las principales categorías de fitonutrientes para así poder hacer las elecciones más sanas.

Carotenoides

En primer lugar, veamos los carotenoides. Hay más de seiscientos. Los carotenoides son los pigmentos solubles en grasa que se encuentran en frutas y verduras rojas, naranjas, amarillas y verde oscuras. Zanahorias, sandía, pomelo rosa, patatas, calabaza, tomates, espinacas, col rizada, cantalupo y ñame están llenos de carotenoides. La mitad de estas maravillas de la salud tienen la capacidad añadida de convertirse en vitamina A en nuestro hígado.

Durante años, los nutriólogos enseñaron que el carotenoide más potente era el betacaroteno, que es lo que se encuentran las zanahorias. En la actualidad sabemos que otros carotenoides tienen capacidades antioxidantes y anti cáncer aún mayores.

Lo estupendo de los carotenoides es que nunca puede usted comer una sobredosis. Si toma más de los que su cuerpo necesita, entonces el exceso sencillamente no será convertido en vitamina A. En cambio, será almacenado en los tejidos e incluso órganos adiposos de su cuerpo.

Los estudios han demostrado que cuanto más carotenoides ingiera mediante su dieta, menor será su riesgo de desarrollar cáncer. ¡Guau! ¡Eso es poder fito![3]

Licopeno

El licopeno es un carotenoide que se encuentra en el pigmento rojo de zanahorias, tomates, pomelo rosa y sandía. Es un potente antioxidante que reduce la incidencia de ciertos cánceres. Un estudio que siguió a más de 47 000 individuos descubrió que los hombres que consumen mayores cantidades de alimentos basados en el tomate cada semana tenían índices significativamente más bajos de cáncer de próstata.[4]

El licopeno también protege contra cánceres del tracto gastrointestinal, incluyendo esófago, estómago, colon y recto.

Luteína

Otro carotenoide muy importante es la luteína. Esta sustancia sanadora se encuentra en la mayoría de frutas y verduras amarillas, como la calabaza amarilla y el maíz, al igual que en espinacas y coles rizadas.

La luteína protege los ojos de la degeneración macular, que es una importante causa de ceguera en individuos mayores.

Otros carotenoides

La mayoría de nosotros solo conocemos del betacaroteno. Sentimos que estamos obteniendo todo el necesario en nuestra pastilla de vitaminas diaria. Pero existen otros cientos de carotenoides, incluyendo alfa y gamma caroteno, astaxantina, zeaxantina, cantaxantina y criptoxantina. La astaxantina se ha sabido que protege contra cataratas, degeneración macular y ceguera, al igual que contra quemaduras del sol, reduciendo el daño oxidativo del ADN, la inflamación y reduciendo el riesgo de cánceres como el cáncer de mama, de colon, de vesícula y de boca.

Solamente hemos comenzado a rascar la superficie en nuestra investigación sobre ellos. Pero al licuar muchas verduras crudas y frescas, como zanahorias, patatas, col rizada y espinacas, damos a nuestro cuerpo un amplio abanico de diferentes carotenoides. Cada una de esas verduras integrales añade otra capa de protección contra el cáncer y otras enfermedades degenerativas.

Carotenoides y el fumar

Aunque los carotenoides tienen enormes propiedades que luchan contra el cáncer para los no fumadores, funcionan justamente al contrario para los fumadores.

Un extenso estudio terminado hace unos años demostró que los suplementos con betacaroteno realmente aumentaban la incidencia de cáncer de pulmón en los fumadores. El Instituto Nacional contra el Cáncer ha repetido este estudio con resultados similares.[5]

Debido a estos dos sorprendentes estudios, se advierte a los fumadores que nunca tomen betacaroteno como suplemento. Extraño, ¿verdad? Suplementos de betacaroteno disminuyen la incidencia de cáncer de pulmón en no fumadores. Yo creo que si el estudio hubiera utilizado una sinfonía de antioxidantes como ácido lipoico, CoQ_{10}, vitaminas E y C, un suplemento que impulsa el Glutatión, extracto de semilla de uvas y corteza de pino además del betacaroteno, los resultados habrían sido bastante distintos.

Cada vez que un fumador inhala del cigarrillo o cigarro, planta una semilla para el cáncer de pulmón. Qué cierta es la Biblia cuando advierte que las semillas que plantemos son las plantas que cosecharemos (véase Gálatas 6:7). Si usted sigue fumando, finalmente cosechará enfermedad, una enfermedad que es incluso alimentada por el betacaroteno.

En una ocasión oí decir a un predicador: "Usted puede seguir fumando e irse al cielo, ¡pero llegará allí mucho antes!". Por tanto, deje de fumar y comience a licuar. Licuar es una de las mejores maneras de romper una adicción a los cigarrillos.

Verduras crucíferas

Las verduras fructíferas son limpiadoras de cáncer. Entre ellas se incluyen col, coles de Bruselas, coliflor, brócoli, col rizada, berro, nabo y rábano. Estas luchadoras contra el cáncer contienen más fitonutrientes con propiedades anti cáncer que cualquier otra familia de verduras.

La palabra *crucífera* viene de la misma raíz que la palabra *crucificar*, que significa "poner a alguien en una cruz". Extrañamente, las flores de las verduras crucíferas contienen dos componentes que parecen ser similares a la forma de una cruz.

Los potentes fitonutrientes que luchan contra el cáncer en la familia de verduras crucíferas incluyen indoles, isotiocianatos y sulforafanes, que son compuestos que contienen sulfuro. También contienen fenoles, cumarinas, ditioltiones y glucosinolatos, al igual que otros fitonutrientes que aún han de ser descubiertos. Los indoles, en especial el indole-3-carbinol, son potentes antagonistas del cáncer. Los sulforafanes estimulan las enzimas de desintoxicación del hígado. Los isotiocianatos inducen la producción de enzimas de desintoxicación por el hígado, y evitan el daño al ADN. Estudios han relacionado una elevada ingesta de verduras crucíferas, especialmente la col, con menores índices de cánceres, especialmente cánceres de mama y de colon.[6]

Los brotes de brócoli tienen la mayor concentración de estos fitonutrientes protectores. Elija brotes de brócoli tiernos que tengan unos tres días. Contienen de veinte a cincuenta veces más del potente fitonutriente sulforafane que el brócoli maduro.

Licuar verduras crucíferas regularmente puede ayudar a su hígado a desintoxicarse de pesticidas, productos químicos, medicamentos y otros contaminantes. Sin embargo, si licúa excesivas cantidades de verduras crucíferas o las exprime cada día a largo plazo, pueden inhibir la formación del tiroides hasta cierto grado. Por tanto, la moderación es la clave, y si usted decide licuar verduras crucíferas diariamente durante meses o años, recomiendo que periódicamente se realice un análisis sanguíneo de tiroides (TSH).

Incluso la Sociedad Americana para el Cáncer recomienda comer verduras crucíferas regularmente para disminuir el riesgo de cáncer.[7]

Flavonoides

Los flavonoides son otro grupo de potentes fitonutrientes. Se encuentran en pigmentos de plantas, especialmente moras, arándanos, cerezas y uvas. Más de cuatrocientos compuestos de flavonoides diferentes dan a frutas y verduras su hermoso color rojo, azul y púrpura. También se encuentran en verduras como brócoli, tomates y pimientos.

¿No es interesante que Dios pusiera esos hermosos colores en diferentes frutas y verduras que proporcionan protección contra la mayoría de enfermedades? Nuestros ojos realmente son atraídos hacia los colores hermosos: los brillantes naranjas en las zanahorias, los brillantes rojos en los tomates, los brillantes verdes en las espinacas y otros alimentos verdes, y los brillantes púrpuras y rojos en las bayas. Realmente, un plato grande de verduras frescas es muy hermoso para la vista. Ver estos brillantes flavonoides debería seducirnos a comerlos con regularidad. Sin embargo, la mayoría de nosotros escogemos alimentos muertos, procesados y creados por el hombre que son altos en azúcares, grasas y sal y están vacíos de estos fitonutrientes protectores.

Los flavonoides y una piel de aspecto más joven

Los flavonoides pueden mantener su piel con un aspecto más joven. Se debe a que desempeñan un importante papel en la formación y reparación del colágeno. El colágeno es la principal proteína estructural del cuerpo, y también es la proteína más abundante que se encuentra en el cuerpo. En realidad mantiene unidos las células y los tejidos de su cuerpo.

El colágeno tiende a degenerar con la edad y se pierde lentamente, y por eso nuestra piel comienza a combarse a medida que envejecemos. Sin embargo, los flavonoides que se encuentran en bayas, cerezas, uvas y muchas otras frutas y verduras ayudan a mantener la integridad del colágeno de la piel. Por tanto, ayudan a evitar que el colágeno de su piel degenere y se pierda con la edad.

Sencillamente licuando bayas y uvas cada día, puede usted obtener suficientes flavonoides para nutrir el colágeno de su piel y ralentizar el proceso de envejecimiento.

Los flavonoides también ayudan a protegerle contra las enfermedades del corazón.

Extracto de semilla de uva y extracto de corteza de pino

Los dos centros de flavonoides son el extracto de semilla de uva y el extracto de corteza de pino. Tienen veinte veces tanto poder carroñero de radicales libres como la vitamina C y cincuenta veces más que la vitamina E. El fitonutriente flavonoide en estos dos extractos se denomina proantociandin. El flavonoide en el extracto de semilla de uva proviene de la semilla de la uva, y el flavonoide en el extracto de corteza de pino proviene de la corteza del pino anneda.

Quercitina

El bioflavonoide quercitina es un potente antioxidante, anti inflamatorio y antihistamínico que puede ayudar a su cuerpo a luchar contra las alergias. Las enfermedades alérgicas incluyen: rinitis alérgica, eczema, urticaria e incluso algunos casos de asma. La quercitina inhibe la liberación de histamina y, así, actúa como antihistamínico; ¡pero es todo natural! La quercitina se encuentra en cebollas y manzanas. No es sorprendente que el viejo dicho: "Una manzana al día mantiene alejado al doctor" sea cierto para muchos, ya que las manzanas tienen mucha quercitina.

Frutas y verduras no solo están llenas de potentes flavonoides, sino que muchas verduras también contienen clorofila. Veamos.

Clorofila

La clorofila proviene del pigmento verde en las plantas. Al igual que la vida de una persona está en la sangre, así la vida de una planta está en la clorofila. En otras palabras, la clorofila es como la sangre de la planta.

La clorofila es muy alta en magnesio. Es vitalmente importante para la fotosíntesis, que es el modo que tienen las plantas de convertir la luz en energía. Los alimentos altos en clorofila incluyen verduras verdes como espinaca, col rizada, perejil y otras verduras de hoja verde oscura. La hierba de trigo, hierba de cebada, la alfalfa, la espirulina, la clorella y las algas azul verdosas son "súperalimentos". Son súperalimentos debido a su alto contenido en clorofila.

Estos súperalimentos también son altos en flavonoides, lo cual les proporciona sus efectos anti inflamatorios, antitumorales y antivirales. Varias algas, incluyendo la clorella, la espirulina y las algas verde azuladas, son muy altas en carotenoides. De hecho, la espirulina tiene aproximadamente diez veces la concentración de carotenoides de las zanahorias. Estas diferentes algas también contienen casi todos los aminoácidos esenciales, ¡junto con prácticamente todos los minerales y trazas de minerales que su cuerpo necesita! Green Superfood contiene todos estos alimentos altos en clorofila (véase el Apéndice D).

Clorofilina

Verduras verdes como espinacas, col rizada, hojas de remolacha, cilantro y perejil, junto con los súperalimentos, son muy altas en clorofilina. Las clorofilinas luchan contra el cáncer al inhibir muchos carcinógenos diferentes. La clorofilina puede ayudar a reducir sustancias causantes de cáncer, llamadas aminos heterocíclicos (HCA) en las carnes cocinadas y los alimentos fritos. Incluso ayudan a reducir los carcinógenos en el humo del cigarrillo. También ayudan a proteger el ADN del daño por radiación.

Los alimentos verdes no solo están llenos de esta sustancia vital, sino que también los niveles de magnesio que contienen les proporcionan una doble fuerza. El magnesio ayuda a limpiar el tubo digestivo. De hecho, funciona de modo similar a un laxante suave. Por tanto, los alimentos verdes ayudan a su cuerpo a eliminar toxinas del tubo digestivo para que no sean reabsorbidas.

Los alimentos altos en clorofila son eficaces antioxidantes, luchadores contra el cáncer y los tumores, al igual que contra virus. Los alimentos verdes preparados, como Green Superfood, pueden añadirse a sus jugos recién exprimidos en la mañana (véase Apéndice D).

Green Superfood

Una cucharada de Green Superfood es igual a unas seis raciones de verduras. Green Superfood contiene hierba de trigo, hierba de cebada, alfalfa, espirulina, clorella, algas verde azuladas, junto con té verde, extracto de semilla de uva, cardo mariano y bacterias buenas. Puede darle a su programa de desintoxicación un impulso extra utilizando éste u otros productos similares durante el programa de desintoxicación, durante un ayuno, y diariamente después.

Allium

Otros importantes fitonutrientes son los compuestos de allium. El ajo contiene la más elevada concentración de estos fitonutrientes. El allicin es el principal compuesto de allium, y es lo que le da al ajo su fuerte olor. El ajo realmente tiene más de cien compuestos diferentes, y probablemente esa sea la razón por la que el ajo tiene tantos efectos terapéuticos.

Por ejemplo, el ajo ayuda a impulsar la fase dos de la desintoxicación del hígado. Protege contra el cáncer. También tiene propiedades anti bacterianas, antifúngicas, antivirales y antiparásitos. También ayuda a desintoxicar el cuerpo de metales pesados como el plomo y el mercurio, y fortalece el sistema inmunológico.

Cocinar y procesar el ajo le roba muchas de estas increíbles propiedades que luchan contra la enfermedad. Por eso recomiendo licuar el ajo para obtener todos sus beneficios para la salud.

Ácido elágico

El ácido elágico se encuentra en fresas, frambuesas, uvas y grosellas negras. Esta potente sustancia sanadora ha demostrado inhibir el cáncer que ha sido inducido químicamente en ratas.[8]

El ácido elágico también protege contra los efectos causantes de cáncer de muchas toxinas diferentes, incluyendo compuestos en el humo de los cigarrillos llamados PAH. También protege contra el daño de las toxinas a los cromosomas, que son nuestra huella genética. Finalmente, el ácido elágico es un potente antioxidante, y realmente puede aumentar los niveles de Glutatión.

Un nuevo método de determinar la capacidad antioxidante de un alimento se denomina ORAC (capacidad de absorbencia de oxígeno radical). Los alimentos que se sitúan más alto en el rango de ORAC tienen la mayor capacidad de neutralizar los radicales libres. Las frutas están en los primeros de la lista. Los cinco principales alimentos en la lista son: ciruelas pasas, pasas, arándanos, moras y col. Las fresas están en el número ocho. El brócoli es el número quince, y los tomates son el número cuarenta y dos. ¿No es increíble que arándanos, moras y pasas tengan la mayor capacidad antioxidante que la mayoría de todas las demás frutas y verduras? (Si come usted pasas, asegúrese de que sean orgánicas, ya que las pasas normalmente son muy altas en pesticidas).

Vitaminas y minerales mediante la licuación

Aunque la mayoría de estadounidenses parecen estar sanos, la mayoría no lo están. La mayoría de estadounidenses realmente toman cantidades inadecuadas de vitaminas y minerales.

Magnesio

Por ejemplo, los estadounidenses comúnmente no tienen suficiente magnesio en su dieta. El gobierno dice que cada uno de nosotros deberíamos obtener entre 310-420 miligramos de magnesio al día, pero pocos de nosotros lo hacemos. Las verduras, especialmente las verduras de hoja verde, son muy altas en magnesio. Al licuar verduras verdes cada día, o tomando Green Superfood, usted se asegurará de obtener todo el magnesio que necesita.

Las deficiencias de minerales son incluso más comunes en la dieta estándar estadounidense que la deficiencia de vitaminas. También es común que las mujeres tengan muy poco hierro y calcio en su dieta.

Ácido fólico

La deficiencia nutricional más común en el mundo es la deficiencia de ácido fólico. Un motivo de eso es que sencillamente no comemos suficientes verduras. Además, algunos medicamentos, como las píldoras para el control de la natalidad, contribuyen a esta deficiencia. El alcohol y el estrés también pueden jugar su papel. Sin embargo, un adecuado ácido fólico es vital para una buena salud; sin él, aumentamos nuestro riesgo de enfermedades cardíacas al tener elevados niveles de homocisteína (un aminoácido tóxico).

El ácido fólico es necesario para la reparación del ADN, y mantiene fuerte su sistema inmunológico. Los estudios han mostrado que altas dosis de ácido fólico pueden eliminar la mayoría de células pre cancerígenas en mujeres con displasia cervical.[9] Las verduras de hoja verde, como espinacas y coles rizadas, son excelentes fuentes de ácido fólico.

Vitamina C

Aunque la deficiencia severa vitamina C y el escorbuto son extremadamente raros en los Estados Unidos y otros países, las deficiencias marginales son relativamente comunes. Yo creo que esto desempeña un papel en el desarrollo de enfermedades como enfermedades cardíacas y cáncer. Excelentes fuentes de vitamina C incluyen cítricos recién exprimidos como pomelos y naranjas. Otras fuentes incluyen kiwi, fresas, brócoli y coles de Bruselas.

La vitamina C se pierde fácilmente durante el cocinado y el almacenaje del alimento. La vitamina C de fuentes naturales contiene bioflavonoides, que mejora el efecto de la vitamina C.

Licuar una amplia variedad de frutas y verduras le asegurará obtener suficiente de la mayoría de vitaminas y minerales.

Próximas atracciones

Estos son tan solo algunos de los recientes descubrimientos nutricionales novedosos por parte de los investigadores. La medicina nutricional sigue estando en la infancia, pero lo que hemos aprendido hasta aquí es verdaderamente emocionante.

Sin duda alguna, serán descubiertos muchos más fitonutrientes importantes, y ofrecerán más protección contra el cáncer, las enfermedades del corazón y otras enfermedades degenerativas.

Pero no espere a la prueba científica; comience a licuar hoy. Sin embargo, quiero alentarle a que comience a utilizar estos potentes fitonutrientes cada día licuando frutas frescas y verduras. Desempeñarán un importante papel en su ayuno de desintoxicación, pero no se detenga ahí. Decida que después de que termine su ayuno, hará de los jugos de frutas y verduras una parte de su rutina diaria del desayuno.

La investigación que ya tenemos debería convencernos a cada uno de nosotros del abrumador poder sanador y los beneficios para la salud de las frutas y verduras crudas y frescas. No espere a más estudios. ¡Comience a hacer uso de esta sabiduría salvadora en este momento!

Capítulo 6
AYUNO DE DESINTOXICACIÓN DEL DR. C

Usted llega hasta la cocina medio dormido, arrastrando el cinturón de su bata como si fuera una larga cola. Demasiado adormilado para hablar, saca su exprimidor de un armario bajo, lo pone sobre la encimera y agarra las manzanas, zanahorias y otras frutas y verduras apiladas en un bol gigante.

Con el agua del grifo saliendo, limpia y trocea los coloridos ingredientes de su primer día de menú rápido de su ayuno con jugos. Minutos después, su exprimidor da vueltas y extrae los elementos de su nuevo estilo de vida, más sano y desintoxicante.

Ya está hecho. Lentamente y con cuidado, toca con sus labios el cristal preguntándose si será capaz de beberse ese brebaje que acaba de preparar. Pero cuando lo toca con su lengua, se sorprende. Es más que delicioso; es agradable y refrescante. Usted había estado dispuesto a rechinar sus dientes y soportar este programa de jugos porque estaba convencido de sus beneficios para su salud. ¡Pero nunca soñó que lo disfrutaría tanto!

Yo creo genuinamente que este programa de ayuno va a resultar más agradable, más fácil y más gratificante de lo que usted nunca esperaba. No solo eso, sino que cuando termine, su energía y vitalidad renovada le sorprenderán.

Por tanto, comencemos con la parte del ayuno a base de juegos de este programa de desintoxicación.

Antes de ayunar

Antes de comenzar la parte del ayuno a base de jugos de este programa, debería haber estado siguiendo la dieta para apoyar su hígado durante unas dos semanas (cuatro semanas para quienes tienen toxicidad extrema). Como ya ha visto, querrá regresar a la dieta de apoyo del hígado durante el mismo período de tiempo después de su ayuno a base de jugos.

Si ha completado la dieta de apoyo al hígado, está listo para la desintoxicación. Por tanto, comencemos. Los siguientes son algunos puntos:

Cuando comience, ya debería haber aumentado su ingesta de agua alcalina hasta dos litros diarios. Continúe bebiendo al menos dos litros al día de agua alcalina a lo largo de la duración de su ayuno. Durante el ayuno no recomiendo consumir vitaminas. Debería usted haber tomado cierto número de vitaminas y minerales durante las dos semanas de su dieta de apoyo al hígado. Debe dejar de tomar todos esos suplementos hasta que termine su período de ayuno. Después, regresará a la dieta de apoyo del hígado durante otras dos semanas. En ese momento, necesitará volver a tomar esos suplementos hasta que termine el período de dos semanas. Debería continuar tomando un complejo vitamínico, un antioxidante completo, un impulsor del Glutatión y una bebida con clorofila diariamente incluso después de haber completado el programa.

¿Cuánto tiempo debería ayunar?

Los ayunos a base de periódicos y breves que duran de cuatro a siete días cada vez son una excelente manera de desintoxicar su cuerpo. Y al utilizar las pautas proporcionadas, son muy seguros. Ayunar durante más de siete días solamente debería hacerse bajo supervisión médica.

Yo normalmente recomiendo que los pacientes comiencen ayunando un día y gradualmente sigan hasta siete días. Sin embargo, bajo supervisión de un doctor, este ayuno puede ser continuado de una a tres semanas, o incluso más tiempo.

El ayuno de desintoxicación debería hacerse varias veces al año. Una vez más: los ayunos a base de jugos repetidos durante cuatro a siete días normalmente dan tiempo suficiente para limpiar el cuerpo.

Esté atento a...

El ayuno puede producir algunos cambios interesantes en su cuerpo; por tanto, esté atento a esto antes de comenzar. Algunos de estos cambios son más comunes que otros. Por eso, a continuación hay algunas precauciones que necesita usted considerar.

- *Puede experimentar ligeros mareos.* Los mareos ligeros son comunes. Por tanto, no se ponga de pie de repente cuando esté tumbado o sentado durante su período de ayuno. Puede que incluso experimente cierto mareo si se pone de pie con demasiada rapidez. Si siente ligeros mareos, tómese unos momentos y eleve sus pies poniéndolos sobre unas almohadas.

- *Sus hábitos de sueño pueden cambiar.* Puede que no necesite tanto tiempo de sueño en la noche como el que suele necesitar. No se alarme.

- *Debería descansar mucho.* Durante un ayuno, usted necesitará mucho descanso, tanto durante el día como en la noche. Esté preparado para dormir una siesta en la tarde de unos 30 minutos hasta una hora y media si es posible. Algunas personas puede que necesiten una siesta en la mañana.

- *Debería limitar la actividad.* No recomiendo hacer ejercicio fuerte durante el ayuno. Dé paseos en un parque, camine por la playa o disfrute de cualquier otra actividad lenta y relajante.

- *El estreñimiento puede ser un problema.* El estreñimiento también es común, especialmente durante ayunos más largos. (Probablemente no experimentará estreñimiento en breves ayunos a base de jugos, especialmente cuando utilice una batidora Vitamix, que retiene toda la fibra). Para esto recomiendo licuar ciruelas deshuesadas junto con manzanas. O puede beber infusiones, de las cuales hablaremos en la siguiente sección. También, mezclar una cucharada de Green Superfood en uno de los jugos ayuda a prevenir el estreñimiento.

Si aún así no tiene movimientos intestinales, recomiendo encarecidamente el uso de un enema. Para pacientes muy estreñidos recomiendo al menos un enema al día. Llene una bolsa de enema de agua tibia. Después siga las instrucciones de la caja del enema. Es mejor primero estar tumbado de espaldas durante un minuto aproximadamente, después del lado derecho, después sobre el estómago, y finalmente del lado izquierdo. Masajee suavemente su estómago al mismo tiempo. Si sigue teniendo problemas de estreñimiento, recomiendo que visite a un terapeuta del colon que sea capaz de administrar irrigaciones colónicas o colenemas.

- *Puede que tenga manos y pies fríos.* Durante un ayuno, es común experimentar una disminución de la temperatura corporal, lo cual puede causar que sus manos y sus pies estén fríos. No se preocupe. Simplemente utilice una manta extra en la noche y lleve más ropa extra.

- *Su lengua puede volverse saburral.* Otro síntoma muy común durante el ayuno es que sienta cubierta su lengua. Su lengua puede desarrollar una película blanca o amarilla. Esta cubierta señala que su cuerpo se está desintoxicando.

- *Puede experimentar mal aliento.* Puede que su aliento adopte un olor desagradable a medida que su cuerpo se desintoxica. Simplemente tenga a mano un cepillo de dientes y cepíllese los dientes y la lengua con frecuencia con pasta de dientes orgánica, como la marca Tom's of Maine.

- *Pueden producirse erupciones cutáneas.* Acné, furúnculos o sarpullidos son otras señales de que su cuerpo está excretando toxinas mediante su piel, que es el órgano excretor más grande del cuerpo.

- *El olor corporal puede ser un problema.* Algunas personas incluso desarrollan un ofensivo olor corporal a medida que las toxinas salen del cuerpo mediante las glándulas sudoríparas.

- *También pueden producirse náuseas y vómitos.* Normalmente, esto es una señal de que ha llegado a deshidratarse ligeramente. Por eso tomar suficientes fluidos es críticamente importante durante su ayuno.

- *Su orina puede aparecer más oscura de lo normal.*
  Esto también significa normalmente que su cuerpo
  está eliminando toxinas o que no está usted consumiendo los líquidos adecuados. Por tanto, si esto
  sucede, aumente su ingesta de fluidos.

- *Puede que tenga un drenaje de mucus añadido de
  sus senos nasales, tubos bronquiales e incluso el tubo
  digestivo.* No se alarme por esto. Una vez más, estos
  síntomas son normalmente el modo que tiene su
  cuerpo de liberarse de muchas de las toxinas acumuladas que ha estado almacenando.

Ayudas útiles para el proceso de desintoxicación

Puede que quiera incorporar algunos de los útiles regímenes a su
protocolo de limpieza que mencionamos a continuación:

Exfoliar y limpiar la piel

La epidermis es la capa exterior no vascular de la piel que cubre
la dermis. Puede que sea usted consciente de que su cuerpo secreta
toxinas y desechos por medio de su piel cada día. Ocuparse adecuadamente de su piel es una parte vital del proceso de desintoxicación.
Si los poros de su piel están atascados con células cutáneas muertas,
las impurezas y las toxinas pueden quedarse bloqueadas dentro del
cuerpo, poniendo estrés en su hígado y sus riñones.

El cepillado en seco de la piel es una manera eficaz de mantener
abiertos y limpios los poros de su piel. Es esencial que a su piel se le
permita "respirar". Cepillar la piel diariamente estimula el flujo sanguíneo y linfático por todo el cuerpo, conduciendo a una eliminación
de desechos más eficaz.

Puede que quiera invertir en una esponja vegetal o un cepillo
natural suave. Para cepillar su piel, comience con las plantas de sus
pies, avanzando por las piernas, el torso y los brazos hasta que haya
cepillado la mayoría de su cuerpo, evitando solamente la cara. Utilice
golpes firmes y fuertes, cepillando en dirección a su corazón para
aumentar el flujo sanguíneo. Todo el proceso de cepillado debería
tomar aproximadamente cinco minutos. Puede que sienta calidez en
la piel porque ha aumentado la circulación.

Sauna de infrarrojos

Debido a que nuestro mundo moderno ha creado nuevos problemas medioambientales, que han aumentado el número de contaminantes y toxinas que son inhalados, ingeridos o absorbidos en nuestras células y tejidos, con frecuencia nuestras células y tejidos llegan a verse abrumados de toxinas. Esta absorción de toxinas aumenta el riesgo de cáncer, enfermedades del corazón, diabetes y trastornos inmunológicos. Las células del cuerpo deben recibir nutrientes adecuados y eliminar esas dañinas toxinas.

Una sauna de infrarrojos puede ser eficaz para ayudar al cuerpo a liberarse de las dañinas toxinas, añadiendo así al proceso de desintoxicación. Las saunas de infrarrojos utilizan una fuente de calor radiante infrarroja. Este método superior de desintoxicación permite a su cuerpo secretar hasta tres veces más sudor que el de las saunas convencionales. Este proceso natural libra a su cuerpo de dañinas toxinas, y puede en última instancia quemar hasta trescientas calorías durante una sesión de veinte a treinta minutos.

La sauna de infrarrojos estimula el metabolismo celular y descompone las moléculas de agua que mantienen las toxinas en el interior del cuerpo, permitiendo así al cuerpo liberarse de esas toxinas mediante la sudoración. Estos tratamientos, combinados con una dieta a medida y un programa nutricional, han mejorado inmensamente, restaurado y rejuvenecido a muchos de mis pacientes a nivel celular, permitiéndoles sentirse mejor y llevar un estilo de vida más saludable. Para más información sobre las saunas de infrarrojos, consulte el Apéndice D.

Comencemos

Para comenzar con su ayuno a base de jugos, querrá comprar muchas verduras y frutas frescas orgánicamente cultivadas. Al final de este capítulo he proporcionado una lista de compras de verduras para que la lleve al supermercado.

Las verduras orgánicas son las mejores porque se cultivan sin pesticidas ni herbicidas. Ya que usted está ayunando para eliminar tales productos químicos, es importante no tomar ninguno durante su ayuno. Yo creo que los productos orgánicos son los más seguros, y pueden encontrarse en muchos de los herbolarios más grandes. Hay incluso herbolarios que son tan grandes como algunos supermercados, como Whole Foods y Wild Oats. Tienen una amplia variedad de frutas y verduras orgánicas a un precio competitivo.

Además, muchos de los supermercados más grandes están comenzando a tener productos orgánicos a medida que el público lo demanda. Nuestras voces serán oídas si seguimos pidiendo al supermercado que tenga productos orgánicos.

¿Y si no puedo utilizar productos orgánicos?

Sin embargo, las verduras orgánicas tienden a ser más caras, y pueden ser difíciles de encontrar. Si no siempre puede utilizar orgánicos, entonces escoja orgánicos para las frutas y verduras que tengan un mayor nivel de pesticidas: manzanas, apio, fresas, melocotones, espinacas, nectarinas (importadas), uvas (importadas), pimientos dulces, patatas, arándanos (domésticos), lechuga y col/col rizada. Escoja frutas y verduras regulares para la lista de frutas y verduras que tengan menor nivel de pesticidas: cebollas, maíz dulce, piñas, aguacate, espárragos, guisantes, mangos, berenjenas, cantalupo (doméstico), kiwi, col, sandía, batatas, pomelo y champiñones.

Los agricultores son libres para utilizar aproximadamente cuatrocientos pesticidas distintos en las cosechas. Cada año en los Estados Unidos, se rocían más de 1000 millones de libras de pesticidas y herbicidas sobre los alimentos que comemos. Pesticidas que han sido prohibidos en los Estados Unidos con frecuencia se envían a otros países del Tercer Mundo. Frutas y verduras cultivadas en esos países se rocían con pesticidas prohibidos en los Estados Unidos y después son exportadas desde esos países otra vez a los Estados Unidos.

Por tanto, a continuación hay algunas reglas a recordar cuando se compran frutas y verduras.

Buscar las pieles más gruesas

Normalmente, cuanto más gruesa sea la piel, más segura es la fruta. Por ejemplo, las bananas tienen pieles gruesas y generalmente tienen pocos pesticidas en la fruta. Es decir, a menos que se hayan cultivado en países del Tercer Mundo en los que pueden usarse los pesticidas más potentes, los cuales pueden penetrar a toda la fruta.

Naranjas, mandarinas, limones, pomelo y sandías son también frutas excelentes, ya que tienen una piel más gruesa.

Productos con pieles finas

Las frutas y verduras con pieles finas o con ninguna normalmente contienen residuos más elevados de pesticidas. Entre ellas se incluyen manzanas, uvas, melocotones, fresas, arándanos, nectarinas, apio y espinacas. Frutas y verduras con algunos de los niveles más elevados de pesticidas incluyen apio, melocotones, fresas y manzanas.

Además de los pesticidas que son rociados sobre las plantas, se añaden ceras para evitar que los productos se estropeen. Desgraciadamente para nosotros, la mayoría de esas ceras también contienen pesticidas y fungicidas, que mantienen el agua y evitan que la producción se estropee.

Lavar las ceras de los productos

Si alguna vez lo ha intentado, estoy seguro de que se dio cuenta de que es bastante difícil eliminar esas ceras. De hecho, normalmente no pueden eliminarse simplemente lavándolas con agua.

Limpiadores especialmente preparados

Puede comprar un limpiador natural y biodegradable en la mayoría de tiendas dietéticas. Úselo suavemente para quitar las ceras, y después enjuague el producto. También puede sencillamente empapar su producto en un detergente suave como Ivory o jabón de castilla puro de una tienda dietética. Cepille suavemente las frutas y verduras y después enjuáguelas.

Peróxido de hidrógeno

Otra manera de eliminar ceras y pesticidas es sumergir las frutas y verduras en un cubo de agua fría. Después añada una cucharada de peróxido de hidrógeno para alimentos al 35 por ciento (que puede adquirirse en una tienda dietética). El cubo debería estar lleno aproximadamente hasta la mitad. Permita que los productos estén sumergidos de cinco a quince minutos. Después enjuáguelos cuidadosamente con agua limpia.

Sumerja frutas con pieles finas o verduras con hojas solo unos cinco minutos. Verduras más gruesas, como zanahorias y otras verduras fibrosas, deberían estar sumergidas durante diez o quince minutos.

Lejía Clorox

Lo crea no, otra buena manera de eliminar ceras y pesticidas es sumergir los productos en un cubo lleno hasta la mitad de agua fría y después añadir una cucharadita de lejía Clorox. Debe ser la lejía regular Clorox, y no una marca genérica. Sumérjalos durante la misma cantidad de tiempo que los anteriores, y enjuáguelos cuidadosamente de tres a cinco minutos.

Escoger un exprimidor

Hay muchos tipos distintos de exprimidor es, y algunos son muy caros. Puede comenzar con un exprimidor barato como un exprimidor Juicer Man de la tienda Walmart, que le costará aproximadamente 70 dólares. El exprimidor Champion es un excelente exprimidor, y normalmente durarán décadas. Mi exprimidor favorito es el Vitamix porque es un exprimidor integral que funciona más parecido a una licuadora grande (véase el Apéndice D). Es capaz de exprimir por completo y licuar toda la fruta o verdura, incluyendo semillas. Tiene el beneficio añadido de proporcionar la fibra además de las vitaminas, minerales, antioxidantes, enzimas y fitonutrientes. Sin embargo, es más caro, y normalmente cuesta alrededor de 400 dólares. Yo recomiendo personalmente el exprimidor Vitamix (véase el Apéndice D).

Pautas para su ayuno

El día antes de ayunar

El día antes de su ayuno a base de juegos, prepárese para el ayuno comiendo solamente frutas y verduras.

Ayune los fines de semana

Recomiendo encarecidamente que comience su ayuno a base de jugos el fin de semana. Al hacerlo, podrá pasar más tiempo descansando. Si experimenta algún efecto secundario, como fatiga, mareos o dolor de cabeza, no interferirá en su trabajo (ya que es fin de semana).

Cuanto más pueda descansar durante un ayuno, mejor. Yo comúnmente les digo a los pacientes que están enfermos que descansen, ya que si siguen trabajando o haciendo ejercicio, la energía que se utilizaría para la sanidad es desviada a otras actividades corporales. Por tanto, durante el ayuno es mejor descansar para que su energía pueda ser dirigida a la sanidad y la desintoxicación.

No utilice jugos preparados

Es muy importante que licúe frutas y verduras frescas. No intente hacer este ayuno comprando jugos preparados. Sencillamente no es lo mismo. El jugo fresco contiene las enzimas vivas, los fitonutrientes, antioxidantes, vitaminas y minerales. Los jugos embotellados, enlatados y procesados han sido pasteurizados. Muchos de los fitonutrientes y enzimas se han perdido en el proceso.

No beba alcohol, café o bebidas energéticas

Durante su ayuno, beba solo jugos y tés de hierbas. También puede tomar sopa calentando un poco el jugo de verduras.

Limite los tés a tés de hierbas y té verde, blanco y negro. Beba también mucha agua alcalina, aproximadamente dos litros al día.

Beba los jugos lentamente

Al beber sus jugos especialmente preparados, hágalo lentamente para mezclar el jugo con la saliva. No se los beba de un trago.

Cómo preparar los productos

Pele las naranjas y los pomelos, pero asegúrese de dejar la parte blanca de la piel. Esa es la parte que contiene los importantes bioflavonoides.

Deje las pieles de todas las demás frutas y verduras. Quite la parte verde superior de las zanahorias, ya que pueden contener una sustancia tóxica. Corte las frutas y verduras de modo que encajen bien en su exprimidor.

Es mejor beber los jugos inmediatamente después de exprimirlos; pero algunas personas sencillamente no tienen el tiempo para utilizar el exprimidor a lo largo del día. Puede almacenar su jugo en el refrigerador y beberlo a lo largo del día. En cuanto una fruta o verdura se corta, comienza a perder valor nutritivo. Por ejemplo, corte una manzana y póngala en un plato en la encimera. Observará que no pasa mucho tiempo hasta que se pone de color marrón. Eso se debe a la oxidación debido a la exposición al aire.

Cuando corta pepinos, pierden aproximadamente del 40 al 50 por ciento de su contenido en vitamina C en las primeras horas. Un cantalupo que haya sido cortado perderá aproximadamente una tercera parte de su contenido en vitamina C en un día. Por eso es siempre mejor beber jugos de frutas y verduras inmediatamente para obtener los máximos beneficios nutricionales. Sin embargo, seguirá obteniendo tremendos beneficios aunque almacene su jugo durante un día y lo beba durante ese día.

Las mejores frutas y verduras a escoger

Cuando esté exprimiendo, tenga en mente que algunas frutas y verduras proporcionan más beneficios para la salud que otras.

Las frutas y verduras que son especialmente limpiadoras en la dieta con jugos incluyen: col y otras verduras crucíferas; hojas; raíz de diente de león y hojas de diente de león; germinados; berros; apio; zanahorias; limas y limones; manzanas; remolachas; y bayas (arándanos, moras y fresas). Precaución: algunas personas puede que sean alérgicas a las bayas.

Para una desintoxicación óptima, beba un jugo al día que contenga verduras crucíferas como col, o brócoli y remolachas. Los fitonutrientes que hay en esas verduras desintoxican su cuerpo ayudando a desintoxicar su hígado y mejorando el flujo de bilis. Incluya también hojas de diente de león o raíz de diente de león para apoyar su hígado en sus esfuerzos de desintoxicación durante el ayuno.

Principios básicos del ayuno con jugos

En general, recomiendo un ayuno a base de jugos de cuatro a siete días. En las siguientes páginas encontrará cuatro recetas distintas de jugos, que puede alternar cada día. Mi recomendación es que prepare una receta al día para cada comida (bebiéndola tres veces al día). Es muy importante escoger apio, manzanas, melocotones y bayas orgánicos, ya que estos alimentos normalmente tienen elevados residuos de pesticidas. Las frutas y verduras orgánicas se producen con el uso de alimento o fertilizante de origen vegetal o animal sin el uso de productos químicos, antibióticos, estimulantes del crecimiento o pesticidas.

Desde luego, esto es sencillamente una pauta, y usted puede encontrar su propio ritmo y sus propias recetas favoritas. ¡Sea creativo!

Recetas de jugos sugeridas

REFRESCO VERDE DE LIMA

1 paquete de lechugas: roja, verde o romana (no iceberg)
6 limas, peladas

1 pedazo pequeño de jengibre
2 manzanas
½ tallo de apio
1 pepino

Instrucciones: licúe y añada más hielo o agua así lo desea. ¡Disfrute!

CÓCTEL DE VERDURAS

5 zanahorias
1 pimiento verde
1 tallo de brócoli
2 años de apio
1 pepino
1 chile
1 limón

Instrucciones: ¡Licúe y disfrute!

BEBIDA DE ESPINACAS Y PIÑA

1 envase de espinacas
1 piña, sin piel
1 puñado de apio
4 pepinos
2 limones, pelados

Instrucciones: Licúe todo.

BEBIDA VITAMIX

3-4 zanahorias baby orgánicas
Un puñado de hoja de diente de león orgánica
Un puñado de berro orgánico
Un puñado de espinacas bebé orgánicas
⅛ de lima orgánica, con piel
⅛ de limón orgánico, con piel
½ manzana orgánica Granny Smith, con piel y semillas
3 manojos de brócoli orgánico, con tallo O coliflor orgánica
1 hoja de col orgánica
1 tallo de apio orgánico
4 oz. de hielo
4 oz. de agua

Instrucciones: Licuar todo.

¡Las verduras crucíferas son importantes!

Quiero hacer hincapié en que es críticamente importante beber al menos un jugo con col o brócoli y un jugo con remolacha cada día mientras se hace el ayuno a base de jugos para aumentar y apoyar la desintoxicación del hígado al igual que para mejorar el flujo de bilis.

Cualquiera de las combinaciones de verduras pueden licuarse primero y después calentarse lentamente. No las caliente en exceso. También puede tomarlas como una sopa. Sin embargo, nunca hierva los jugos, porque eso destruirá las enzimas. Quítelos del fuego antes de que hiervan. Deberían estar templados, no calientes. Si tiene usted un exprimidor Vitamix, el exprimidor tiene la capacidad de calentar el jugo batiéndolo rápidamente.

Sopas

SOPA 1

2 dientes de ajo
½ pepino
2 tallos de apio
Un puñado de espinacas

SOPA 2

4 zanahorias
2 tallos de apio
Un puñado de perejil o cilantro
1 diente de ajo

SOPA 3

2 tomates
1 pepino
2 tallos de apio
1 diente de ajo

SOPA 4

¼-½ cogollo de col
2 tallos de apio
2 zanahorias
Un puñado de perejil o cilantro

SOPA 5

1 pepino
2 tomates
Un puñado de perejil o cilantro
1 diente de ajo

Añada más sabor

Puede añadir un poco de salsa Tabasco y/o dulse en polvo. El dulse es una alga muy sabrosa y salada que tiene una hoja rojo/púrpura. Es alta en potasio, calcio, hierro y yodo, y se utiliza en sopas y ensaladas.

Tés de hierbas

TÉ DE CARDO MARIANO Y TÉ DE DIENTE DE LEÓN

Ciertas hierbas son muy importantes para apoyar al hígado en la desintoxicación durante el ayuno. Otras hierbas son importantes para apoyar a los riñones y el tubo digestivo. El té de cardo mariano y de diente de león son muy importantes para apoyar el hígado para la desintoxicación.

El cardo mariano realmente protege el hígado de las toxinas, y el diente de león ayuda a aumentar la producción de bilis y estimula la vesícula para que excrete la bilis. Beba té de cardo mariano cada día durante su ayuno o con té de diente de león para proteger el hígado y ayudarle a liberar al cuerpo de la bilis, que contiene muchas de las toxinas.

Los tres de hierbas pueden endulzarse con una pequeña cantidad de Stevia, que puede encontrarse en la mayoría de tiendas dietéticas.

TÉ DE ESPÁRRAGOS Y TÉ DE ORTIGA

Ya que las toxinas se eliminan principalmente mediante los riñones y el tracto digestivo, es críticamente importante apoyar los riñones durante un ayuno. El té de espárragos junto con el té de ortiga tienen propiedades diuréticas. Esto también ayuda a apoyar los riñones para que puedan eliminar toxinas de modo más eficaz.

TÉ VERDE

El té verde es muy elevado en polifenoles llamados catequinas. Este té tiene doscientas veces más poder antioxidante que la vitamina E y quinientas veces más que la vitamina C. El té verde sin embargo sí contiene cafeína; por tanto, no lo beba demasiado avanzado el día, o podría interferir en el sueño. Yo recomiendo encarecidamente que disfrute del té verde en la mañana y en el almuerzo.

Té de camomila

El té de camomila beneficia la digestión y también tiene propiedades calmantes. Es un excelente té para beberlo después de la cena y ayudar a calmarle antes de irse a la cama.

Té Sleepy Time

El té Sleepy Time es un excelente remedio herbal para aquellos que sufren insomnio.

Té Smooth Move

El té Smooth Move es un excelente remedio herbal para ayudar temporalmente con la regularidad durante un ayuno a base de jugos.

Cómo romper su ayuno

Romper su ayuno es con frecuencia la parte más difícil e importante del ayuno. Por tanto, debe entender cómo romper su ayuno incluso antes de comenzarlo.

Debe reintroducir alimentos gradualmente para comprender los mayores beneficios del ayuno en cuanto a la salud. Su aparato digestivo ha estado descansando, y eso significa que puede que no haya disponibles ácido clorhídrico y enzimas pancreáticas para ayudarle a digerir las proteínas, las féculas y las grasas de inmediato. Por tanto, cuanto más largo sea su tiempo de ayuno, más lentamente debería romper su ayuno.

A continuación ahí un horario de comidas para salir de su ayuno si su ayuno es de tres días o más. Si el ayuno es solo de uno o dos días, puede comer fruta el primer día y después pasar a la dieta de apoyo del hígado durante dos semanas, tal como se bosqueja en el capítulo 8.

El primer día después de su ayuno

Coma fruta fresca como manzanas, sandía, uvas o bayas frescas con una frecuencia de cada dos o tres horas el primer día en que rompa su ayuno.

Sin embargo, no coma papaya o piña el primer día después de un ayuno, pues esas frutas contienen fuertes enzimas que pueden molestar a su estómago. Frutas con mayor contenido en agua, como la sandía, son las más fáciles de digerir.

El segundo día después de su ayuno

El segundo día después de que se interrumpa el ayuno, tome fruta en la mañana. Para el almuerzo y la cena, tome un bol de sopa de verduras frescas.

Coma lentamente y mastique muy bien la comida. Asegúrese de no comer en exceso.

Asegúrese de seguir bebiendo al menos dos litros de agua alcalina al día. También puede seguir bebiendo sus jugos una o dos veces al día.

El tercer día después de su ayuno

El tercer día, puede añadir a la fruta y la sopa de verduras una ensalada y/o una patata asada. También puede añadir una rebanada de pan de semillas, como el pan de Ezequiel, pan de arroz integral o pan de mijo.

El cuarto día después de su ayuno

El cuarto día puede introducir una pequeña cantidad (50 a 100 gramos) de pollo de corral, pavo, pescado o carne magra.

Solo recuerde que la clave es comer lentamente y masticar muy bien. Beba agua treinta minutos antes de su comida, pero no más de once centilitros con su comida. Lo más importante: no coma en exceso.

Consejos especiales para problemas especiales

No todo el que comienza un programa de ayuno tiene el mismo estado de salud. Puede que usted tenga algunos problemas físicos que necesite abordar antes de comenzar a ayunar. Por tanto, esté atento a estos problemas especiales antes de comenzar este programa de ayuno.

Candidiasis, alergias a alimentos, parásitos

Si regularmente experimenta hinchazón excesiva, gases y diarrea, puede que esté sufriendo de candidiasis, sobrepoblación de bacterias en el intestino delgado o incluso una infección parasitaria. Puede que también sufra de mala absorción, mala digestión, permeabilidad intestinal aumentada, alergias a alimentos o sensibilidades a alimentos.

Si tiene usted cualquiera de estos síntomas, recomiendo encarecidamente que se haga realizar un análisis digestivo completo, parasitología, una prueba para la permeabilidad intestinal y una prueba de alergias a alimentos (véase el Apéndice D).

Además, recomiendo que lea mi libro *The Bible Cure for Candida and Yeast Infections* y siga la dieta especial que contiene para tres meses antes de comenzar el ayuno.

Hipoglucemia

Si tiene hipoglucemia, muela de 1 a 3 cucharadas de semillas de linaza, o tome otra forma de fibra, y añádala a su jugo, o simplemente utilice una batidora Vitamix. Licúe cada dos o tres horas en lugar de hacerlo solo cada cuatro o cinco veces al día. Si no tiene una Vitamix, sencillamente añada 1-3 cucharadas de la pulpa extraída de la batidora a su bebida.

Puede poner cucharadas de semillas de linaza en un molinillo de café y molerlas. Otras buenas fuentes de fibra incluyen salvado de arroz, semillas o cáscaras de plántago, y salvado de avena.

Tracto gastrointestinal sensible

He descubierto que a los pacientes con un tracto gastrointestinal sensible les va mejor cuando separan jugos de frutas de los jugos de verduras.

Si usted experimenta, hinchazón, gases o diarrea después de beber uno de los jugos, sencillamente omita ese jugo y pruebe otro distinto. Mediante un proceso de eliminación, puede descubrir cuál es la fruta o verdura que causa el problema. Cuando identifique el producto al cual es usted sensible, sencillamente elimínelo de su ayuno a base de jugos.

Considere hacer de los jugos un estilo de vida

Muchos creen que pueden ayunar una vez y volver a comer las mismas féculas altas en grasa, altas en azúcar y muy procesadas y seguir una dieta alta en carnes que les causó el desarrollo de las enfermedades degenerativas en primer lugar. Eso sería lo mismo que decir que si una persona dejase de fumar durante un mes, entonces podría volver a comenzar a fumarse sus dos paquetes de cigarrillos al día. No regrese a los viejos hábitos poco sanos. En cambio, permita que su programa de desintoxicación y ayuno sea el comienzo de un nuevo estilo de vida más saludable.

Para hacer de los jugos una parte regular de su estilo de vida saludable, consuma al menos 25-50 centilitros de jugos de verduras y frutas diariamente. Siga usando también Green Superfood cada día.

Es equivalente a obtener seis raciones de verduras.

Además, siga comiendo muchas frutas, verduras y granos integrales, al igual que legumbres, frutos secos y semillas. Coma pequeñas cantidades de carnes y aves magras y de corral. Limite o evite los productos lácteos. Escoja productos orgánicos de leche desnatada si consume lácteos. Límite o evite los alimentos procesados. Finalmente, escoja grasas buenas como el aceite de oliva extra virgen en lugar de grasas saturadas e hidrogenadas.

La lista de la compra

Cuando vaya al supermercado, compre las siguientes frutas y verduras orgánicas: zanahorias, col, manzanas, pepinos, remolacha, apio, perejil, cilantro, bayas (incluyendo fresas, moras, arándanos, frambuesas), limas y limones, pomelos, piña, raíz de jengibre, sandía, ajo, hojas verdes (incluyendo espinacas, col rizada, hojas de remolacha, hojas de diente de león), tomates, batatas, raíz de diente de león y berro.

La limonada rápida "Limpieza Maestra"

Puede que quiera utilizar una limpieza maestra periódicamente para ayudar a su cuerpo a desintoxicarse. Hay varios tipos disponibles en tiendas dietéticas, o puede utilizar la siguiente receta para crear la suya propia:[1]

2 cucharadas de jugo de limón o lima recién exprimido
1 cucharada de sirope de maple puro al 100 por ciento (de una tienda dietética)
$\frac{1}{10}$ cucharadita de pimienta de cayena o menos
25 cl de agua de manantial
Stevia líquido para dar sabor
Mezcle y beba de ocho a doce vasos al día y manténgalo en el refrigerador. No coma ni beba otra cosa excepto agua, té de hierbas laxante, té de menta o té de camomila.

Como conclusión

Recuerde que su cuerpo es el templo de Dios. Decida mantenerlo fuerte y sano. Continúe realizando ayunos periódicos a base de jugos cada mes o cada dos o tres meses, dependiendo de su grado de toxicidad o si tiene usted alguna enfermedad degenerativa. Obtendrá una cosecha de buena salud para toda la vida.

El pasaje de 3 Juan 2 dice: "Amado, yo deseo que tú seas prosperado en todas las cosas, y que tengas salud, así como prospera tu alma". Usted cumplirá esta verdad de la Escritura en su propio cuerpo y en los cuerpos de sus familiares sembrando en su salud y cosechando la recompensa de la salud divina.

Una parte esencial de este programa es el papel que desempeña en la limpieza y la restauración del poderoso y propio sistema de desintoxicación de su cuerpo. Ahora me gustaría que veamos este increíble sistema de limpieza y purificación que Dios ha puesto en nuestro cuerpo. Al entender mejor cómo funciona la desintoxicación en el interior de su cuerpo, usted puede estar mejor equipado para ayudar a su cuerpo a disfrutar de una liberación de toxinas vital y transformadora.

Capítulo 7

SU BOXEADOR PROFESIONAL CAMPEÓN

PUEDE QUE TENGA LA EDAD SUFICIENTE PARA RECORDAR la huelga de basureros en la ciudad de Nueva York. La basura se amontonaba muy alta a lo largo de calles y esquinas. Poco después, sobrepasó las calles y pasó a las aceras. ¡No puede imaginarse el olor! Antes de que todo terminase, los montones de basura sin recoger amenazaban con interrumpir toda la ciudad y afectar la salud de todos los que vivían en ella. ¡Qué locura!

Muchos de nuestros cuerpos están en el mismo estado de crisis, pero no lo sabemos. La basura proveniente de nuestra dieta, la basura de nuestro estilo de vida poco sano, y la basura de nuestro ambiente tóxico están afectando a nuestro cuerpo entero hasta el punto en que comienzan las enfermedades degenerativas.

Hay productos químicos y toxinas por todas partes. Nuestros cuerpos sencillamente no pueden mantener el paso.

Sin embargo, aunque toxinas en el exterior y toxinas en el interior nos bombardean, nuestros cuerpos están creados de modo único para manejar enormes cantidades de toxinas, venenos, gérmenes y enfermedades. El sistema de desintoxicación de su cuerpo es asombrosamente poderoso; y con el apoyo y la dieta adecuados es capaz de desintoxicar y eliminar productos químicos y toxinas.

Es ahí donde usted entra a escena. Tiene en su interior la capacidad de proporcionar a sus increíbles hígado y sistema gastrointestinal la ayuda suficiente para que puedan funcionar otra vez con la máxima eficacia. Los beneficios para usted son interminables. Incluyen prevenir e incluso revertir la enfermedad, tener más energía, tener un mejor aspecto, sentirse mejor, perder peso, y mucho más.

Es importante llegar a entender bien de qué se tratan estos increíbles sistemas de desintoxicación, porque son su primera línea de defensa contra las enfermedades. Si usted no tiene cáncer, enfermedades del corazón u otra enfermedad degenerativa, estos sistemas de defensa puede que sean la razón.

El primer sistema de limpieza tóxica es su hígado. Es un órgano increíble que funciona día y noche para limpiar su cuerpo de productos químicos, venenos, bacterias, y cualquier otro intruso ajeno que llegue para robarle su buena salud. Para estar sano y vivir en este planeta tóxico, usted debe tener un hígado sano. Su hígado es un boxeador profesional campeón entre los órganos de desintoxicación. Debe usted mantenerlo sano y trabajando con la máxima eficacia. Por eso es vital que antes de que comience su ayuno realice un programa nutricional de dos semanas (cuatro semanas si es usted muy tóxico) para fortalecer y apoyar su hígado de modo que pueda desempeñar su papel clave en el proceso de desintoxicación (véase el capítulo ocho para el programa nutricional).

Si usted fuese un general en el ejército luchando en una guerra a gran escala, no enviaría a sus mejores tropas de primera línea a la batalla sin las mejores armas, uniformes y provisiones. Bien, debido al mundo tóxico en el que usted vive, su cuerpo está librando una guerra cada día. La buena noticia es que es una guerra que puede ganar. Pero usted desempeña una importante parte para asegurar el resultado exitoso a largo plazo.

Veamos algunas de las maneras vitales en que puede usted cargar las capacidades de defensa de primera línea de su hígado contra las toxinas, productos químicos y venenos. Pero antes, entendamos bien lo que esta increíble primera línea de defensa realmente hacer por usted.

El sistema de desintoxicación natural de su cuerpo

El hígado pesa aproximadamente dos kilos y es el órgano más grande y que más trabaja en el cuerpo. Si pudiera usted mirar dentro de su cuerpo en este momento, vería que su hígado tiene aproximadamente el tamaño de un balón de fútbol. Está situado no lejos de su corazón, que tiene aproximadamente el tamaño del puño de su mano.

Este increíble órgano de desintoxicación tiene muchas, muchas funciones: aproximadamente quinientas, en realidad. Pero tiene cinco funciones principales. Veámoslas:

1. Es una importante parte de la defensa inmunológica de su cuerpo, filtrando su sangre para eliminar

toxinas como virus, bacterias, levadura y otro material venenoso.

2. Almacena vitaminas, minerales y carbohidratos.

3. Procesa grasas, proteínas y carbohidratos.

4. Produce bilis, una sustancia que descompone las grasas para que puedan ser digeridas.

5. Descompone y desintoxica hormonas, productos químicos, toxinas y desecho metabólico.

Cómo funciona este gigante

Es increíble lo poco que sabemos sobre el modo en que realmente funciona nuestro propio cuerpo. Puede que entendamos los detalles más complicados en cuanto a motores de vehículos y computadoras; sin embargo, pocos de nosotros comprendemos realmente la creación más increíble de todas: nuestro propio cuerpo humano. Si lo hiciéramos, quedaríamos totalmente sorprendidos.

¿Cómo limpia el hígado su cuerpo y le mantiene bien? Este increíble filtro tiene tres maneras principales de desintoxicar el cuerpo:

1. Filtrando la sangre

2. Secretando bilis

3. Utilizando un proceso enzimático de los pasos de desintoxicación

Investiguemos.

Su filtro gigante

La primera manera es filtrando la sangre. ¿Tiene usted un auto? El filtro de aceite que hay en su auto filtra el aceite, manteniéndolo limpio para que el motor funcione con suavidad. ¿Pero qué sucedería si usted cambiase el aceite sin cambiar el filtro de aceite? El aceite nuevo se ensuciaría cuando pasase por el sucio filtro de aceite. El programa de desintoxicación del hígado y el ayuno son como cambiar el filtro del aceite para que el hígado pueda ponerse al día en su trabajo de limpiar y desintoxicar el cuerpo.

Cada minuto, aproximadamente dos litros de sangre son filtrados por su hígado. Esa es una increíble cantidad de sangre cuando consideramos que la mayoría de nuestros cuerpos tienen solo aproximadamente cinco litros de sangre.

Si tiene usted una piscina en su patio trasero para sus hijos, su filtro tendría que limpiar aproximadamente la mitad del agua de la piscina cada minuto para mantener el ritmo de lo que puede hacer su hígado. ¡Guau! ¡Así de increíblemente poderoso es este filtro gigante!

Cuando su hígado está funcionando con eficiencia, es capaz de filtrar el 99 por ciento de las bacterias y otras toxinas venenosas de su sangre antes de enviarla de nuevo a la circulación.

¿Es usted la persona en su familia responsable de cambiar los filtros del aceite su auto? ¿O es usted responsable de mantener los filtros del aire para que su sistema de calefacción o de aire acondicionado esté limpio? Quizá usted haya sido quien está a cargo del mantenimiento del filtro de su piscina en el patio. Si es así, tendrán una idea bastante buena del mucho mantenimiento que requiere un filtro. Cualquier filtro necesita mantenimiento continuo para mantenerse limpio y ser eficaz. Su hígado no es diferente.

Piense en el filtro sucio que usted saca de su aire acondicionado, o ese sucio y negro filtro de aceite que saca de su auto. Los filtros se llenan del polvo y la suciedad que limpian. Y como cualquier otro filtro, su hígado puede sobrecargarse de toxinas.

Las siguientes son algunas maneras en que su filtro natural llega a sobrecargarse de toxinas:

- Por toxinas en nuestros alimentos
- Por toxinas en nuestras aguas
- Por una mala digestión
- Por levadura y sobrepoblación bacteriana en el tracto intestinal
- Por alergias y sensibilidades alimentarias
- Por parásitos
- Por toxinas en el aire
- Por toxinas en el hogar o el lugar de trabajo
- Por miles de radicales libres producidos en cada célula de nuestro cuerpo

- Por una función del hígado dañada a causa del alcohol, las drogas o un hígado adiposo, medicinas como medicamentos con estatinas, y hepatitis viral

Como el polvo y la suciedad que se acumulan en su filtro de aire, estas toxinas finalmente sobrecargarán su hígado de modo que no pueda ser capaz de filtrar de modo efectivo. Cuando eso sucede, su hígado tiene que trabajar más cada vez para seguir filtrando toxinas. Poco tiempo después está tan sobrecargado que no puede funcionar muy bien.

Si alguna vez ha intentado usted aspirar su alfombra cuando la bolsa de la aspiradora estaba llena, entonces puede hacerse una idea de cómo podría suceder eso. Ahora usted comienza a experimentar los síntomas de la sobrecarga tóxica.

Estar atento a las señales

Nosotros los doctores siempre estamos buscando señales que indiquen que algo está sucediendo por debajo de la superficie del cuerpo que no podemos ver con facilidad.

Usted también debería aprender a estar atento a ciertas señales. A continuación hay algunas señales que le indicarán que su cuerpo tiene una sobrecarga tóxica: enfermedades autoinmunes como artritis reumatoide, lupus, esclerosis múltiple, enfermedad de Crohn y colitis ulcerosa; osteoartritis; fatiga crónica; dolores de cabeza crónicos; psoriasis; acné; alergias alimentarias; estreñimiento; diabetes; enfermedad de la arteria coronaria; ateroesclerosis; infecciones crónicas; infecciones recurrentes; angina; e hipertensión.

Si usted tiene cualquiera de estas señales de sobrecarga tóxica, necesitará realizar un programa dietético para el hígado de dos semanas de duración para fortalecer su hígado antes de comenzar su ayuno de desintoxicación.

¿Y usted?

¿Está irritable con frecuencia? ¿Tiene arrebatos de ira e incluso furia? ¿Tiene oscuros círculos bajo sus ojos? Puede que tenga toxicidad del hígado. Es muy común que quienes tienen un hígado tóxico tengan arrebatos de ira y furia. A continuación hay algunas otras señales y síntomas a los que debería estar atento:

- Piel pálida
- Lengua recubierta de una película
- Mal aliento
- Erupciones cutáneas
- Mal tono cutáneo
- Ojos con picor, llorosos, hinchados y enrojecidos
- Decoloración amarillenta de los ojos
- Olor corporal ofensivo
- Picor en la piel
- Desorientación mental
- Somnolencia o fatiga
- Abdomen inflamado
- Moretones con facilidad
- Gusto alterado o amargo su boca
- Venas varicosas en su pecho o abdomen

Método de desintoxicación del hígado n. 2

El filtrado de sangre realizado por el hígado es solo el comienzo. Es el método de desintoxicación n. 1. El hígado también desintoxica su cuerpo eliminando toxinas en la "bilis". Este es el método de desintoxicación n. 2.

Cada día su hígado produce aproximadamente un litro de bilis. Esta sustancia realmente le ayuda a digerir las grasas dietéticas descomponiéndolas de modo que puedan ser utilizadas como energía. Mire, su cuerpo nunca podría utilizar plenamente el aceite de oliva, los frutos secos y otros alimentos grasosos con los que se alimenta sin este complejo método de procesado.

No solo descompone las grasas, sino que también descomponen las vitaminas solubles en grasa mediante este mismo proceso.

Una función muy importante de la bilis, sin embargo, es la de eliminar toxinas venenosas de su cuerpo. Se convierte en el vehículo para eliminarlas de su cuerpo mediante su colon. Este proceso comienza en el hígado, donde atraviesan los conductos biliares, la vesícula y el intestino delgado, y finalmente son eliminadas mediante el colon. Sin embargo, si usted está estreñido o no come la fibra suficiente o alimentos altos en fibra, esas toxinas inútiles pueden quedarse en el intestino demasiado tiempo. Cuando esto sucede, los venenos tóxicos que deberían haber sido eliminados de su cuerpo son en realidad reabsorbidos.

En otras palabras, esta situación es poco distinta a cuando su sistema séptico retrocede, excepto que el efecto tóxico puede ser incluso peor. Pero la diferencia está en que usted no lo nota enseguida. Puede que no lo note durante años, hasta que la enfermedad y el dolor crónico comienzan a robarle su libertad y su vitalidad.

Usted puede evitar que se produzca este tipo de retroceso asegurándose de que su dieta esté llena de mucha fibra. ¡Una solución tan sencilla realmente puede ahorrarle años de tristeza y dolor debido a las enfermedades degenerativas!

Si su dieta carece de fibra, la bilis y las toxinas regresarán al hígado por medio de un sistema conocido como la "circulación entero-hepática" en este sistema, una parte del intestino delgado llamado íleon reabsorbe el 95 por ciento de los ácidos y las toxinas de la bilis que contiene. Desde ahí son llevados de nuevo al hígado.

La bilis que el hígado produce realmente es almacenada en la vesícula. El hígado excreta sus toxinas en la bilis. La bilis es el fluido producido desde tres ingredientes: bilirrubina, lecitina y colesterol. Si estos tres ingredientes están descompensados, como cuando usted tiene demasiado colesterol, entonces pueden formarse cristales, barros o incluso piedras. Es importante asegurar una adecuada producción de bilis para que las toxinas sean eliminadas por medio de la bilis y no se formen barros. Una adecuada ingesta de agua, al igual que de lecitina, fosfatidilcolina, raíz de diente de león, remolachas o extracto de remolacha, apio, rábano, alcachofas y una adecuada ingesta de grasa normalmente aseguran una producción adecuada de bilis.

Método de desintoxicación del hígado n. 3

El método número tres es con mucha diferencia el más importante. Este es el método de desintoxicar venenos y otras toxinas. Implica un proceso de dos pasos que tiene el mismo efecto que cambiar el filtro del aceite en su vehículo.

Este proceso de dos pasos de desintoxicación neutraliza toxinas y otros productos químicos y sustancias que tienen que ser eliminados del cuerpo. Es un proceso absolutamente fenomenal que limpia profundamente y elimina la mayoría de los miles de venenos, productos químicos y toxinas a los cuales usted se ve expuesto cada día.

Su hígado realiza más de quinientas funciones diferentes, y muchas de ellas se producen al mismo tiempo. Aun así, este proceso de filtrado en dos pasos es el papel mayor y más importante de su hígado. Sin él, su cuerpo sufriría un destino parecido al de su vehículo si usted nunca cambiase el filtro del aceite. Finalmente llegaría a llenarse tanto de toxinas que usted probablemente moriría prematuramente.

Muchos de estos productos químicos son solubles en grasa, lo que significa que pueden ser almacenados en los tejidos adiposos del cuerpo si las toxinas no son desintoxicadas y eliminadas de manera eficaz por el hígado y el sistema gastrointestinal. Estas toxinas pueden ser almacenadas durante años y después eliminadas cuando usted hace dieta, hace ejercicio o suda, pero especialmente cuando ayuna. Las saunas de infrarrojos y, en menor grado, el ejercicio que implica sudoración, son también excelentes maneras de excretar toxinas solubles en grasa por medio de la piel, que es el órgano excretor más grande del cuerpo.

¿Ha puesto alguna vez aceite y vinagre en una botella y los ha agitado para echarlos en una ensalada? Si deja la botella reposar unos minutos, finalmente ambas sustancias se separan, porque el aceite y el agua no se mezclan.

Tampoco se mezclan en su cuerpo. Por tanto, cuando su cuerpo quiere eliminar grasas o productos químicos y toxinas solubles en grasa, debe cambiarlos a una forma soluble en agua para eliminarlos. Su increíble hígado hace precisamente eso. Transforma esas toxinas y productos químicos solubles en grasa en productos químicos solubles en agua, para que puedan ser excretados del cuerpo.

Este proceso de filtrado de dos pasos se denomina sencillamente desintoxicación fase uno y fase dos. Echemos un vistazo a estos procesos que salvan la vida.

Desintoxicación fase uno: su fábrica química

Su hígado no es solamente un filtro gigante, sino también una fábrica química. La desintoxicación fase uno implica miles de reacciones químicas. En la desintoxicación fase uno, las enzimas descomponen toxinas venenosas. La desintoxicación fase uno utiliza hasta cien enzimas diferentes para realizar su tarea.

Cuando una toxina es procesada por el sistema de desintoxicación fase uno, puede sucederle distintas cosas.

- Puede llegar a ser neutralizada.
- Puede ser cambiada a una forma menos tóxica.
- Puede volverse más soluble en agua y así eliminada mediante la bilis o la orina.
- Puede ser transformada en una sustancia aún más tóxica que creará más radicales libres.

Este resultado final de la fase uno puede dañar su hígado. Cuando se forman esas sustancias tóxicas, pueden producir tantos radicales libres que dejen a su hígado sin antioxidantes, incluyendo el vital antioxidante Glutatión.

¿Qué sucede durante la fase dos?

La desintoxicación fase dos comienza cuando la fase uno ha creado una de esas sustancias intermedias. Un intermedio tóxico es parecido a una mancha terca que necesita un segundo ciclo de lavado y enjuagado para eliminarla.

Estos compuestos intermedios tóxicos que han sido parcialmente desintoxicados por los caminos de la desintoxicación fase uno ahora necesitan ser más descompuestos y enlazados a un aminoácido o nutriente para la desintoxicación fase dos; para ser solubles en agua, sin embargo, el camino de la conjugación de Glutatión es el camino más importante de desintoxicación. Este camino es responsable de la desintoxicación de aproximadamente el 60 por ciento de las toxinas que son excretadas en la bilis. Este camino desintoxica metales tóxicos, productos del petróleo, muchos disolventes, medicinas como Tylenol y penicilina, toxinas bacterianas y alcohol, pesticidas, herbicidas y fungicidas.

Si son procesados demasiados medicamentos, productos químicos, metales pesados o toxinas, los nutrientes, y especialmente el Glutatión, necesarios para producir tanta desintoxicación se terminan. Entonces comienzan a acumularse de nuevo toxinas venenosas. A nivel celular, comienza a verse como la huelga de basureros de Nueva York.

Comer para su hígado

Ya que nuestras dietas con frecuencia consisten en alimentos procesados, refinados y rápidos, muchos estadounidenses carecen de las necesarias vitaminas, minerales, aminoácidos y otros nutrientes que el hígado necesita para realizar la tarea de la desintoxicación fase dos. Cuando usted combina una mala nutrición con nuestra abrumadora exposición a las toxinas, no es difícil ver cómo el hígado se vuelve sobrecargado.

Mediante la desintoxicación fase uno, su hígado es capaz de transformar medicamentos, toxinas, productos químicos y hormonas en compuestos intermedios que ahora están preparados para ser excretados o para pasar a la desintoxicación fase dos. La fase uno es parecida a cerrar la bolsa de su basura y sacarla a la calle. La fase dos es como el basurero cuando la pone en el camión de la basura y se la lleva al vertedero. Sin embargo, para una desintoxicación fase uno y fase dos eficientes, su hígado debe tener materias primas concretas para cada "camino" individual de desintoxicación.

Cuando grandes cantidades de medicinas, toxinas o metales pesados pasan por el hígado, pueden utilizar gran parte del desintoxicante maestro y el antioxidante maestro: Glutatión. Su cuerpo y su hígado tienen más del potente antioxidante Glutatión que de ningún otro antioxidante; y es también el antioxidante intracelular más importante. Este potente antioxidante y desintoxicante ayuda al cuerpo a liberarse de metales pesados como el mercurio, el plomo, el cadmio y el arsénico.

Una excesiva exposición a productos químicos tóxicos, en especial metales pesados, finalmente causará que los niveles de Glutatión de su cuerpo se vean reducidos. Una dieta demasiado baja en proteínas, verduras crucíferas u otras fuentes de Glutatión también pueden causar que las reservas de su cuerpo queden demasiado bajas. A continuación hay otros factores que mermarán el Glutatión de su cuerpo:

- Excesiva exposición al humo de cigarrillos
- Excesiva exposición a pesticidas
- Excesiva exposición a vapores de pintura
- Excesiva exposición al consumo de alcohol
- Excesivo ejercicio, como maratones
- Excesiva ingesta de acetaminofen (el Tylenol es la causa número uno del fallo hepático grave en los Estados Unidos).[1]

Cuando el Glutatión se agota con mayor rapidez de la que puede ser producido por su dieta, finalmente usted se vuelve mucho más susceptible al cáncer.

La dieta especial en el siguiente capítulo está pensada para ayudarle a estar seguro de que su cuerpo tiene todo de este potente antioxidante y desintoxicante que necesita.

Ralentización del proceso

Es esencial que la fase uno y la fase dos puedan avanzar sin ningún obstáculo. Los desequilibrios pueden crear problemas. Tomar demasiados medicamentos al mismo tiempo puede ralentizar la fase uno. Toxinas e incluso ciertos alimentos también puede ralentizar este proceso. Eso puede causar una acumulación tóxica o una sobrecarga tóxica que finalmente puede dañar las células hepáticas.

Algunos medicamentos pueden obstaculizar las enzimas de la fase uno. Entre ellos se incluyen:

- Antihistamínicos (Seldane y Hismanal, que han sido retirados del mercado)
- Ketoconazol (Nizoral y medicación antifúngica)
- Benzodiazepenes como Xanax, Ativan y Valium (no deje de tomar estos medicamentos, sino consulte a su médico para comprobar si puede ir retirándolos gradualmente).

Por tanto, si usted tiene algunos de los síntomas de toxicidad, manténgase alejado de estos medicamentos. Es importante que el proceso de limpieza de su cuerpo progrese sin obstáculos.

Como conclusión

También se producen problemas cuando el proceso de desintoxicación se mueve con demasiada rapidez. Cuando la fase uno descompone toxinas tan rápidamente que la fase dos no puede procesarlas todas, se acumulan esos productos intermedios muy tóxicos. Por tanto, puede usted ver por qué es importante mantener este proceso de limpieza en movimiento. Cuando el proceso se queda detenido y se acumulan peligrosos venenos, son liberadas enormes cantidades de radicales libres que pueden causar un gran daño, no solo al hígado sino también a otros tejidos y órganos.

Cuando eso sucede, la bilis puede dañar los intestinos y el páncreas. Los radicales libres pueden dañar células, e incluso pueden causar daño genético, conduciendo al cáncer. Por tanto, es esencial mantener estas potentes fases de desintoxicación funcionando en sincronía de manera suave y con limpieza.

El programa dietético especial que bosquejamos en el capítulo siguiente le ayudará a hacer precisamente eso. Este programa nutricional está pensado de manera única para fortalecer y apoyar su hígado para prepararlo para el mayor papel de desintoxicación durante su ayuno.

Capítulo 8

UN PROGRAMA NUTRICIONAL
PARA UN HÍGADO SALUDABLE

⋈⚬⋈⚬⋈⚬⋈⚬⋈⚬⋈⚬⋈⚬⋈⚬⋈⚬⋈⚬⋈⚬⋈⚬⋈

ES IMPOSIBLE ALEJARSE DE ELLO. USTED ES LO QUE COME, especialmente cuando se trata de su cuerpo físico. Y lo que come marcará toda la diferencia en el mantenimiento de su hígado.

Este programa de limpieza y desintoxicación comienza con una dieta y un régimen de suplementos que usted necesitará tomar durante un período de al menos dos semanas para preparar su cuerpo para un ayuno a base de jugos y para restaurar su cuerpo después del ayuno.

La primera parte de este programa es dietética. Las siguientes pautas dietéticas ayudarán a limpiar y apoyar su hígado antes y después de su ayuno de desintoxicación. Para obtener el beneficio óptimo de este plan, sea cuidadoso en seguir estrictamente estas pautas.

En primer lugar, necesita cambiar su dieta y su estilo de vida para reducir el número de toxinas que toma. Además, querrá mejorar la capacidad de su cuerpo de eliminar toxinas.

Una actitud ganadora y apoyo útil

¡Comience la saludable dieta para el hígado con una actitud ganadora y el apoyo de sus amigos y seres queridos! No solo necesita una actitud decidida para realizar necesarios cambios en el estilo de vida, sino que también será muy importante mantener una perspectiva positiva y alegre.

Cuando se realizan cambios en el estilo de vida que afectan a toda su familia, es mejor dialogar el programa con ellos primero. Tener familiares y amigos que le apoyen y trabajen juntos y se alienten los unos a los otros durante todo el programa es una poderosa fuerza para el éxito. Lo más importante que necesitará antes de comenzar la saludable dieta para el hígado es una actitud positiva. En segundo lugar, una familia que le apoye puede ayudar a que usted logre los objetivos para caminar en salud divina. Con estas dos consideraciones en su lugar, está usted listo para comenzar.

Elimine toxinas

Evite el humo de los cigarrillos, el alcohol y las drogas. Establezca una meta de disminuir su ingesta de todos los medicamentos. Si está tomando medicamentos recetados, debe, desde luego, hacer esto con la ayuda de su doctor. A excepción de algunos medicamentos que serán mencionados posteriormente, es mejor no tomar ningún medicamento durante su ayuno de desintoxicación.

Si toma usted muchos medicamentos que no requieren receta, considere maneras más naturales de tratar sus diversas enfermedades médicas, tales como usar vitaminas, hierbas y remedios homeopáticos, y refiérase a mis libros de la serie La Cura Bíblica. En otras palabras, si tiene usted el cuello rígido debido a la tensión, considere tomar baños calientes y masajes en primer lugar antes de tomar medicamentos para el dolor del cuello. Si sufre de estreñimiento, considere maneras más naturales de regular su sistema, como comer más frutas y verduras, aumentar la fibra, tomar magnesio, vitamina C, té Smooth Move u otros suplementos antes de acudir a los laxantes.

Tan solo recuerde: sea sensato. Nunca deje de tomar medicinas que necesite sin consultar antes a su doctor.

Una vez que su cuerpo esté limpio de la acumulación de toxinas, puede que descubra que tiene mucha menos necesidad de tomar estos medicamentos.

Tome decisiones dietéticas amigables con el hígado

Limpiar el filtro de su piscina puede parecer más sencillo que mantener el filtro de su cuerpo. Pero el mantenimiento del hígado no es difícil. Puede lograrse comiendo una dieta que sea amigable con el hígado. Por tanto, tome las decisiones correctas.

A continuación hay algunos alimentos a evitar:

- Alimentos procesados
- Alimentos refinados
- Azúcares sencillos, incluyendo la miel
- Comida rápida: hamburguesas, patatas fritas, pizza, pollo frito, tacos

Disminuya de modo dramático su consumo de los siguientes o evítelos por completo:

- Carne (escoja carnes y aves orgánicos, magros y de corral)
- Productos lácteos (escoja leche desnatada orgánica, yogur natural o kéfir, y pequeñas cantidades de mantequilla orgánica si debe tomar productos lácteos)
- Grasas saturadas: queso, carnes con grasa entreverada (escoja queso orgánico de leche desnatada, o queso de soja, y carnes magras orgánicas)

Elimine estos alimentos:

- Grasas trans, grasas hidrogenadas y parcialmente hidrogenadas como margarina, manteca, mantequillas de cacahuate comerciales, pasteles o cubiertas batidas
- Alimentos muy fritos
- Embutidos
- Pieles animales
- Aceites vegetales procesados: la mayoría de aderezos para ensalada (el aceite de oliva extra virgen es una buena elección)
- Alcohol
- Café
- Colas
- Chocolate

Escoja una dieta con mucha cantidad de lo siguiente:* *

- Frutas orgánicas
- Verduras orgánicas
- Carnes de corral que sean orgánicas y magras o muy magras

Coma tantas verduras orgánicas crudas como pueda. Cuando cocine verduras, haga al vapor las verduras orgánicas crudas en lugar de hervirlas. Las verduras orgánicas crudas ya preparadas son siempre mejor que las congeladas, y las congeladas son mejor que las enlatadas.

---

* Para más información sobre esto, refiérase a mi libro *Walking in Divine Health*.

Pruebe a preparar también sopa casera de verduras orgánicas. Es una manera deliciosa de darle a su cuerpo una amplia variedad de verduras. Solamente intente no cocinarlas demasiado, y utilice tantas verduras frescas como sea posible. Puede que también quiera sofreír ligeramente las verduras con aceite de oliva o prepararlas al grill. Las frutas y verduras recién exprimidas también son estupendas. Beba un vaso de frutas y verduras recién exprimidas en la mañana en lugar de café.

Ciertas verduras son más importantes que otras para la desintoxicación del hígado. Las verduras crucíferas son esenciales. A continuación hay algunas que debería comer con frecuencia:

- Col
- Coliflor
- Coles de Bruselas
- Brócoli
- Berro
- Col silvestre
- Brotes de mostaza
- Nabo
- Berro
- Col rizada

A continuación hay una lista de otras verduras amigables con el hígado para comer con frecuencia:

- Legumbres (o todo tipo de frijoles, a menos que se usted sensible a ellos. Si desarrolla gases o hinchazón, recomiendo un producto llamado Beano, que contiene la enzima alfa-galactosidasa para ayudar a digerir los frijoles)
- Remolachas
- Zanahorias
- Raíz de diente de león
- Hojas de diente de león

Las verduras crucíferas contienen potentes fitonutrientes como el indole-3-carbinol, sulforafane y otros fitonutrientes, los cuales ayudan al hígado a desintoxicar productos químicos y medicinas. Los brotes de brócoli normalmente tienen la concentración más alta de estos fitonutrientes.

Féculas amigables con el hígado

Algunas fécula son mejores que otras. Entre ellas se incluyen:

- Arroz integral
- Pasta de arroz
- Pan de mijo
- Amaranto
- Avena y salvado de avena

- Arroz salvaje
- Pan de arroz integral
- Quinoa
- Trigo sarraceno

Féculas a eliminar

Algunas fécula tienden a ser mucho menos amigables con el hígado. Las féculas a evitar son las siguientes:

- Productos de trigo, incluyendo panes, rosquillas, galletas saladas, pasta, fritos y cereales
- Productos de maíz

Grasas amigables con el hígado

Algunas grasas son muy buenas para su hígado y para la desintoxicación en general. A continuación hay una lista de ellas.

- Aceite de oliva virgen extra
- Aguacates
- Frutos secos y semillas crudos (evite los cacahuates y anacardos)
- Aceite de linaza (pero nunca cocine con este aceite)
- Aceite de onagra
- Aceite de semilla de grosella
- Aceite de borraja
- Aceite de pescado de grado farmacéutico

Las bebidas también son importantes

Lo que usted bebe y cuánta cantidad debe están importante como lo que come. A continuación tiene una lista:

1. Beba mucha agua alcalina con lima o limón exprimido (dos litros al día).

2. Beba jugos de frutas y verduras frescas.

3. Beba té verde, blanco o negro y otros tés de hierbas.

Beber al menos dos litros de agua alcalina cada día también ayudará a sus riñones a eliminar toxinas.

Potentes proteínas de desintoxicación

En cuanto a proteínas, el pescado graso como el salmón es mejor. Para más información, por favor lea mi libro *Eat This and Live!* (Siloam, 2009). A continuación hay una lista de potentes proteínas para una desintoxicación estupenda.

- Salmón salvaje (100-175 gramos)
- Sardinas
- Atún tongal
- Pollo orgánico, de corral, muy magro, 50-100 gramos
- Pavo de corral y orgánico, 50-100 gramos
- Res orgánica, de corral, muy magra, 50-100 gramos
- 1-2 huevos orgánicos, criados con pasto (una o dos veces por semana)

Comer ocasionalmente un huevo orgánico criado con pasto ayudará a suplir los aminoácidos necesarios para la desintoxicación fase dos. Los huevos orgánicos criados con pasto provienen de gallinas que no están en jaulas y se alimentan con maíz y otros granos que son muy altos en aceites inflamatorios omega-6. En cambio, comen hierba, insectos y gusanos, y tienen más grasas beneficiosas omega-3.

La Regla de Oro del cuidado del hígado

La Regla de Oro es una de las reglas más importantes para vivir con los demás. Esta es la Regla de Oro del cuidado del hígado: no coma en exceso. Coma solamente hasta estar satisfecho, y nada más. Comer en exceso pone un enorme peso añadido a su hígado y a los caminos de desintoxicación.

Si tiende usted a comer en exceso, estos son algunos puntos que pueden ayudar. Llene platos y póngalo sobre la mesa en la cena en lugar de que cada uno se sirva al estilo country de un bol. Esto le ayudará a controlar las raciones, y le ayudará a resistir la tentación de comer más solamente porque está delante de usted. Bendiga los alimentos y desarrolle una actitud de gratitud. Coma lentamente. Mastique bien la comida (treinta veces) y descanse entre bocados. Ponga el tenedor sobre la mesa entre bocados. Deje que su cena sea una experiencia. No se atraque de comida sin parar como si fuese un hombre que se está muriendo de hambre. Dé a su estómago la oportunidad de descubrir lo lleno que está antes de darle más. Normalmente son necesarios unos veinte minutos para que una señal de satisfacción llegue hasta el centro del apetito en el cerebro que le diga que cierre el apetito. Planee dar un paseo después de cenar en lugar de sentarse y charlar en la mesa de la cena, donde puede ser tentado a comer en exceso. Cuando salga a cenar fuera, no intente ser socio fundador del "club del plato limpio". Las raciones en los restaurantes son demasiado grandes para la mayoría de personas. Llévese a casa la mitad de esas enormes raciones en una bolsa para comerla al día siguiente, o divida la comida con su cónyuge.

Veamos ahora algunos nutrientes que son esenciales para su programa de desintoxicación.

Nutrientes para el hígado

Los siguientes suplementos deberían tomarse para fortalecer y apoyar su hígado para prepararlo para un ayuno de desintoxicación y cuando sale de un ayuno de desintoxicación.

Un buen complejo vitamínico/suplemento mineral

Tomar un complejo vitamínico y un suplemento mineral diariamente es absolutamente esencial para promover una desintoxicación del hígado eficaz. Un buen complejo vitamínico tendrá todo un abanico de vitaminas B, que son especialmente importantes para la desintoxicación fase uno. Veamos:

- La vitamina B_1, o tiamina, ayuda a disminuir los efectos tóxicos del alcohol, el humo de los cigarrillos y la toxicidad por metales pesados.

- La vitamina B_2 es utilizada por el cuerpo en la fabricación de Glutatión.
- La vitamina B_3 se requiere para la desintoxicación fase uno y es importante para sintetizar ácido glucurónico y la coenzima A, que son muy importantes en la desintoxicación fase dos. También ayuda a desintoxicar acetaldehído, que se produce por el alcohol y por una sobrepoblación de candida en los intestinos.
- La vitamina B_6 se requiere para la desintoxicación fase uno.
- La vitamina B_{12} se requiere para la desintoxicación fase uno.
- El ácido fólico se requiere para la desintoxicación fase uno.

Una buena regla general es que cada una de las anteriores vitaminas B deberían estar presente en una dosis de al menos el 100 por ciento del valor diario.

Minerales

Un complejo vitamínico y mineral contendrá algunos minerales totalmente esenciales para la desintoxicación. A continuación hay algunos:

- Zinc
- Cobre
- Manganeso

Debería tener aproximadamente 15 miligramos de zinc, 2 miligramos de cobre y 2 miligramos de manganeso. Estas tres forman la potente enzima antioxidante superóxido dismutasa, que protege el hígado contra el daño de los radicales libres.

- Selenio
- Magnesio

Yo recomiendo de 150 a 200 microgramos de selenio y 400 miligramos de magnesio al día. El selenio es parte de la enzima Glutatión peroxidasa, y también actúa como un antioxidante. Protege las membranas celulares del daño de los radicales libres. El selenio también protege el hígado de los efectos tóxicos de metales pesados como el cadmio, mercurio, plomo y arsénico. La dosis recomendada para hombres y mujeres adultos es de 55 ug.

El magnesio es un cofactor utilizado en más de trescientas reacciones de enzimas distintas. El magnesio también ayuda a fabricar ADN para la síntesis de proteínas, la síntesis de ácidos grasos y la eliminación de sustancias tóxicas. Por tanto, es críticamente importante que el hígado tenga cantidades adecuadas de magnesio para que pueda seguir realizando sus otros papeles en el metabolismo de proteínas, carbohidratos y grasa.

Todas estas vitaminas y minerales enumerados anteriormente pueden encontrarse en un complejo vitamínico (véase el Apéndice D).

Como puede imaginar a estas alturas, los antioxidantes son muy importantes en el trabajo vital de su hígado. Asegurarse de tener suficientes es esencial. Veamos.

Antioxidantes

Glutatión

Antes de hablar de ningún otro antioxidante, quiero detenerme por un momento y hablarle sobre el Glutatión. El Glutatión es un péptido 3-amino-ácido (o tripéptido) formado por glicina, glutatmina y cisteína. Puede que usted no haya oído de este potente súper antioxidante, pero según mi opinión, es verdaderamente el antioxidante maestro y el desintoxicante maestro. Cuando los niveles de Glutatión en las células descienden demasiado, se produce la muerte celular.

Por eso el Glutatión es esencial para la salud de cada célula del cuerpo. Ayuda a controlar la inflamación, es crítico para el sistema inmunológico, impulsa la energía y protege células y tejidos de los radicales libres, lo cual le protege de las enfermedades.

Además, el Glutatión es importante para una función óptima de los cinco órganos más importantes del cuerpo: el corazón, los pulmones, el cerebro, el hígado y los riñones. El Glutatión también se requiere para una función óptima del sistema inmunológico y para mantener unos ojos saludables. El Glutatión está considerado como el antioxidante más abundante y más importante en el cuerpo humano.

Hace más de diez años, cuando estaba investigando por primera vez para este libro, era consciente de que el antioxidante Glutatión era el antioxidante maestro y el desintoxicante maestro, pero sencillamente no comprendía plenamente la importancia, la potencia y la versatilidad del Glutatión. Según mi opinión, es el Michael Jordan de los antioxidantes y desintoxicantes en el cuerpo.

Realmente vi el poder del Glutatión en acción hace unos siete u ocho años cuando comencé a tratar a pacientes con Parkinson con IV Glutatión. La primera vez que utilicé IV Glutatión fue con un hombre anciano que tenía Parkinson grave. Tenía temblor continuo en sus manos y brazos; estaba rígido y tenía un rostro sin expresión alguna. Caminaba arrastrando lentamente los pies sin mover nada los brazos, de modo parecido a un zombi. Estaba tenso y rígido, y casi se cae cuando le pedí que se detuviese y se girase.

Sin embargo, unos minutos después de haberle dado IV Glutatión, yo no podía creer el cambio que se produjo en él. Comenzó a mover sus brazos y sus piernas con facilidad, y después comenzó a correr y a saltar. Los temblores se detuvieron, y comenzó a reírse cuando se llenó de gozo al sentirse de nuevo normal. Sin embargo, después de unas horas volvió a su anterior estado y se puso tenso, rígido, sin expresión, y los temblores regresaron. Yo sabía que el Glutatión causó un importante impacto en su cuerpo, pero él necesitaba un suplemento que elevase de modo significativo su nivel de Glutatión a largo plazo, pero desgraciadamente en aquel momento no había un suplemento así. Años después, comencé a comprobar los niveles de Glutatión de muchos de mis pacientes que tenían enfermedades crónicas, y descubrí que la mayoría de ellos tenían bajos niveles de Glutatión y muchos tenían una mutación en su gen del Glutatión.

La buena noticia es que su cuerpo produce su propio Glutatión. La mala noticia es que una mala dieta, estrés excesivo, falta de sueño, enfermedades, infecciones, toxinas, contaminación, medicación y el envejecimiento van mermando el nivel de Glutatión, dejándole susceptible a la enfermedad crónica, la inflamación, el envejecimiento acelerado y el cáncer. Además, la cantidad de toxinas a las que estamos expuestos cada día está normalmente muy por encima de lo que la producción normal de Glutatión de nuestro cuerpo es capaz de combatir.[1] Nuestro cuerpo nunca debía batallar contra la arremetida de toxinas, pesticidas, productos químicos, metales pesados y otras dañinas sustancias a las que ahora estamos expuestos cada día en nuestra comida, agua, aire y medioambiente. Nuestros niveles de Glutatión descienden aproximadamente en un 1 por ciento al año después de los veintiún años de edad. La revista médica *Lancet* informó sobre un estudio que mostraba los mayores niveles de Glutatión en jóvenes saludables, niveles menores en ancianos saludables, aún menores en ancianos enfermos, y los niveles más bajos en todos los ancianos hospitalizados.[2]

¿Que hace que el Glutatión sea tan eficaz y necesario? El secreto de su poder son los grupos químicos de sulfuros (o grupos sulfidrilo) en el Glutatión. El sulfuro es una molécula pegajosa y olorosa que actúa como si fuese papel para moscas. Las toxinas se pegan a ella y quedan atrapadas. En un cuerpo con un suministro robusto de Glutatión, esas toxinas quedan atrapadas fácilmente y después son eliminadas del cuerpo. Sin embargo, cuando los niveles de Glutatión en nuestro cuerpo son bajos o se agotan, no podemos librarnos de modo eficaz de las toxinas y no podemos apagar de manera eficaz las reacciones de los radicales libres. Así, acumulamos una sobrecarga de toxinas y los daños a células y tejidos por parte de los radicales libres dan como resultado enfermedades. La escuela de salud pública de la Universidad de Columbia afirmó que el 95 por ciento del cáncer está causado por una mala dieta y excesivas toxinas.

Casi todos los pacientes que tienen enfermedades crónicas, incluyendo fibromialgia, fatiga crónica, enfermedades autoinmunes, enfermedades del corazón, diabetes, cáncer, Anzheimer, Parkinson, enfermedades hepáticas y enfermedades de riñones tienen bajos niveles de Glutatión. Muchos pacientes con enfermedades crónicas tienen una mutación del gen del Glutatión, así que no producen ni pueden producir suficiente Glutatión.

Afortunadamente, se ha realizado mucha investigación para demostrar los sorprendentes efectos del Glutatión para proteger y reparar el cuerpo. Existen más de noventa y cuatro mil artículos de investigación con respecto al Glutatión ¡solamente en PubMed! Y esta investigación está demostrando que el Glutatión desempeña un importante y beneficioso papel en el tratamiento de enfermedades como el SIDA, Alzheimer, cáncer, enfermedad de Crohn, fatiga crónica, infecciones crónicas, diabetes, síndrome de Down enfermedades del corazón, hepatitis, elevado colesterol, fallo renal, infertilidad masculina, esclerosis múltiple, Parkinson, problemas de próstata, derrames y muchos más.[3]

Una vez más, debido al nivel de toxicidad que hay en nuestro planeta actualmente, incluso los individuos con mejor salud necesitan ayudar a aumentar los niveles naturales de Glutatión del cuerpo. ¡Yo creo que esto es lo mejor y más importante que podemos hacer para liberarnos de las toxinas!

Glutatión: el antioxidante maestro

El Glutatión apaga las reacciones de los radicales libres y es conocido como el antioxidante maestro. Un antioxidante evita el daño oxidativo proporcionando electrones para evitar o reparar la oxidación y apagar los radicales libres. Un sencillo ejemplo de oxidación es cuando usted corta una manzana y después de una hora las rebanadas comienzan a ponerse marrones. Pero si usted exprime limón sobre las rebanadas de manzana, la vitamina C del jugo de limón proporciona electrones para evitar la oxidación, de modo que se necesita mucho más tiempo para que las rebanadas se pongan marrones. Las investigaciones predicen que recibimos entre mil y un millón de golpes de radicales libres por célula y por día (página 46, Cancer manual Vol. 1). ¿Puede imaginar a alguien que le golpeasen una vez en el hombro o disparar a alguien una vez con un revólver BB? Ahora imagine ser golpeado mil veces en el mismo hombro o ser disparado mil veces en el mismo lugar por un revólver BB. Sin embargo, los fumadores y las personas que trabajan en ambientes tóxicos y comen alimentos muy altos en azúcar y grasas tóxicas pueden estar acercándose a un millón de golpes de radicales libres por célula y por día. No es sorprendente que haya un riesgo tan alto de desarrollar finalmente cáncer en los fumadores. Bien, la buena noticia es que si los niveles de Glutatión en el interior de sus células son altos, apagarán la mayoría de radicales libres y reciclarán antioxidantes, incluyendo vitamina C, vitamina E, superóxido dismutasa (SOD), ácido lipóico, y también el Glutatión se reciclará a sí mismo. El Glutatión dona electrones al conjunto general de antioxidantes, el cual a su vez reactiva el antioxidante para que pueda volver a realizar su trabajo de donar electrones y apagar los radicales libres y evitar la oxidación. Los antioxidantes son reciclados en componentes solubles en agua y solubles en grasa en el cuerpo. El Glutatión es el antioxidante maestro que hace que eso sea posible.

El Glutatión disminuye la inflamación

La inflamación está en la raíz de la mayoría de enfermedades crónicas, incluyendo enfermedades cardiovasculares, Alzheimer, enfermedades autoinmunes, Parkinson, artritis y asma. La inflamación también disminuye los niveles de Glutatión; pero la buena noticia es que simplemente aumentar la producción de Glutatión ayuda a disminuir la inflamación en el cuerpo.[4]

El Glutatión aumenta la energía

La queja principal que oigo en mi consulta médica cada día es: "Doctor, estoy cansado". ¿Le resulta familiar?

La adenosina trifosfato (ATP) es la moneda de energía del cuerpo, transportando energía química dentro de nuestras células para el metabolismo, y se produce en las mitocondrias de nuestras células. Las mitocondrias son la diminuta fábrica de energía en nuestras células. Todas las células tienen mitocondrias; sin embargo, las células adiposas son las que menos tienen y las células musculares son las que más tienen. Durante la producción de ATP en nuestras mitocondrias, se producen dos dañinos radicales libres, el hidroxil y el peróxido, y son potencialmente muy dañinos para nuestras mitocondrias.[5] Por eso necesitamos Glutatión para apagar esos radicales libres en las mitocondrias, lo cual, a su vez, ayuda a aumentar la producción de ATP y aumentar la energía.

A medida que envejecemos, nuestras mitocondrias normalmente se vuelven cada vez más disfuncionales, y como resultado, los individuos más mayores cada vez se fatigan más. Un estudio descubrió que cuando le hicieron una biopsia muscular a un individuo de noventa años, el 95 por ciento de sus mitocondrias era disfuncionales. Eso sencillamente significa que no podía producir adecuadas cantidades de ATP. Sin embargo, una biopsia muscular de un niño de cinco años reveló una mínima disfunción mitocondrial. Mantener los niveles de Glutatión en niveles altos o normales normalmente ayudará a evitar la disfunción mitocondrial y a mejorar de modo dramático la energía.

El Glutatión desintoxica el cuerpo de toxinas y metales pesados

El Glutatión tiene la capacidad de enlazar la mayoría de metales pesados, como el cadmio, el plomo, el hierro, el arsénico y el mercurio, y eliminarlos del cuerpo.[6] De hecho, el Glutatión es la parte más crítica del sistema de desintoxicación del cuerpo. ¿Recuerda mi descripción del Glutatión como papel para moscas? La mayoría de toxinas, incluyendo muchos disolventes, productos químico, pesticidas, herbicidas, fungicidas y metales pesados se pegan al Glutatión de modo similar a una mosca que se pega papel para moscas, y son expulsados del cuerpo.

Aún más, los dañinos efectos de la radiación son reparados con Glutatión.[7] ¿Puede creerlo? ¡El Glutatión es verdaderamente un súper antioxidante y un súper desintoxicante!

El Glutatión fortalece el sistema inmunológico

A medida que envejecemos, somos más propensos a desarrollar infecciones virales y bacterianas. El Glutatión capacita al sistema inmunológico para funcionar de modo óptimo y activa las células asesinas naturales que destruyen virus, bacterias e incluso células cancerosas. Nuestros linfocitos necesitan Glutatión para multiplicarse y para desarrollar una respuesta fuerte del sistema inmunológico. Enfermedades virales crónicas como el virus de Epstein-Barr, la hepatitis C, el citomegalovirus y otras infecciones virales crónicas se relacionan con bajos niveles de Glutatión. Sin embargo, simplemente impulsando el nivel de Glutatión, muchos pacientes con enfermedades virales crónicas indican una mejora dramática. Los linfocitos comienzan a proliferar y a formar células asesinas naturales y células T a medida que el sistema inmunológico comienza a funcionar de modo óptimo.

MANERAS DE IMPULSAR EL GLUTATIÓN

Actividad o ingesta	Efecto
Duchas frías o nadar 5-10 minutos por semana en agua helada	Eleva el Glutatión aproximadamente 20-25 por ciento
Proteína de cebada	Impulsa el Glutatión aproximadamente el 35 por ciento
Ácido lipóico	Eleva el Glutatión aproximadamente 30-50 por ciento
Cardo mariano	Eleva el Glutatión aproximadamente un 35 por ciento
N-acetil cisteína	Eleva el nivel de Glutatión un 85 por ciento pero requiere 8000 mg al día

Otros suplementos (véase el Apéndice C)	Eleva el Glutatión aproximadamente un 267-292 por ciento

Vitamina C

La vitamina C también puede elevar los niveles de Glutatión. Mínimamente es un excelente antioxidante para disminuir los radicales libres. En dosis elevadas, la vitamina C puede eliminar o quelar metales pesados como el mercurio y el plomo. Durante la desintoxicación del hígado, tome 250 a 1000 miligramos de vitamina C, de dos a tres veces al día. Sin embargo, si comienza a experimentar diarrea, disminuya la dosis y después auméntela de manera gradual. La dosis elevada es para las 1-2 semanas de desintoxicación del hígado antes de su ayuno.

Ácido lipóico

El ácido lipóico es un antioxidante universal que puede penetrar en compartimentos del cuerpo solubles en agua y solubles en grasa y librarse de los radicales libres solubles en agua y en grasa. El ácido lipóico también puede reciclar tanto la vitamina E como la vitamina C, y también reforzar la función antioxidante de la vitamina E, la vitamina C y el Glutatión. Se ha utilizado para tratar la toxicidad por metales pesados como el mercurio y el plomo. El ácido lipóico también se ha utilizado en el tratamiento de las enfermedades hepáticas, y protege al hígado de los efectos del alcohol. Yo recomiendo 100 miligramos de ácido lipóico dos o tres veces al día.

Vitamina E

La vitamina E es una vitamina soluble en grasa que evita la oxidación de los lípidos en las membranas celulares y otras estructuras adiposas. La oxidación de lípidos se produce cuando las grasas reaccionan con el oxígeno, produciendo así radicales libres. Yo recomiendo 400 IU de vitamina E cada día.

Coenzima Q$_{10}$

La coenzima Q$_{10}$ (CoQ$_{10}$) se encuentra en todo el cuerpo. A veces se denomina "ubicuinone", ya que es ubicuo, o que está en todas partes. Está más concentrada en el corazón. Este potente antioxidante protege las membranas celulares, las estructuras celulares y otras sustancias del cuerpo contra el daño de los radicales libres. También protege la vitamina E del daño oxidativo. El ubicuinol es la forma activa de la CoQ_{10}.

La coenzima Q_{10} es muy importante en la producción de energía en las células. Se ha utilizado para tratar las enfermedades cardiovasculares, incluyendo el fallo cardíaco congestivo, la cardiomiopatía, la angina y la hipertensión. La coenzima Q_{10} puede que tenga un papel tanto en el tratamiento como en la prevención del cáncer. También ayuda a desintoxicar el cuerpo de medicinas y anestesias. Es especialmente importante para pacientes que toman medicamentos de estatina para disminuir el colesterol, ya que esos medicamentos disminuyen también los niveles de CoQ_{10}.

Para la desintoxicación, yo recomiendo al menos 1000 miligramos diariamente con las comidas.

Ahora veamos los bioflavonoides e investiguemos su importancia para su programa de desintoxicación.

Bioflavonoides

Existen más de seis mil bioflavonoides diferentes. Son pigmentos vegetales solubles en agua que proporcionan un potente empuje de salud. Los más importantes para la desintoxicación son:

- Cardo mariano (silimarina)
- Té verde
- Proantocianidinas (extracto de corteza de pino y extracto de semilla de uva)
- Quercitina

Veámoslos más de cerca

Cardo mariano

El extracto de cardo mariano, conocido como silymarina, es uno de los protectores más potentes del hígado contra el daño de los radicales libres. También protege el hígado de muchos productos químicos muy tóxicos, incluyendo el venenoso hongo amanita falloides, que realmente es fatal en el 40 por ciento de las personas que lo ingieren.

El cardo mariano evita la disminución del Glutatión. Ya que pueden emplearse inmensas cantidades de Glutatión en el proceso de desintoxicación, puede conducir a la reducción del Glutatión. El cardo mariano evitará esa reducción durante la desintoxicación. El cardo mariano puede elevar en realidad el nivel de Glutatión en el hígado hasta el 35 por ciento.

El cardo mariano es un importante antioxidante a tomar durante el programa de ayuno de desintoxicación, y es parte del suplemento que impulsa el Glutatión en el Apéndice D.

Tome 200 miligramos de cardo mariano tres veces al día durante la desintoxicación, y beba té de cardo mariano mientras ayuna. Después de la desintoxicación, recomiendo tomar una dosis continuada de 100 miligramos, de dos a tres veces al día, o tomar el suplemento que impulsa el Glutatión.

Té verde

Como antioxidante, el té verde es doscientas veces más potente que la vitamina E y quinientas veces más potente que la vitamina C. Se cree que el té verde obstaculiza el efecto de los productos químicos causantes de cáncer. También activa las enzimas de la desintoxicación en el hígado, que ayuda a defender a su cuerpo contra el cáncer.

Para propósitos de desintoxicación, yo recomiendo una taza de té verde dos o tres veces al día. Si lo prefiere, puede tomar una cápsula de 100 miligramos de extracto de té verde tres veces al día.

Proantocianidinas

Las proantocianidinas, un grupo muy especializado de bioflavonoides, están presentes en muchas plantas. Sin embargo, las mayores concentraciones se encuentra en la corteza de pino y en las pieles y semillas de la uva. El extracto de corteza de pino y el extracto de semilla de uva son potentes bioflavonoides antioxidantes. Son veinte veces más potentes que la vitamina E o carroñeros de radicales libres. Trabajan en compartimentos solubles en agua del cuerpo y se mueven por todo el flujo sanguíneo.

Estos antioxidantes son tan potentes que pueden inhibir la formación de uno de los principales carcinógenos en el humo del tabaco, que es el benzopireno. También protegen de la oxidación los tejidos cerebrales y nerviosos y el colágeno.

Yo recomiendo 50-200 miligramos de extracto de semilla de uva o de extracto de corteza de pino al día para propósitos de desintoxicación.

Quercitina

La quercitina es un potente flavonoide que se encuentra en el té verde y negro, el vino tinto, el ajo, los tomates, las cebollas, los pimientos (verde y de cayena), el brócoli, las uvas, las bayas y las manzanas. Es un antioxidante muy fuerte que evita que el daño de los radicales libres a las células inicien el cáncer. También ayuda a acelerar la producción de enzimas de desintoxicación que eliminan las toxinas carcinógenas del cuerpo. La quercitina también tiene un potente efecto antihistamínico.

Yo recomiendo 400 o 500 miligramos dos veces al día.

Aminoácidos

Los siguientes grupos de nutrientes para la desintoxicación incluyendo a los aminoácidos.

NAC (N-acetil cisteína)

El NAC, también conocido como N-acetil cisteína, es una forma estable del aminoácido L-cisteína. El NAC es fácilmente absorbido por el cuerpo y fácilmente convertido en Glutatión, por tanto aumenta el almacén de Glutatión en su cuerpo. Aproximadamente el 60 por ciento de las toxinas que son excretadas en la bilis son desintoxicadas con la ayuda del Glutatión. Por eso es críticamente importante tener abundancia de él.

Los suplementos de Glutatión son muy difíciles de absorber por el cuerpo, pero los suplementos de NAC son fácilmente absorbidos y son mucho menos caros que el Glutatión. El NAC puede aumentar la producción de Glutatión.

Sin embargo, demasiado NAC puede actuar como un pro-oxidante y aumentar la actividad de los radicales libres en pacientes saludables. Durante la desintoxicación yo recomiendo NAC, 500 miligramos una o dos veces al día.

La mejor manera de elevar los niveles de Glutatión es tomar un suplemento de Glutatión en el Apéndice D que combine NAC, ácido lipóico, cardo mariano, quercitina, vitamina C y L glutamina.

Glicina

La glicina es un aminoácido no esencial, lo cual sencillamente significa que el cuerpo lo produce. Es críticamente importante para ciertas funciones de desintoxicación fase dos del hígado. De hecho, es el principal aminoácido utilizado en un camino de desintoxicación vital.

Personas que sufren de excesiva exposición química, hepatitis, artritis y hepatitis alcohólica, así como muchas otras enfermedades crónicas, necesitarán suplementación con glicina. La glicina realmente realiza más funciones bioquímicas que cualquier otro aminoácido. También se necesita para la síntesis de sales biliares. La glicina es también uno de los componentes del aminoácido para la fabricación de Glutatión, siendo los otros dos la cisteína y la glutamina. La glicina es importante para desintoxicar muchos medicamentos y productos químicos. Si el cuerpo no tiene suficiente glicina, entonces las toxinas y productos químicos puede que no sean desintoxicados y probablemente permanecerán en el cuerpo mucho más tiempo. Esto puede crear más actividad de radicales libres y más daño.

La glicina es un suplemento barato que puede encontrarse en la mayoría de tiendas dietéticas. Si usted tiene una de las enfermedades enumeradas anteriormente, tome aproximadamente 500-1000 miligramos de glicina, tres veces al día entre comidas.

Glutamina

La glutamina es un aminoácido que también es importante en la desintoxicación fase dos del hígado. Es esencial para cualquiera que beba excesivas cantidades de alcohol.

La suplementación con glutamina también ayudará a disminuir la permeabilidad intestinal, una enfermedad común en la cual el intestino delgado se inflama por el alcohol, los medicamentos antiinflamatorios, la aspirina, sensibilidades alimentarias, sobrepoblación bacteriana o candidiasis. Esta inflamación hace que el intestino delgado se vuelva demasiado permeable de modo que las toxinas y las partículas de alimentos incompletamente digeridos puedan ser absorbidos desde el tubo digestivo directamente a la sangre y vayan al hígado. Esto supone una carga de trabajo mayor sobre el hígado, y disminuye aún más sus enzimas y antioxidantes desintoxicantes. La glutamina también ayuda a elevar los niveles de Glutatión en el cuerpo. Glutamina, cisteína y glicina son convertidos en Glutatión, que es el antioxidante y protector más importante del hígado.

Tome glutamina en una dosis de 500-1000 miligramos tres veces al día, normalmente treinta minutos antes de las comidas durante la desintoxicación.

Suplementos lipotrópicos

Los suplementos lipotrópicos son necesarios para fomentar el flujo de grasa y bilis del hígado. Echemos un vistazo a algunos de ellos.

Fosfatidil colina (o lecitina)

El fosfatidil colina (o lecitina) es uno de los mejores suplementos para adelgazar la bilis de modo que las toxinas y los productos químicos puedan salir del hígado más rápidamente. La lecitina está compuesta por colina, inositol y ácido linoleico. La colina es el principal nutriente en la lecitina. La colina se encuentra también en las yemas de huevo, semillas de soja, granos y frutos secos. Al mejorar el flujo de bilis tóxica en el hígado durante la desintoxicación, se estará protegiendo también el hígado.

El fosfatidil colina también ayuda a descomponer grasas y ayuda a desintoxicar el hígado adiposo. Tome al menos 1000 miligramos de lecitina tres veces al día o 5 cápsulas de fosfatidil colina 1 o 2 veces al día durante la desintoxicación. Puede tomarlo en forma de cápsula o en forma líquida.

Remolachas

El último nutriente lipotrópico del que me gustaría hablar es la remolacha. Las remolachas contienen betaína, que fomenta el flujo de grasa y bilis del hígado. La betaína también protege al hígado de los efectos tóxicos del alcohol.

La betaína ayuda a evitar la acumulación de homocisteína, que es la sustancia intermedia muy tóxica producida si usted tiene una deficiencia de las vitaminas B, ácido fólico, B_{12} y B_6.

Coma remolacha regularmente para limpiar y apoyar el hígado, especialmente durante la desintoxicación, y licúe remolacha es mientras ayuna. También puede tomar un extracto de jugo de remolacha (véase el Apéndice D).

Hierbas para desintoxicar

Varias hierbas son muy importantes para limpiar el hígado. Entre ellas se incluyen: raíz del diente de león, raíz de bardana, trébol rojo, raíz de jengibre y ortigas. Puede adquirir tés hechos de estas hierbas y beberlos para la limpieza del hígado. Puede encontrar té de raíz de diente de león en la mayoría de tiendas dietéticas.

Resumen de los principales suplementos

- Complejo vitamínico/mineral (como Divine Health Multivitamins)
- Suplemento impulsor del Glutatión (combinación de NAC, cardo mariano, glutamina, ácido lipóico, quercitina y otros ingredientes; véase el Apéndice D)
- Cardo mariano (presente en el suplemento anterior)
- Aminoácidos (NAC es el más importante y está presente en el suplemento impulsor del Glutatión)
- Lipotrópicos: fosfatidil colina (lecitina) y remolachas
- Tés desintoxicantes, té de diente de león

Véase el Apéndice D para pedir los anteriores suplementos.

Capítulo 9
"ELIMINE LO NEGATIVO"

✕○✕○✕○✕○✕○✕○✕○✕○✕○✕○✕○✕○✕○✕○✕○✕○

Hace varios años, una joven bajita llamada Betty* entró en mi consulta. Ella tenía el peor caso de toxicidad que yo haya visto jamás en una persona libre de cáncer. Su piel estaba grisácea; su largo y ligero cabello marrón era delgado, sin brillo y tan frágil como la paja. Oscuras sombras rodeaban sus ojos hundidos y sin vida. Su cuerpo parecía hinchado, y se quejaba de sentirse absolutamente horrible y cansada todo el tiempo. Aunque solo tenía veintiocho años de edad, sufría bastante dolor por artritis reumatoide y aparentaba mucha más edad de la que tenía.

Yo me di cuenta solamente en unos minutos después de examinarla que si no comenzaba a desintoxicarse, probablemente regresaría a visitarme posiblemente con otra enfermedad autoinmune, cáncer o alguna otra enfermedad degenerativa.

Cuando le pregunté sobre su estilo de vida, Betty pintó una imagen de una dieta estadounidense bastante común. Era poco sana, centrada en pizza, Big Macs, refrescos y patatas fritas, con muy pocas frutas y verduras. Bebía poca agua, y en cambio consumía una jarra completa de café cada día, que preparaba con mucho azúcar y crema. Sin duda, estaba en cierto modo deshidratada. Pero incluso esta horrible dieta no podía explicar por completo su estado tan tóxico.

Investigué más, preguntándole por el funcionamiento de su sistema gastrointestinal y su colon. Mientras ella compartía su historia, comencé a entender por qué estaba tan enferma.

Ella viajaba con frecuencia, y cada vez que salía de la ciudad era un manojo de nervios. Como resultado, parecía que su colon sencillamente se detenía. Ella pasaba días y días sin movimiento en sus intestinos; a veces durante toda una semana.

Debido a su dieta de grasas y azúcar refinado y su falta de agua y fibra, sus alimentos se quedaban en su colon mientras muchas de las peligrosas toxinas en la deposición eran reabsorbidas otra vez a su

---
* Personaje ficticio

cuerpo. Ella tenía problemas debido a la toxicidad, y si no comenzaba a tener movimientos intestinales diariamente, finalmente estaría aún más enferma. Aquella joven mujer necesitaba desesperadamente liberarse de toxinas.

La toxicidad de esta mujer no se debía a su hígado. De hecho, su hígado parecía sorprendentemente fuerte considerando el estado de su salud. No, su toxicidad era principalmente un resultado de un cuidado inusualmente lento y malo del tracto intestinal.

La enfermedad de esa joven es bastante común, y por eso debemos examinar atentamente la principal avenida de eliminación, que es el tracto intestinal o intestino delgado y colon.

Liberarse de las toxinas es un poco parecido a la vieja canción que nos dice que tenemos que "eliminar lo negativo". Para que su cuerpo elimine de modo eficiente su acumulación tóxica de productos químicos, grasa tóxica y otros venenos, en primer lugar debe usted poner en forma su tracto intestinal. Sin tener un hígado saludable y en buen funcionamiento y un tracto intestinal saludable, su cuerpo seguirá trabajando bajo una peligrosa carga de toxinas.

El hígado procesa y desintoxica las toxinas; sin embargo, el tracto intestinal es responsable de eliminar la mayoría de las toxinas. El hígado excreta las toxinas mediante la bilis. Si la función intestinal es lenta o si hay insuficiente fibra en su dieta, las toxinas serán normalmente reabsorbidas por los intestinos y cargarán aún más el hígado y todo el cuerpo de exceso de toxinas.

Antes de comenzar este programa de desintoxicación, necesitará poner en forma su colon. Por tanto, comencemos.

Su primera línea de defensa

Todos los equipos tienen un jugador en el primer equipo que parece dominar el juego mientras que otros se quedan sentados en el banquillo esperando a que se soliciten sus capacidades especiales. Su tracto intestinal nunca se queda fuera del juego. Es definitivamente un potente jugador en su defensa contra la toxicidad.

Es importante tener un buen entendimiento de cómo funciona este increíble sistema. Veamos.

Una mirada al interior

Imagine que su piel de repente se convirtiese en cristal de modo que usted pudiera ver todo lo que está sucediendo en su interior. Rápidamente vería que su tracto intestinal es, dicho sencillamente, un largo tubo. De hecho, es un continuo tubo que tiene más de seis metros de longitud. Conecta todo su sistema digestivo. Su comida entra por el tubo en un extremo y sale por el otro.

Entre medias, su comida pasa por un milagro de procesamiento. La boca comienza el proceso y conecta con el esófago. El esófago conecta con el estómago. El estómago conecta con el intestino delgado. El intestino delgado conecta con el intestino grueso, y el intestino grueso conecta con el recto, y finalmente termina en el ano. Si la digestión y la eliminación proceden de modo suave y sin obstáculos, entonces las toxinas son eliminadas diariamente, y se alcanza una buena salud.

Digestión y toxicidad

Una mala digestión y eliminación, como en el caso de Betty, es una de las principales causas de toxicidad en el cuerpo. La digestión realmente comienza cuando su cerebro da señales de que su cuerpo necesita alimentos. Por ejemplo, se acerca la hora del almuerzo, y usted comienza a pensar en la maravillosa ensalada colorida y el sándwich integral que se preparó para el almuerzo. Su cerebro hace señales a su tracto digestivo para que comience a producir las enzimas y los componentes necesarios para la digestión.

El siguiente paso se produce cuando usted huele y ve la comida. Abre el paquete de su almuerzo y huele la deliciosa ensalada y el sándwich, el ajo y el perejil frescos. Su boca comienza a hacer agua. La vista y el olfato estimulan a sus glándulas salivares para producir saliva. La saliva contiene la enzima amilasa, la cual descompone las féculas.[1] La saliva contiene factor de crecimiento epidermal, que se produce en las glándulas salivares. Ayuda a estimular el crecimiento de células en el hígado.

La vista, olfato y gusto de la comida desencadenan el proceso la de la digestión, de modo que el estómago está preparado cuando llega el alimento. La digestión de la comida en el estómago normalmente toma entre una a cuatro horas. Un estómago saludable tiene un pH entre 1.5 y 3.0 debido al ácido clorhídrico, que es secretado por el estómago. El ácido clorhídrico es lo suficientemente fuerte para hacer un agujero en la alfombra o para fundir el hierro de un clavo. Puede ver cómo este potente ácido forma la primera línea de defensa contra las bacterias, los parásitos y los gérmenes. Su pH ácido forma un fuerte sistema de esterilización contra tales invasores en nuestros alimentos.

Usted ha disfrutado de masticar y tragar su deliciosa ensalada y sándwich. Han viajado a su estómago, donde este potente ácido los descompone.

Diluir el ácido de su estómago

Es importante que el ácido estomacal retenga toda su fuerza; sin embargo, muchas personas diluyen este ácido masticando su comida solo un par de veces y aguándola con un trago gigante de refresco helado o té frío.

Los alimentos y las bebidas fríos disminuyen la circulación en el estómago y los intestinos, y ralentizan el proceso digestivo. Las bebidas frías también aguan las enzimas digestivas. Idealmente, es mejor beber sus bebidas unos treinta minutos antes de comer. La mejor bebida a consumir es agua alcalina a temperatura ambiente. Puede beber once centilitros de agua con una comida.

Una mala postura también afecta a la digestión. Mientras come, intente sentarse recto para quitar el peso y la carga del tracto digestivo.

El estrés también afecta a la digestión alejando la sangre del tracto digestivo hacia los músculos para que luchen o huyan. Como resultado, se produce normalmente una mala digestión debido a una secreción inadecuada de ácido clorhídrico y enzimas pancreáticas.

El camino que viaja su comida

Ahora, su ensalada y sándwich digeridos salen de su estómago. Existen en forma de alimento semi líquido llamado *quimo*. Entonces avanza al intestino delgado, que mide de cinco a siete metros en el adulto promedio. Eso supone unas cuatro veces más longitud que lo que usted mide.

El intestino delgado está dividido en tres partes. El *duodeno* es la primera parte del intestino delgado que recibe la ensalada y el sándwich parcialmente digeridos desde el estómago. Después su almuerzo viaja al *yeyuno*, donde la mayoría de nutrientes son absorbidos a la sangre. Su delicioso y nutritivo sándwich completa su visita al intestino delgado en el *íleon*, la parte tercera y final del intestino delgado. Aquí se absorben los nutrientes restantes de su almuerzo antes de pasar al intestino grueso.

Para que los nutrientes de su almuerzo sean absorbidos en su cuerpo, primero deben entrar en contacto con un mar de células especiales en los intestinos. Estas células contienen miles de proyecciones parecidas a dedos llamadas *vellosidades*. Unas veinte mil vellosidades se encuentran en cada siete centímetros cuadrados de su intestino delgado. Esos pequeños dedos oscilan a un lado y a otro constantemente, fomentando que su almuerzo ahora en forma líquida retire sus nutrientes.

Su sándwich ahora ha sido descompuesto en partículas tan pequeñas que pueden pasar por las vellosidades, donde pueden ser tomados y absorbidos por vasos sanguíneos muy pequeños llamados capilares. Estos capilares transportan su almuerzo hasta su hígado. Todos los nutrientes de su sándwich son absorbidos mediante las paredes intestinales. Los minerales son absorbidos principalmente en el duodeno. Carbohidratos, proteínas y vitaminas solubles en agua son absorbidos principalmente en el yeyuno, y grasa y vitaminas solubles en grasa son absorbidos principalmente en el íleon.

Librarse de los desechos

Ahora su sándwich puede ser utilizado para dar energía a su cuerpo en las muchas miles de maravillosas maneras en las que las vitaminas, minerales y otros nutrientes que contiene pueden hacerlo. Pero si usted alguna vez ha formado una hoguera en su chimenea o ha conducido detrás de un autobús, sabrá que el combustible no puede quemarse sin crear también humo, o productos de desecho. La eliminación de su cuerpo es similar en que el intestino absorbe nutrientes y excreta el desecho.

Los productos de desecho de este proceso son entonces impulsados principalmente al colon. Allí normalmente se quedan durante uno o dos días, y en algunos pacientes siete días o más. Entonces son expulsados por un movimiento intestinal. Los últimos centímetros del colon constituyen el recto, que es un lugar de almacenaje para el desecho sólido. El desecho es entonces expulsado por medio de la apertura anal.

La primera mitad del colon absorbe los fluidos de este desecho y los recicla al flujo sanguíneo. La segunda mitad del colon condensa el desecho en heces. También secreta mucosidad, que une esas sustancias y las lubrica para proteger del colon y facilitar su paso.

¡Ahí lo tiene! Todo el sistema gastrointestinal de tomar los nutrientes que su cuerpo necesita y excretar los desechos.

De los siete u ocho litros de alimentos y líquidos ingeridos por el adulto promedio cada día, solamente unos 35 centilitros de desechos entran en el intestino grueso. Las heces están constituidas por unos tres cuartos de agua. El resto es proteína, grasa, alimento no digerido, fibra, jugos digestivos resecos y células vertidas por los intestinos junto con bacterias muertas.

Cuando este sistema de expulsión funciona rápidamente y con eficiencia, las toxinas son expulsadas sin la oportunidad de que su cuerpo las reabsorba. Pero cuando su dieta está formada por demasiados azúcares refinados y alimentos procesados, usted puede lanzar en picado este proceso sorprendentemente eficaz. Las toxinas realmente pueden quedarse en su colon durante días y días, donde son constantemente reabsorbidas por su cuerpo. Cuando se produce esta situación durante un largo período de tiempo, su cuerpo, y especialmente sus tejidos adiposos, pueden verse cargados de toxinas.

Dieta natural contra dieta estadounidense

Hace años, el Dr. Dennis Burkett, un famoso médico inglés, examinó las diferencias digestivas de los africanos rurales que comían una dieta natural y rica en fibra llena de frutas y verduras frescas, carbohidratos complejos y poca carne. Él comparó la dieta de los oficiales de marina, cuya dieta era básicamente carne, harina blanca y azúcar, parecida a la dieta estadounidense básica.[2]

Los africanos tenían largas deposiciones sin esfuerzo aproximadamente de dieciocho a treinta y seis horas después de haber comido. En comparación, los oficiales ingleses experimentaban deposiciones pequeñas, difíciles, compactas y duras de setenta y dos a cien horas después de haber comido.[3]

Los oficiales de marina también desarrollaron hemorroides, fisuras anales, venas varicosas, diverticulitis, diverticulosis, tromboflebitis, enfermedades vesiculares, apendicitis, hernia de hiato, síndrome de intestino irritable, obesidad, elevado colesterol, enfermedad de la arteria coronaria, elevada presión sanguínea, diabetes, hipoglucemia, pólipos en el colon, y cánceres de colon y recto.

Los africanos solamente experimentaron esas cosas después de haber pasado a una dieta británica consistente principalmente en carne, harina blanca y azúcar.

Como puede ver, lo que come constituye toda la diferencia del mundo cuando se trata de una saludable y eficiente eliminación gastrointestinal.

La dieta no solo desempeña un enorme papel, sino que también su sistema gastrointestinal debe enfrentarse a desafíos provenientes de muchos otros factores que pueden influenciar de modo significativo lo bien que digiere y desintoxica los alimentos. Echemos un vistazo a alguno de ellos.

¿Qué le está afectando?

La eficiencia de su sistema gastrointestinal se ve desafiada cada día. Uno de esos desafíos proviene de una deficiencia de esos jugos digestivos increíblemente potentes.

Si usted tiene más de cincuenta años de edad, puede que esté entre los muchos individuos de mediana edad que comienzan a experimentar una reducción en el ácido clorhídrico tan esencial para la digestión. Cuando los niveles de este ácido comienzan a agotarse, siguen problemas digestivos.

Si el estrés desempeñó un importante papel en su vida, probablemente no necesitará que le diga que eso afecta a la digestión. No es inusual que los individuos estresados tengan medicamentos para el estómago en su lugar de trabajo y su auto.

Si está usted estresado, probablemente no solo tenga deficiencia de ácido clorhídrico, sino que también puede tener deficiencia de enzimas pancreáticas. La falta de esas vitales enzimas pancreáticas causa mala digestión de proteínas, grasas y carbohidratos. Cuando eso sucede, partes de alimento parcialmente digerido puede podrirse y viajar por su sistema gastrointestinal, conduciendo a una sobrepoblación bacteriana en el intestino delgado, alergias alimentarias u otras enfermedades.

Como puede imaginar, los alimentos que no son completamente

digeridos crean multitud de problemas para su cuerpo. Se produce una enorme corriente de peligrosas toxinas que pueden sobrecargar su hígado. Proteínas parcialmente digeridas pueden ser absorbidas directamente al flujo sanguíneo, causando molestas alergias o sensibilidades alimentarias. Partículas de alimentos parcialmente digeridos también pueden conducir a la sobrepoblación de bacterias no deseadas, lo cual puede producir endotoxinas y otras peligrosas toxinas en el sistema de gastrointestinal.

Relájese...respire...tome un minuto

No coma cuando éste estresado. Antes de agarrar el tenedor, tome un momento para relajarse un poco. Es muy importante. Si tiende a comer sobre la marcha o cuando está molesto, enojado o temeroso, esas emociones negativas tendrán su efecto. Estimularán el sistema nervioso simpático, lo cual resultará en una menor secreción de ácido clorhídrico. Esto, a su vez, reduce la secreción de enzimas pancreáticas, haciendo que sea muy difícil digerir la comida.

Por tanto, cuando se siente a comer, tome tiempo para dar gracias a Dios y para meditar en toda su bondad y provisión. Libere cualquier emoción negativa, bendiga los alimentos y después comience a comer.[4] Mastique la comida detenidamente, pues es importante. Cada bocado debería ser masticado de veinte a treinta veces para mezclar suficiente saliva adecuadamente con su comida.

Sobrecarga

Cuando su computadora se sobrecarga de archivos, programas y basura innecesaria, ¿qué sucede? Cada vez funciona más lentamente hasta que al final deja de trabajar por completo. Su sistema gastrointestinal puede hacer lo mismo.

Cuando las personas comen en exceso y se llenan hasta que están llenas del todo, ponen una enorme presión en el tracto digestivo. Y es aún peor si come en exceso en la noche antes de irse a la cama, cuando el sistema digestivo necesita descansar.

Permeabilidad intestinal

El intestino delgado funciona como un órgano de digestión y absorción. También funciona como una barrera para evitar que su cuerpo absorba materiales tóxicos y grandes moléculas de alimentos no digeridos.

Un intestino delgado saludable permite la absorción de algunas sustancias, como triglicéridos de la digestión de las grasas, azúcares de la digestión de los carbohidratos, aminoácidos y dipéptidos y tripéptidos de la digestión de las proteínas. Pero obtura compuestos que probablemente causarían daño, como pedazos de alimentos parcialmente digeridos, toxinas y metales pesados.

Sin embargo, si usted consume demasiado alcohol o toma medicinas anti inflamatorias o aspirinas, pueden irritar e inflamar el revestimiento de sus intestinos. Esto puede conducir a aperturas y agujeros microscópicos en el intestino delgado. Esos agujeros permitirán que alimentos parcialmente digeridos pasen directamente por la pared intestinal al flujo sanguíneo. Esto se denomina permeabilidad intestinal aumentada.

También puede causar alergias alimentarias o sensibilidades alimentarias, enfermedades inflamatorias como colitis ulcerativa, enfermedad de Crohn, enfermedad celíaca, artritis reumatoide, psoriasis, esquizofrenia y problemas cutáneos crónicos.

La permeabilidad intestinal permite que moléculas de alimentos no digeridos o parcialmente digeridos, bacterias y toxinas bacterianas, levadura, toxinas de levadura, metales pesados y antígenos alimentarios al igual que otras sustancias tóxicas se cuelen al flujo sanguíneo. Estas toxinas entonces son libres para ir directamente al hígado. Allí causan estragos, minando la desintoxicación y desencadenando la liberación de radicales libres, los cuales dañan el hígado al igual que otros órganos y tejidos por todo el cuerpo.

Los efectos de las alergias alimentarias

Una causa principal de permeabilidad intestinal aumentada son las alergias y las sensibilidades alimentarias. Comunes alergias alimentarias incluyen alergias a los huevos, productos lácteos, maíz, trigo, cacahuates, pescados, mariscos, soja, etc. El gluten, que se encuentra en panes, galletas saladas, pasta, todo tipo de harinas como la de centeno, cebada y trigo, salsas y muchas sopas, pan rayando, pasteles y tartas, es la principal proteína a la que las personas son sensibles en el trigo, el centeno y la cebada.

Atención a estos síntomas

La permeabilidad intestinal aumentada normalmente está presente en las siguientes enfermedades: fatiga crónica, fibromialgia, migrañas, eccema, urticaria, psoriasis, enfermedad de Crohn, colitis ulcerativa, enfermedad celíaca, artritis reumatoide, lupus, esquizofrenia, autismo y trastorno de déficit de atención/hiperactividad. Si usted sospecha que esto podría ser un problema, intente realizar una dieta vegetariana además del programa de ayuno de desintoxicación de este libro. Si es usted sensible al gluten, elija otra forma de grano para su dieta diaria, como pan de arroz integral, pan de mijo, quinoa, kamut o amaranto. El trigo sarraceno tampoco contiene gluten, así que puede comer panqueques de trigo sarraceno.

Repare sus intestinos

Para reparar su intestino delgado, debe usted mejorar su digestión. También debería volver a vacunar los intestinos con bacterias amigables (hablaremos de esto posteriormente). El tiempo del tránsito intestinal debe ser mejorado. Disminuya el estrés, especialmente cuando coma, comiendo en una atmósfera relajada y pacífica.

Haga esto regularmente y diariamente. Los vegetarianos normalmente tienen un sistema gastrointestinal saludable, pero la mayoría de estadounidenses no, y tienen una desesperada necesidad de reparar el sistema gastrointestinal.

Suplementos para ayudar a reparar el sistema gastrointestinal

La L-glutamina es un aminoácido utilizado para alimentar las células del intestino delgado. Yo recomiendo tomar 500-1000 miligramos de L-glutamina treinta minutos antes de comer durante al menos tres meses si tiene usted permeabilidad intestinal aumentada. Si tiene enfermedad de Crohn, colitis, enfermedad celíaca, etc., puede que necesite tomarlo durante un año o más. Para descubrir si tiene permeabilidad intestinal, visite a un doctor nutricional o pida que su médico le haga la prueba de permeabilidad intestinal (véase el Apéndice D).

Otro nutriente que es muy eficaz para el sistema gastrointestinal es el gamma-orizanol, que se encuentra en el arroz integral. Coma mucho arroz integral, pan integral, salvado de arroz o aceite de salvado de arroz. O puede tomar gamma-orizanol en forma de píldora, 100 miligramos tres veces al día. De nuevo, recomiendo tomar la pastilla treinta minutos antes de las comidas durante tres meses, o sencillamente coma mucho arroz integral.

El DGL es otro suplemento que puede ayudar. En realidad es un tipo de regaliz que ayuda a sanar el tracto gastrointestinal. Es mejor tomar una forma masticable (aproximadamente 380 miligramos) tres veces al día, treinta minutos antes de las comidas.

Finalmente, el jugo de aloe vera suaviza la película del estómago y los intestinos. Puede tomarse varias veces durante el día.

Para la mayoría de pacientes, la L-glutamina, 500 miligramos, o una o dos pastillas treinta minutos antes de las comidas durante tres meses es adecuado para reparar el tracto gastrointestinal. Los otros suplementos deberían añadirse si usted no mejora.

Además, deje de beber alcohol, evite las aspirinas y evite los medicamentos antiinflamatorios como Advil. Identifique todas sus alergias alimentarias y evite esos alimentos o siga una dieta de rotación.

La película intestinal es uno de los tejidos que sana con más rapidez en el cuerpo. De hecho, puede ser sustituida aproximadamente cada seis a diez días. Para más información sobre este tema recomiendo mi libro *The Bible Cure for Candida*.

Bacterias buenas, bacterias malas y levadura

Aproximadamente cien trillones de bacterias residen en el intestino grueso, con un pesaje de un poco más de un kilo. Allí viven más de cuatrocientas especies diferentes de bacterias. Afortunadamente, la mayoría de esas bacterias son muy beneficiosas; usted no querría intentar vivir sin ellas. Son las responsables de muchas funciones diferentes, como la de sintetizar vitaminas y descomponer toxinas; también digieren la fibra transformándola en ácidos grasos de cadena corta que proporcionan la nutrición principal para las células del colon.

Las bacterias y el sistema inmunológico

Lo crea o no, la mayoría de todo su sistema inmunológico, aproximadamente el 60 por ciento, está situado en la película del intestino delgado. Las bacterias buenas mejoran su respuesta inmunológica; las bacterias malas, desde luego, no lo hacen. Por tanto, hay un delicado y muy importante equilibrio de poder que debe mantenerse en todo momento.

Realmente no es muy distinto al equilibrio de poder que existe entre las distintas ramas de nuestro gobierno.

La Corte Suprema de los Estados Unidos, el Presidente y el Congreso comparten el poder en nuestro país. El sistema está establecido de modo que ninguna rama sea más poderosa que las otras. Este delicado equilibrio ha hecho posible que disfrutemos del sistema de gobierno más poderoso e influyente de todo el mundo. ¿Pero qué sucedería si un presidente malvado tuviese el poder y decidiese tomar el control del ejército y derrocar las otras dos ramas? Tendríamos anarquía, y nuestra forma de gobierno sería destruida.

Bien, cuando las bacterias malas y la levadura invaden el equilibrio del gobierno en su sistema gastrointestinal, también reinan el caos y la anarquía en su cuerpo.

Este tipo de caos puede producirse con un uso repetido o prolongado de antibióticos. El uso excesivo de antibióticos mata las bacterias dañinas, pero también mata las bacterias buenas. Bajo condiciones normales, colonias de bacterias buenas, colonias de bacterias malas y colonias de levadura existen juntas en un equilibrio de poder. Tanto la levadura como las bacterias malas se mantienen a raya por parte de las bacterias buenas.

Pero cuando un uso excesivo de antibióticos mata las bacterias buenas y las malas, la levadura puede comenzar a crecer tan rápidamente en el intestino delgado y el grueso que la levadura crece sin control. Una sobrepoblación de levadura puede relacionarse con muchas enfermedades distintas y síntomas, como psoriasis, eccema, urticaria, diarrea, inflamación, gases y otros síntomas.

Si usted utiliza antibióticos con mucha frecuencia o durante demasiado tiempo, finalmente las bacterias malas en sus intestinos pueden en realidad hacerse resistentes a ellos. Cuando esto se produce, las bacterias malas, o patógenas, también pueden crecer sin control.

Cuando estas bacterias corren desenfrenadas en su cuerpo, pueden crear venenos llamados endotoxinas que pueden dañar y destruir las cubiertas protectoras (membranas) de las células. Esto conduce a una filtración aún mayor de alimentos por la película intestinal, dando como resultado más alergias alimentarias, toxicidad del hígado y finalmente la enfermedad sistémica.

Proteínas falsas descontroladas

Esta sobrepoblación de bacterias patógenas peligrosas en los intestinos también pueden engañar al sistema y causar mucho daño. Lo hace mediante "mimetismo antigénico", que es sencillamente cuando las proteínas de bacterias intestinales son absorbidas al flujo sanguíneo por la permeabilidad intestinal. Las bacterias intestinales tienen proteínas que al sistema inmunológico le resultan muy parecidas a las proteínas humanas. Por eso se denomina mimetismo. Esas proteínas bacterianas realmente imitan o falsifican las proteínas verdaderas.

Esto puede que no le parezca tan peligroso, pero esas proteínas nunca debían entrar directamente a la sangre. Debido a que esas proteínas son muy parecidas a la proteína humana, en realidad pueden confundir al sistema inmunológico para que se ataque a sí mismo. El sistema inmunológico finalmente reconoce a las proteínas como una falsificación y forma anticuerpos contra ellas para destruirlas, pero debido a que las proteínas imitan a las proteínas humanas, los anticuerpos también pueden conducir a la inflamación de tejido humano, como el tejido en las articulaciones.

Alimento parcialmente digerido

Las bacterias no solo pueden imitar a las verdaderas proteínas, sino que también pueden causar fermentación en el intestino delgado; del mismo modo que fermenta la sidra. ¿Ha comprado alguna vez dos litros de sidra en el otoño, solo para que fermentase en su refrigerador? ¿Qué sucedió cuando lo hizo? Se convirtió en una bebida alcohólica y liberó muchos gases y otras toxinas en el proceso.

Piense en un kilo o incluso más de sobrepoblación de bacterias en su intestino delgado fermentando y causando que los alimentos parcialmente digeridos fermenten y se pudran. Esa putrefacción crea sustancias llamadas indoles, escatoles y aminos, sustancias que pueden medirse en un análisis de orina.

Las bacterias malas también pueden producir enzimas que pueden descomponer la bilis en toxinas que pueden fomentar el desarrollo de cáncer. Las enzimas bacterianas también pueden desactivar sus propias enzimas digestivas, causando mala digestión, mala absorción, diarrea, hinchazón y gases.

Encontrar bacterias amigables

Las bacterias buenas, o bacterias amigables, son el lactobacillus y el bífidus. Estos organismos amigables preservan el equilibrio de poder y forman la defensa contra el desenfrenado sobrecrecimiento de bacterias malas y levadura. Por tanto, mantienen a raya a las toxinas peligrosas. Las bacterias beneficiosas también ayudan a evitar el daño a la película del tracto gastrointestinal, manteniendo así una permeabilidad intestinal normal. También evitan el crecimiento de bacterias que producen las peligrosas enzimas que promueven el cáncer. Además, estas bacterias amigables secretan productos químicos que matan las bacterias malas o patógenas.

Las bacterias buenas, llamadas lactobacillus acidófilus, se encuentran normalmente en el intestino delgado. Las bacterias bífido se encuentran normalmente en el intestino grueso.

Alimentos para las bacterias buenas, denominados fructo-oligosacáridos, (FOS), son azúcares complejos que se encuentran en elevadas cantidades en las alcachofas de Jerusalén. Los FOS fomentan el crecimiento de bacterias buenas y desalientan el crecimiento de las bacterias dañinas. Yo recomiendo bacterias buenas diariamente, ya sea en forma de cápsula o de polvo, si se desea mantener un tracto gastrointestinal saludable.

Bacterias beneficiosas

Si está usted tomando antibióticos, o si tiene alguno de los síntomas de permeabilidad intestinal aumentada, tome al menos veinte a cien mil millones de unidades formadoras de colonias de bacterias acidófilus y bífido cada día (véase el Apéndice D).

Si tiene usted enfermedades relacionadas con la permeabilidad intestinal aumentada, debería tomar estos suplementos un mínimo de tres meses y preferiblemente de modo indefinido. Cualquiera que quiera mantener un tracto gastrointestinal saludable debería tomarlos regularmente.

FOS

Además, tome al menos 1000-3000 miligramos al día de FOS para alimentar a las bacterias amigables. Tómelos al mismo tiempo que toma el acidófilus y el bífidus. Es mejor tomarlas todas entre comidas (véase el Apéndice D).

Yogur

Muchas personas creen que pueden obtener suficientes bacterias beneficiosas comiendo yogur. Sin embargo, muchos yogures que afirman tener bacterias vivas realmente no las tienen. Además, muchos yogures contienen lactobadillus bulgaricus, que vive en el intestino solamente a unas dos semanas. Por tanto, yo recomiendo encarecidamente que no intente apoyarse solamente en este método para proporcionar a los intestinos bacterias amigables.

Lactobacillus plantarum y saccharonices boulardii

Cuando usted toma antibióticos, también debería continuar utilizando suplementos de lactobacillus acidófilus y bífidus con FOS aproximadamente un mes después de dejar de tomar los antibióticos.

Si debe tomar antibióticos durante un largo período de tiempo, tome lactobacillus plantarum también durante un mes. Este es uno de los pocos lactobacilli al que los antibióticos no matan. Tome una o dos pastillas al día. Lo encontrará en las tiendas dietéticas.

El saccharonices boulardii (Sacro B) es un tipo de levadura que es un probiótico para tratar y prevenir la diarrea, incluso la diarrea en los viajes, la diarrea infecciosa y la diarrea causada por antibióticos. El Sacro B ayuda a luchar contra los patógenos causantes de enfermedades en el sistema gastrointestinal, incluyendo bacterias y levadura. Yo recomiendo una o dos pastillas de Sacro B en la mañana con el estómago vacío.

Parásitos que saquean

Imagine tener una gran garrapata en su brazo que continuamente le chupa la sangre del cuerpo. Vive ahí constantemente, robándole la fuerza e inyectando venenos a su piel que le enferman. A nivel molecular, eso es lo que hacen los parásitos microscópicos.

Si piensa que las únicas personas que tienen parásitos son las que viajan y viven en exóticos países del Tercer Mundo, está equivocado.

¡El hecho es que puede que usted tenga parásitos viviendo dentro de su cuerpo en este momento! Hay tres clases de parásitos. Los parásitos son simplemente microorganismos que viven de su huésped (usted) y finalmente causan daño al huésped. Las infecciones parasitarias son bastante comunes en los Estados Unidos. De hecho, la mayoría de la población del mundo está colonizada por parásitos. Eso significa que usted probablemente los tenga en algún momento de su vida, ¡y puede que los tenga en este momento! Echemos un vistazo a estos visitantes no deseados.

Los protozoos

Existen tres grupos principales de parásitos. Los primeros son organismos unicelulares llamados protozoos. Incluyen amebas, giardia, criptosporidium y blastocistis.

La giardia se desarrolla en muchos de los lagos y corrientes por todos los Estados Unidos, y con frecuencia se le culpa de pequeños brotes de diarrea. Cuando se ingiere, este parásito toma residencia en el intestino delgado, creando daño que conduce a una mayor permeabilidad intestinal. De hecho, la giardia puede dañar tanto el intestino delgado que, incluso después de haber sido erradicada, pueden ser necesarios meses para sanar. Yo tuve infección por giardia después de esquiar en un lago. Hace años, fui a hacer esquí acuático con mi hijo, Kyle, que es un excelente esquiador. Decidí intentarlo.

Salí con esa pequeña tabla e intenté ponerme de pie, pero no funcionó. Mi esposa conducía la barca, y parecía como si yo estuviera bebiendo el agua del lago en lugar de esquiar. Me sentí avergonzado. Lo intenté una y otra vez hasta que me salieron ampollas en las manos, y finalmente dije: "¡Pásenme los esquíes!". Mi hijo aún se ríe de aquel día.

Aproximadamente una semana después sentí un pequeño borboteo en mi estómago, que empeoró y se convirtió en diarrea. Se producía un día, se iba al siguiente, y después regresaba. Finalmente, me hice un chequeo y descubrí que tenía giardia, un parásito microscópico que vive en el intestino delgado. Es común en los lagos del centro de Florida.

Me traté a mí mismo con hierbas, y la enfermedad se curó a las dos semanas.

En los años noventa, el parásito *criptosporidium* contaminó el suministro de agua de Milwaukee, causando la mayor epidemia de diarrea en la historia de los Estados Unidos. Se produjeron más de cien muertes, y más de cuatro mil personas desarrollaron diarrea.

El blastocistis es otro protozoo que comúnmente causa diarrea. Otros síntomas de estar infestado de este parásito incluyen hinchazón y flatulencia (gases).

Las amebas también pueden causar diarrea. También pueden dañar el revestimiento de los intestinos que crea un intestino permeable, cargando el hígado.

Las lombrices (helmintos)

El segundo grupo de parásitos se clasifica como los helmintos, que son lombrices. Incluyen lombrices redondas, anquilostoma, lombrices en forma de gancho, de cinta o planas.

Los artrópodos

El tercer grupo es el de los artrópodos, que incluyen garrapatas, ácaros, piojos, etc.

El regalo del ajo

Si sospecha que puede tener parásitos a causa del agua u otros medios, un suplemento con ajo puede ayudar.

El ajo es un miembro de la familia allium, que también incluye cebollas, cebolletas y puerros. Entre estos cuatro, el ajo contiene la mayor concentración de esta potente sustancia. El ajo tiene enormes capacidades para luchar contra las infestaciones de parásitos en el sistema gastrointestinal. También mata bacterias, levadura y virus.

Yo recomiendo aproximadamente 500 miligramos de ajo, dos pastillas, tres veces al día. Puede tomarlo si tiene diarrea que ha persistido más de unos días. Si la diarrea persiste, visite a su médico para que le hagan un examen de huevos y parásitos en sus deposiciones, en tres de sus deposiciones distintas. También deben realizarle un análisis de giardia y un cultivo de deposición.

Otras hierbas, incluyendo el aceite de orégano, nuez, artemesia, ajenjo, semillas de calabaza, clavo, y semilla de pomelo son beneficiosas para las infecciones parasitarias. Muchos productos tienen una mezcla de estas hierbas enumeradas anteriormente.

La maldición del estreñimiento

Como vimos anteriormente en este capítulo, el estreñimiento es parte del precio que pagamos en esta sociedad por nuestra dieta poco sana. La industria farmacéutica está haciendo una fortuna de nuestra adicción al azúcar y los alimentos refinados y procesados y de nuestra necesidad de laxantes, antiácidos y medicamentos para la hinchazón y los gases.

Un tiempo normal de tránsito intestinal es aproximadamente de veinte a treinta horas. Si su dieta tiene mucha fibra, sus deposiciones serán firmes pero formadas. También tendrá movimientos intestinales regulares, uno, dos, o incluso tres veces al día.

Una deposición suelta puede indicar irritación intestinal. Podría estar causada por una infección bacteriana o viral, permeabilidad intestinal aumentada, alergias o sensibilidades alimentarias, infecciones por parásitos, sobrepoblación de levadura, mala absorción o mala digestión.

Normalmente, los movimientos deberían producirse aproximadamente entre veinte y treinta minutos después de comer. Bajo circunstancias ideales, debería usted tener uno después de cada comida.

Laxantes

Evite el uso de laxantes químicos y herbales sin receta, pues pueden conducir a una dependencia de los laxantes. Los laxantes osmóticos como el sulfato de magnesio, citrato de magnesio, glicinato de magnesio, y aspartato de magnesio (o malate de magnesio) son alternativas mucho más seguras. Muchas personas realmente tienen deficiencia de magnesio. Los laxantes osmóticos sencillamente atraen agua al colon y hacen más suave la deposición. Normalmente no irritan el intestino.

Vitamina C

Tomar elevadas dosis de vitamina C con protector gástrico también puede evitar el estreñimiento al igual que proporcionar protección antioxidante. Yo recomiendo de 500 a 1000 miligramos de vitamina C con protector, dos o tres veces al día, incluso cuando no siga el programa de desintoxicación. Todo el mundo debería tomar vitamina C, pero quienes sufren estreñimiento normalmente necesitan más (véase el Apéndice D).

Bebidas de clorofila

Una bebida de clorofila como Divine Health Green Superfood contiene hierba de trigo, hierba de cebada, alfalfa, espirulina, clorella y algas azul verdosas. Estos potentes alimentos están llenos de fitonutrientes y magnesio, que ayudan a limpiar los intestinos y evitar el estreñimiento.

Tome una cucharada cada mañana. Mézclela con jugo de granada para obtener una deliciosa bebida energética. Si tiene estreñimiento, puede beberla dos veces al día; sin embargo, no la beba en la noche o demasiado avanzada la tarde, ya que puede darle demasiada energía y mantenerlo despierto. Si sigue estando estreñido, tome los tres suplementos (magnesio, vitamina C y Green Superfood) hasta que los intestinos queden regulados.

Tres factores principales

Todos estos suplementos son muy útiles para el estreñimiento, pero factores igualmente importantes para la regularidad incluyen los siguientes:

1. Beber suficiente agua, al menos dos litros de agua filtrada o alcalina al día

2. Ejercicio regular

3. Una dieta alta en fibra con al menos 30 o 35 gramos de fibra al día

Fantástica fibra

La fibra es fantástica para un sistema gastrointestinal saludable. Actúa como una escoba, barriendo el revestimiento del colon, eliminando las toxinas y uniendo a las toxinas a la bilis para que no puedan ser absorbidas de nuevo en el cuerpo. Toda esta actividad es muy importante para prevenir las enfermedades. Dietas altas en fibra también reducen el nivel de los estrógenos que circulan enlazándolos y evitando que sean otra vez absorbidos y vuelvan a circular por el hígado.

La mayoría de los productos químicos que han sido desintoxicadas por el hígado están contenidos en la bilis, que es entonces llevada al tracto intestinal. Esto, como ya sabe, es una parte importante del proceso de desintoxicación del cuerpo. Pero si su tracto gastrointestinal no tiene suficiente fibra o está estreñido, entonces gran parte de esa bilis tóxica será absorbida otra vez en el cuerpo. Por eso es tan importante comer mucha fibra cada día mediante la dieta y también suplementar con fibra regularmente para que las toxinas de su cuerpo sean enlazadas y excretadas. Esto reducirá de modo dramático la carga tóxica de su cuerpo. Echemos un vistazo a este maravilloso desintoxicante natural.

El desintoxicante de la naturaleza

La mayoría de sus fibra debería provenir de su dieta. Coma muchas frutas crudas, verduras crudas, granos integrales, frijoles, legumbres y semillas.

La fibra viene en dos variedades: soluble en agua, lo cual significa que puede disolverse en agua, y la que no es soluble en agua. Los alimentos altos en fibra soluble incluyen avena, salvado de avena, goma de guar, zanahorias, frijoles, manzanas, semillas de linaza molidas, psyllium y pectina cítrica. Alimentos altos en fibra no soluble incluyen salvado de trigo, la mayoría de las verduras de raíz, apio y las pieles de las frutas. La fibra soluble alimenta las bacterias intestinales, especialmente las bacterias buenas. También proporciona alimento a las células del colon.

Las bacterias intestinales hacen que la fibra soluble fermente y forme ácidos grasos de cadena corta. Esto, a su vez, nutre las células del intestino grueso. Estos ácidos grasos de cadena corta ayudan a evitar el crecimiento de levadura y bacterias dañinas. Sin embargo, si usted come demasiada fibra soluble, como demasiados frijoles con demasiada goma de guar, puede desarrollar una sobrepoblación de bacterias intestinales junto con hinchazón excesiva, gases y molestias abdominales.

La fibra soluble ayuda a disminuir el colesterol, controlar el azúcar en sangre y crear una sensación de satisfacción, de modo que tendrá menos probabilidad de comer en exceso.

La fibra no soluble, por otro lado, inactiva muchas toxinas intestinales. También ayuda a prevenir que las bacterias dañinas y los parásitos se unan a las paredes de sus intestinos actuando como si fuese una escoba.

Alimentos con fibra

Ya que ambas formas de fibra son muy beneficiosas, yo recomiendo encarecidamente que coma alimentos que contengan una mezcla de fibras solubles y no solubles. Salvado de arroz, salvado de avena, legumbres como los frijoles y los guisantes, manzanas, peras y bayas contienen ambas fuentes de fibra.

No recomiendo el salvado de trigo, ya que muchas personas son sensibles a la proteína que hay en el trigo (gluten). Los individuos sensibles al gluten puede que también necesiten evitar el salvado de avena si la avena proviene de un molino que también procese trigo u otros granos con gluten. Si sufre usted de permeabilidad intestinal aumentada y alergias alimentarias, coma mucho salvado de arroz, formas de fibra como arroz integral, semillas de linaza molidas, etc.

Celulosa microcristalina

Otra excelente forma de fibra no soluble incluye la celulosa microcristalina. Puede obtenerla en una tienda dietética o de un nutricionista. Ya que muchas fibras solubles pueden producir hinchazón y sobrepoblación de bacterias, yo normalmente utilizo celulosa microcristalina. Ya que es una fibra no soluble y no contiene ningún producto de trigo, tiende a ser bien tolerada incluso por quienes tienen tractos gastrointestinal es sensibles.

Semilla de linaza

La semilla de linaza, recién molida en un molinillo de café, es una de las mejores maneras de obtener su fibra diaria. Sencillamente ponga una o dos cucharadas en un molinillo de café, y después vierta las semillas molidas en un batido o rocíelas sobre su avena, ensalada o cualquier otro alimento. Es bueno tomarlo dos o tres veces a lo largo del día.

Las semillas de linaza contienen lignanos, que no solo ayudan a aliviar los sofocos en las mujeres con menopausia, sino que también tienen actividad antifúngica, anti bacteriana y antiviral. El lignano también bloquea la actividad de la enzima que convierte otras hormonas en estrógeno.

Pectina cítrica

Otra fibra muy importante es la pectina cítrica. Es una fibra soluble en agua que proviene de las paredes celulares de las frutas críticas. Estudios en animales han demostrado que la pectina cítrica modificada inhibía la difusión metastática del cáncer. En un estudio, ¡la difusión metastática del cáncer fue reducida en más del 80 por ciento![5] La pectina cítrica también enlaza muchos metales pesados en el tracto gastrointestinal, incluyendo mercurio, cadmio, arsénico y plomo.

Tenga cuidado con la goma de guar. Es una fibra soluble en agua que puede causar una sobrepoblación de bacterias intestinales.

Tome fibra cada mañana cuando se levante y de nuevo antes de irse a la cama en la noche. Semillas de linaza recién molidas junto con Green Superfood es una de mis maneras favoritas de comenzar el día.

Como conclusión

Su increíble cuerpo no solo está diseñado para desintoxicarse a sí mismo, sino también para sanarse a sí mismo. Y al igual que usted puede desempeñar un importante papel para ayudar y apoyar la propia capacidad de su cuerpo de desintoxicarse, también puede hacer lo mismo con la sanidad.

Veamos ahora cómo el ayuno de desintoxicación puede desempeñar un emocionante y poderoso papel en el proceso de sanidad de su cuerpo.

Resumen de principales suplementos

- L-glutamina, 500-1000 miligramos treinta minutos antes de las comidas
- Lactobacillus acidófilus y bífidus con FOS, 1 cucharadita dos veces al día (véase el Apéndice D)
- Fibra como semillas de linaza molidas, 1 o 2 cucharadas dos veces al día
- Green Superfood, 1 cucharada al despertarse

Capítulo 10

ENCONTRAR SANIDAD POR MEDIO DEL AYUNO

A LOS CUARENTA Y DOS AÑOS DE EDAD, EL REV. GEORGE Malkmus supo que había desarrollado cáncer de colon. Al haber visto a su madre sufrir y morir a causa del cáncer, decidió que él no seguiría el mismo camino. El Dr. Malkmus, que era pastor bautista, acudió a su amigo, el evangelista Lester Roloff. El evangelista Roloff le aconsejó que no siguiera el camino médico de la quimioterapia, la radiación y la cirugía para su cáncer, sino que cambiase su dieta a frutas y verduras crudas y bebiese mucho jugo de zanahoria recién licuado. Malkmus aceptó su consejo y cambió su dieta llena de carne y alimentos cocinados y procesados con muchos postres a una dieta de frutas y verduras crudas con uno o dos litros de jugo de zanahoria recién licuado al día. En menos de un año, su tumor había desaparecido.

Afortunadamente, George Malkmus descubrió su cáncer en un punto en el que fue capaz de revertirlo con nutrición y desintoxicación. Mediante la dieta y la desintoxicación, la presión de su sangre disminuyó, sus alergias desaparecieron y otras muchas quejas crónicas sencillamente se fueron. Eso sucedió hace más de veinte años. En la actualidad él sigue siendo tan fuerte y saludable como nunca, y está completamente convencido de que hay forma de liberarse de las toxinas.[1]

Desgraciadamente, no todos los cánceres responden como lo hizo el de él. Por tanto, recomiendo que los pacientes utilicen un enfoque general y busquen opiniones médicas tanto en la medicina convencional como en médicos nutriólogos.

La historia de George Malkmus es bastante común. Yo creo que muchas enfermedades son el resultado directo de una acumulación excesiva de esas toxinas. He visto esto en pacientes con psoriasis, lupus y artritis reumatoide.

A continuación hay algunas otras enfermedades que con frecuencia están directamente relacionadas con una acumulación de toxinas:

- Alergias alimentarias y medioambientales
- Asma
- Fatiga
- Fibromialgia
- Dolor de espalda crónico
- Eccema, acné crónico y otras enfermedades de la piel
- Insomnio
- Depresión
- Síndrome del intestino irritable
- Impulso sexual disminuido
- Problemas menstruales
- Hinchazón abdominal
- Eructos
- Gases
- Pérdida de memoria
- Diarrea crónica
- Enfermedad de Crohn
- Colitis ulcerativa
- Ateroesclerosis
- Hipertensión
- Obesidad
- Estreñimiento
- Angina
- Esclerosis múltiple
- Enfermedad arterial coronaria
- Cáncer
- Enfermedades mentales
- Diabetes

Ahora recuerde: siempre que esté enfermo, su cuerpo le está enviando señales de que es momento de descansar del trabajo. Con muchas enfermedades, también intenta decirle que descanse de alimentos que son difíciles de digerir. Por tanto, en lugar de beber café y comer alimentos altos en azúcar y cafeína, que pueden ayudarle a seguir trabajando, aprenda una lección de los animales.

Cuando los animales se enferman, se van a un lugar aislado cerca de una fuente de agua. Allí, descansan, beben agua y ayunan. De igual manera, cuando nosotros estamos enfermos con una enfermedad temporal o crónica, también deberíamos descansar y ayunar con jugos para nutrir nuestro cuerpo y apoyar el hígado a medida que trabaja duro para desintoxicarse de nuestra enfermedad.

El ayuno no solo previene las enfermedades. Si se realiza correctamente, el ayuno tiene increíbles beneficios sanadores para aquellos de nosotros que suframos enfermedades. Desde resfriados y gripe hasta enfermedades del corazón, el ayuno es una potente clave para sanar el cuerpo.

Veamos ahora algunas maneras en que puede utilizarse el ayuno para llevar sanidad y salud a un cuerpo enfermo.

Para resfriados y gripe

Nada es más miserable que agarrar un resfriado o una gripe. ¿Pero sabía usted que la razón de que suframos tanto se debe a que hacemos todas las cosas equivocadas cuando nos enfermamos? Beber café y refrescos y comer helados y pasteles puede empeorar su gripe o resfriado o prolongarlos.

Cuando usted tenga un resfriado o gripe, ayune bebiendo mucha agua y jugos naturales, y descanse mucho. Todo eso ayudará a su cuerpo a expulsar materiales tóxicos por medio de la mucosidad que crea. Permita también que la fiebre queme su infección. La fiebre realmente moviliza su sistema inmunológico para luchar contra las infecciones. Sin embargo, la mayoría de médicos y padres hacen bajar la fiebre con Tylenol y disminuyen los niveles de Glutatión, que yo creo que es nuestro antioxidante maestro y desintoxicante maestro. No se apresure a visitar al doctor y tomar muchas medicinas para detener los síntomas, pues algunos de ellos son importantes para la desintoxicación. Sin embargo, si su fiebre supera los 39 grados Celsius, debería examinarle un médico. Si su fiebre es de más de 38 grados y persiste más de algunos días, también debería examinarle un médico. En cuanto a los niños, busque atención médica antes.

Tome mucha vitamina C, ajo, saúco y hierbas como extracto de hojas de oliva y orégano como un medio natural para ayudar a la respuesta inmunológica de su cuerpo. Una sauna de infrarrojos también ayuda a impulsar el sistema inmunológico.

Puede usted vencer muchas enfermedades infecciosas eliminando alimentos que forman mucosidad, como productos lácteos, huevos y granos procesados. Estos granos incluyen panqueques, cereales, rosquillas, pan blanco, galletas saladas, pretzels, arroz blanco, salsas, pasteles y tartas. Además, elimine de su dieta la margarina, la mantequilla y otros aceites saturados, hidrogenados y procesados.

Este "sistema de dieta sanadora sin mucosidad" realmente fue desarrollado por el profesor Arnold Ehret a principios del siglo XX.[2] Cuando esté enfermo, no acuda instantáneamente a los antibióticos. Los antibióticos pueden proporcionar una potente ayuda cuando está usted muy enfermo debido a infección bacteriana; pero el uso excesivo de antibióticos puede hacerle daño, y ha creado cepas de bacterias resistentes.

Permita que el propio sistema inmunológico de su cuerpo sea su primera defensa contra las infecciones. El uso excesivo de antibióticos puede causar sobrepoblación de levadura en el tracto intestinal, sobrepoblación de bacterias (patógenas) en el tracto intestinal, y un mayor riesgo de desarrollar permeabilidad intestinal aumentada, al igual que una mayor carga de toxinas en el hígado.

Muchos doctores recetan antibióticos para resfriados y gripes que ni siquiera responden a los antibióticos. Si usted ha tenido una fiebre mayor de 38 grados Celsius durante unos días, visite a su doctor; pero no insista en tomar antibióticos a menos que su doctor se lo aconseje.

Ayuno para enfermedades autoinmunes

Las enfermedades autoinmunes son sencillamente enfermedades en las cuales el sistema inmunológico se ataca a sí mismo. Un proceso similar al de un desastre militar llamado "fuego amigo". Un sistema inmunológico saludable puede diferenciar entre células normales y células invasoras.

Sin embargo, en las enfermedades autoinmunes como el lupus y la artritis reumatoide, el sistema inmunológico se confunde, y realmente produce anticuerpos que atacan a sus propios tejidos. Este "fuego amigo" inflama los tejidos. Finalmente puede dañar e incluso destruir el tejido.

La artritis reumatoide y el lupus son enfermedades autoinmunes que con frecuencia se relacionan con la permeabilidad intestinal aumentada. Esto puede suceder cuando usted toma demasiados antibióticos que disminuyen el número de bacterias amigas o si su tracto intestinal ha sido dañado por medicamentos antiinflamatorios, aspirinas o alergias alimentarias.

Otra explicación para las enfermedades autoinmunes la permeabilidad intestinal alterada juntamente con una mala digestión y un mayor consumo de carnes. La mayoría de estadounidenses comen mucha carne y otras proteínas animales. Los carnívoros en el reino animal, como leones, tigres y otros carnívoros, tienen sistemas digestivos que secretan cantidades extremadamente grandes de ácido clorhídrico y enzimas. Estos animales también tienen tractos digestivos relativamente cortos.

Sin embargo, los seres humanos no somos tan afortunados. No producimos tanto ácido clorhídrico ni enzimas digestivas. Además, nuestro tracto intestinal es mucho más largo. Eso significa que no estamos tan bien equipados como los leones para digerir tanta carne.

Combinemos esto con la carga de estrés bajo la cual vivimos la mayoría de nosotros, un estrés que reduce aún más la cantidad de jugos digestivos como el ácido clorhídrico y las enzimas pancreáticas. ¡No es sorprendente que tengamos una epidemia de hinchazón, gases e indigestión! Y las empresas farmacéuticas están haciendo mucho dinero.

Comemos demasiada proteína para la cantidad de ácido clorhídrico y enzimas digestivas que tenemos. Por tanto, nuestro estómago e intestinos no pueden descomponer las proteínas en aminoácidos individuales tan bien como deberían. Se forman proteínas digeridas incompletamente llamadas péptidos que pueden ser absorbidas directamente al flujo sanguíneo si usted tiene permeabilidad intestinal alterada. Su cuerpo puede formar anticuerpos para atacar a esas sustancias ajenas. Una vez más, el cuerpo puede que comience a atacarse a sí mismo; si esto sucede, se producirá inflamación.

Demasiadas proteínas, mala digestión y permeabilidad alterada son una receta para las enfermedades autoinmunes como la artritis reumatoide y el lupus. Tales enfermedades son raras en países donde la gente consume muchas frutas, verduras y granos integrales, como en Japón, China y África. Pero cuando esas mismas personas van a los Estados Unidos y adoptan nuestra dieta, comienzan a desarrollar enfermedades autoinmunes.

El ayuno es una de las terapias más eficaces para tratar las enfermedades autoinmunes; y cuanto antes se haga en el curso de la enfermedad, mejor.

Es muy importante librarse de todas las medicinas, bajo supervisión médica, antes de ayunar. El ayuno permite descansar al tracto digestivo; también permite que el tracto intestinal sane. El ayuno a base de jugos es muy beneficioso en las enfermedades autoinmunes. Sin embargo, algunos médicos han tenido destacables resultados con el ayuno solo con agua. Si está usted realizando un ayuno, especialmente un ayuno solo con agua, para una enfermedad autoinmune, asegúrese de que su médico le supervise atentamente.

Si ha estado tomando Prednisone u otras medicinas esteroides, es muy importante dejar esas medicinas lentamente, bajo supervisión médica, antes de ayunar; asegúrese de buscar señales de supresión suprarrenal, entre las que se incluyen debilidad y fatiga severas, rápido ritmo cardíaco y baja presión sanguínea. Pueden ser necesarios meses para dejar exitosamente estas medicinas.

Después del ayuno, los pacientes con enfermedades autoinmunes deberían disminuir el consumo de todas las proteínas animales, productos lácteos y huevos. También puede ser útil evitar los productos de trigo. En cambio, escoja pan de arroz integral, galletas saladas de arroz, pasta de espelta y otros productos de arroz.

El ayuno para las enfermedades coronarias

El ayuno es también muy eficaz en el tratamiento de las enfermedades del corazón y la enfermedad vascular periférica, que normalmente se produce en las piernas. La enfermedad vascular periférica es sencillamente una acumulación de placa o ateroesclerosis, normalmente en las arterias de las extremidades inferiores. El renombrado investigador y médico, Dr. Dean Ornish demostró que la enfermedad arterial coronaria podría ser revertida con una dieta vegetariana, manejo del estrés y ejercicio.[3]

Después de solo un año en este programa, los pacientes del Dr. Ornish tenían mucha menos placa en sus arterias. Si usted tiene enfermedad arterial coronaria importante o enfermedad vascular periférica (ateroesclerosis en sus piernas), le recomiendo que siga el programa completo del Dr. Ornish.

Además, el ayuno regular y periódico normalmente acelerará el proceso de eliminación de placa en las arterias.

Mientras esté ayunando, si tiene una importante enfermedad arterial coronaria o enfermedad vascular periférica, descubrirá que sus niveles de colesterol normalmente se elevarán más en el ayuno. Eso sucede porque su cuerpo está en el proceso de descomponer la placa que está formada en las arterias, así que no se alarme.

Yo siempre chequeo el trabajo de la sangre antes de recetar ayuno a mis pacientes. Siempre soy muy alentado cuando veo una dramática elevación en el colesterol en quienes tienen enfermedad de la arteria coronaria o enfermedad vascular periférica mientras ayunan. Sé que el ayuno está haciendo su trabajo y la placa probablemente está siendo descompuesta a medida que la placa ateroesclerótica es eliminada durante el ayuno.

Hipertensión

¿Tiene usted elevada presión sanguínea? Una de las mejores maneras de tratar la hipertensión es realizar un ayuno a base de jugos. Antes de su ayuno, debería primero intentar dejar todos los medicamentos bajo supervisión médica. Aumente la cantidad de agua que bebe hasta al menos dos a tres litros de agua alcalina al día. Siga las indicaciones para el ayuno de desintoxicación bosquejado en este libro y las instrucciones en mi libro The Bible Cure for High Blood Pressure.

Ayuno para soriasis y eccema

He descubierto que muchos de mis pacientes con soriasis y eccema sufren numerosas sensibilidades alimentarias. Normalmente tienen permeabilidad intestinal aumentada y también una maldad desintoxicación del hígado.

Es críticamente importante que quienes tienen eccema y soriasis ayunen con jugos a los que no sean alérgicos. Eso se hace mejor escogiendo distintos jugos cada día durante un período de cuatro días y rotando los jugos, o realizándose antes un análisis de alergia al alimentos.

Si usted tiene eccema y soriasis, probablemente también tenga sobrepoblación de levadura en su tracto intestinal. Si tiene sobrepoblación de levadura, antes del ayuno siga una dieta para candida al menos tres meses. Para más información sobre este tema, refiérase a mi libro The Bible Cure for Candida and Yeast Infections.

Si descubre que no responde bien a un ayuno a base de jugos, puede probar un ayuno equilibrado de proteínas de arroz. Este producto se llama UltraClear Plus PH y puede adquirirse de muchos nutricionistas (véase el Apéndice D).

El ayuno solo con agua también puede ser eficaz para la soriasis y el eccema, pero debe supervisarse atentamente. Si decide realizar un ayuno solo con agua, suplemente su ayuno con tés desintoxicantes, como el té de diente de león y de cardo mariano.

Antes de realizar cualquier ayuno para la soriasis y el eccema, siga el programa para mejorar la permeabilidad intestinal mencionado en el capítulo 5. También recomiendo mejorar la desintoxicación del hígado tomando las vitaminas y los nutrientes bosquejados en el capítulo 9.

Si tiene usted soriasis, probablemente también tenga permeabilidad intestinal aumentada al igual que una mayor carga tóxica en su hígado. Es críticamente importante reparar su sistema gastrointestinal y desintoxicar su hígado. También es muy importante evitar alimentos a los que sea alérgico o sensible.

Si no sabe a qué alimentos es alérgico o sensible, haga que le realicen un análisis completo de alergias a alimentos. He descubierto que muchos de mis pacientes con eccema y soriasis normalmente son sensibles o alérgicos a los lácteos, los productos de trigo, los huevos, los tomates, los pimientos o las patatas. Se habla de este tema con más detalle en mis libros *The Bible Cure for Candida and Yeast Infections* y *The Bible Cure for Skin Disorders*.

El ayuno para la enfermedad de Crohn y la colitis ulcerativa

El ayuno es muy eficaz para pacientes con la enfermedad de Crohn y colitis ulcerativa. Una vez más, quienes tienen estas enfermedades normalmente tienen permeabilidad intestinal aumentada, sobrecarga tóxica en el hígado, sobrepoblación de candida y numerosas alergias y sensibilidades alimentarias.

Muchos de mis pacientes con enfermedad de Crohn o colitis ulcerativa son muy sensibles a todos los productos lácteos, pimientos jalapeños, patatas, tomates, berenjena, productos de trigo, y con frecuencia también productos que contengan levadura. Estos individuos son generalmente muy sensibles a todas las formas de azúcar. Los azúcares simples deberían, por tanto, ser totalmente eliminados de la dieta.

Debido a su extrema sensibilidad al azúcar, a estas personas les va mejor con una equilibrada proteína de arroz como UltraClear Plus PH o UltraClear Renew de Metagenics (véase el apéndice) o con un ayuno solo con agua. El ayuno a base de jugos con jugos de verduras bajas en azúcar puede ser eficaz; sin embargo, los jugos pueden agravar la enfermedad y conducir a peor diarrea.

Cuando termine su ayuno, continúe comiendo productos de arroz, principalmente arroz integral, pan de arroz integral y galletas saladas de arroz. Vuelva a introducir lentamente una dieta baja en proteína, principalmente una dieta vegetariana. Además, mantenga un buen diario alimentario para descubrir qué alimentos causan sensibilidades y evitar cualquier cosa que irrite su tracto gastrointestinal. También puede seguir la dieta según el tipo de sangre.

El ayuno para alergias y asma

El ayuno a base de jugos es muy útil si tiene usted alergias y asma. Sus pulmones, al igual que todo su sistema respiratorio, son órganos de eliminación vitalmente importantes para eliminar toxinas. El ayuno con frecuencia elimina muchos de los irritantes y toxinas que desencadena la hiperactividad en el aire.

Las alergias, tanto por el aire como las alergias alimentarias, normalmente mejoran de modo dramático durante un ayuno. Esto se debe a la estrecha conexión existente entre alergias y permeabilidad intestinal y toxicidad del hígado.

El ayuno da al tracto digestivo tiempo para descansar y repararse. También ayuda al hígado a desintoxicarse. Los síntomas alérgicos mejoran y a veces desaparecen por completo. Sin embargo, es importante asegurarse de no ser alérgico o sensible a ninguno de los jugos que consumirá. Escriba un diario alimentario mientras realice un ayuno, y utilícelo para ayudarle a evitar cualquier jugo que pueda desencadenar síntomas alérgicos o síntomas de asma. Puede usted realizarse un análisis de alergia alimentaria o simplemente seguir la dieta según el tipo de sangre.

El ayuno para la diabetes tipo 2

Si usted es diabético tipo 2, el ayuno es para usted. Es muy eficaz para los diabéticos tipo 2. Sin embargo, los diabéticos tipo 1 no deberían ayunar.

La mayoría de individuos que tienen diabetes tipo 2 también

sufren de obesidad. Normalmente tienen elevados niveles de insulina, pero sus células sanguíneas se han hecho resistentes a los efectos de la insulina.

Los diabéticos tipo 2 pueden ayunar utilizando verduras que tengan un bajo índice glicémico, y utilizar una batidora Vitamix para retener la fibra y disminuir el azúcar en la sangre. Algunos diabéticos quizá puedan licuar frutas de bajo glicémico como bayas, manzanas granny smith, limones y limas sin elevar su azúcar en la sangre. Pueden ayunar utilizando un suplemento proteínico bien equilibrado y alto en fibra llamado UltraGlycemX de Metagenics. Un nutricionista puede recetarlo (véase el Apéndice D).

Es también críticamente importante para los diabéticos seguir una dieta de bajo glicémico y un programa de ejercicio aeróbico. Para más información sobre la diabetes, consulte *The New Bible Cure for Diabetes.*

El ayuno para la obesidad

"El contorno de cintura es su salvavidas", según el Dr. Paul Bragg.[4] ¡Cuán cierta es esa afirmación! El ayuno es estupendo para conquistar la obesidad. Con más de dos terceras partes de la población de los Estados Unidos o bien obesas o con sobrepeso, todos podríamos hacer un poco más de ayuno.[5]

Los individuos con sobrepeso parecen ser capaces de seguir una dieta estricta durante un período de tiempo, pero entonces se descuidan, comiendo todas las cosas equivocadas. Para algunas personas obesas, *dieta* es una palabra de cinco letras. Si es usted uno de esos individuos, le recomiendo un plan de comidas saludable y un estilo de vida saludable, bosquejados en mis libros *La cura bíblica para perder peso y ganar músculo y La dieta yo sí puedo.*

Ayunar durante demasiado tiempo puede realmente hacer que suba de peso con el tiempo, como mencioné anteriormente. Se debe a que puede disminuir su ritmo metabólico y predisponerle a subir incluso más peso. Pero los ayunos breves y frecuentes a base de jugos, aproximadamente tres días cada mes, cuando se siguen con un plan de comidas saludable pueden mantener bajo control la obesidad de manera rápida y fácil.

Los ayunos periódicos y breves le ayudan a crucificar su carne, que es un concepto del que hablaré extensamente en los capítulos siguientes. Esta crucifixión de sus deseos poco sanos es la clave para obtener control sobre su cuerpo, un control que durará toda la vida.

Cuando comience a ver su cuerpo como el templo del Espíritu Santo, obtendrá un sentimiento de respeto por la increíble obra de genio creativo que representa su cuerpo. Este entendimiento marca toda la diferencia. Nuestros cuerpos son el templo del Espíritu Santo, como leemos en 1 Corintios 3:16. La escritura sigue diciendo: "Si alguno destruyere el templo de Dios, Dios le destruirá a él; porque el templo de Dios, el cual sois vosotros, santo es" (v. 17).

Está escrito en las leyes de Dios que no podemos destruir este templo sin experimentar graves consecuencias. Si contaminamos nuestro cuerpo con dulces, grasas, alimentos procesados y comida basura, entonces algún día probablemente obtendremos una cosecha en forma de enfermedades degenerativas, enfermedades del corazón, artritis, diabetes, cáncer e hipertensión. Todo lo que sembremos, eso también cosecharemos.

Proverbios 23:21 dice: "Porque el bebedor y el comilón empobrecerán, y el sueño hará vestir vestidos rotos". Dios realmente pone al bebedor y al comilón en la misma categoría. Muchos de nosotros ni siquiera pensaríamos en emborracharnos, pero comemos en exceso frecuentemente.

El ayuno para tumores benignos

Realizar el programa de ayuno de desintoxicación bosquejado en este libro también puede reducir el tamaño de tumores benignos y quistes. Entre ellos se incluyen quistes de ovario, enfermedad fibroquística de la mama, lipomas, quistes sebáceos e incluso fibroides uterinos.

Si usted tiene cáncer avanzado, no debería ayunar. Pero el ayuno sin duda alguna le ayudará a prevenir el cáncer.

Cuándo no debería ayunar

Aunque el ayuno es un estilo de vida saludable que es tan viejo como Moisés, hay muchas ocasiones en que usted no debería ayunar.

No ayune si está embarazada o dando el pecho. No debería ayunar si está muy debilitado o malnutrido, incluyendo a los pacientes de SIDA, cáncer, anemia severa o cualquier enfermedad grave que consume. No ayune antes o después de una cirugía, ya que podría interferir en su capacidad de curarse después de la cirugía.

Además, no ayune si tiene arritmia cardíaca o insuficiencia cardiaca congestiva. No ayune si está batallando con alguna enfermedad mental, incluyendo la depresión grave, ansiedad grave, esquizofrenia y trastorno bipolar. Estas enfermedades pueden en realidad empeorar cuando usted ayuna. Los individuos con graves enfermedades hepáticas y de riñones no deberían realizar un ayuno.

Como sabe, yo intento quitar a los pacientes la mayoría de sus medicamentos antes de un ayuno; sin embargo, es seguro tomar medicamentos como terapia de sustitución de hormonas y medicinas para el tiroides durante un ayuno. Si está usted tomando aspirinas, antiinflamatorios como ibuprofeno o Aleve, Coumadin, medicación para la diabetes, antidepresivos, narcóticos, medicamentos de quimioterapia o diuréticos, no debería ayunar.

Puede continuar tomando dosis muy bajas de medicamentos para la hipertensión durante un ayuno mientras su médico le supervise atentamente. Sin embargo, entre ellos no deberían incluirse los diuréticos.

Si está tomando Prednisone, debería estar bajo supervisión médica para dejar esta medicación muy lentamente antes de ayunar, o al menos tomar la dosis menor eficaz. Si no deja Prednisone lentamente, podría desarrollar supresión de la glándula suprarrenal con síntomas de rápido ritmo cardíaco, baja presión sanguínea, fatiga grave y susceptibilidad a las infecciones.

Cuando esté disminuyendo la Prednisone, también recomiendo encarecidamente que tome suplementos nutricionales con elevadas dosis del complejo-B, especialmente ácido pantoteico, vitamina C, y suplementos para la glándula suprarrenal (véase el Apéndice D).

Para cualquier ayuno más largo de tres días, recomiendo que antes su doctor le realice un chequeo o un examen físico. Haga que le realicen un análisis de sangre y de estado basal EKG. Yo normalmente realizo un panel metabólico general (CMP), el cual incluye exámenes de la función renal incluyendo creatinina y BUN, electolitos, análisis de función hepática, azúcar en la sangre, colesterol y triglicéridos. Junto con el CMP también realizo un CBC, análisis de orina y un EKG. Estos análisis deberían realizarse antes del ayuno. NOTA: los pacientes con gota necesitan analizar su nivel de ácido úrico antes de comenzar un ayuno, y si es elevado no deberían ayunar. Yo normalmente analizo el CMP con ácido úrico dos veces por semana para pacientes que tienen gota.

Durante el ayuno, yo normalmente realizaré un CMP y otro de ácido úrico dos veces por semana. Durante cada visita a la consulta, diga a su doctor si está experimentando debilidad severa, fatiga o mareo; dígale también si está sufriendo algún ritmo cardíaco irregular. Una vez más, si desarrolla un ritmo cardíaco o pulso irregulares, debería ser examinado por su médico y probablemente debería poner fin al ayuno.

Durante un ayuno, es críticamente importante asegurarse de que su nivel de potasio en la sangre siga dentro del rango normal. El potasio bajo puede causar peligrosas arritmias y la muerte. Por eso es muy importante no tomar diuréticos durante un ayuno. El ayuno a base de jugos, sin embargo, proporciona grandes cantidades de potasio en los jugos recién exprimidos. Por eso es muy improbable que desarrolle usted un potasio bajo mientras realiza un ayuno a base de jugos. Los ayunos solo con agua tienen mayor probabilidad de causar bajos niveles de potasio. Comúnmente, durante un ayuno, el nivel de ácido úrico es elevado; sin embargo, esto no es motivo de preocupación, ya que es una respuesta normal del cuerpo al ayuno.

Si su médico no puede quitarle por completo su medicación, entonces puede que sea más seguro comenzar un ayuno parcial. El ayuno parcial utiliza jugos de frutas y verduras recién exprimidos, frutas y verduras frescas, arroz integral y otros alimentos limpiadores enumerados anteriormente en este libro. Haga dos comidas al día de esos alimentos limpiadores, y después realice una o dos comidas consistentes en jugo recién exprimido.

Los niños de menos de dieciocho años no deberían seguir un estricto ayuno a base de jugos a menos que un médico los supervise atentamente.

Puede que experimente una mejora en la salud al ayunar a base de jugos en su primer ayuno; sin embargo, normalmente tendrá que ayunar repetidamente para desintoxicar el cuerpo y lograr una salud vibrante.

El ayuno es una manera saludable y bíblica de limpiar el cuerpo y el alma. Como ha visto, es un método maravillosamente natural de sanidad. Pero no espere hasta estar enfermo para comenzar a ayunar.

El ayuno a base de jugos es mucho mejor y más eficaz cuando usted comienza este estilo de vida mientras tiene una buena salud. ¡Cada bebida que tome será una bebida para una buena salud en el futuro!

Como conclusión

Confío en que haya descubierto que una de las maravillas menos proclamadas de su cuerpo físico es que es un maravilloso desintoxicador natural. Dios creó su cuerpo para tratar de manera rápida, limpia y eficaz cualquier toxina que pueda encontrarse. Pero en el mundo tóxico en el que vivimos, se necesita algo más que un enfoque pasivo del cuidado de la salud para vivir una vida larga, sana, activa y libre de enfermedades. Se necesita sabiduría.

He presentado la sabiduría que he obtenido como médico. A medida que usted haga todo lo posible para aplicar estas verdades, cosechará la maravillosa recompensa de energía renovada, vitalidad y salud.

El poder de una mejor salud por medio de la desintoxicación es de usted. Le aliento a que siga su propia buena salud agresivamente mirando atentamente lo que come y su estilo de vida. ¡Su propio futuro saludable está en sus manos!

Esta discusión sobre el ayuno y la desintoxicación estaría incompleta si dejásemos fuera el aspecto más importante del ayuno y la purificación: el ayuno para el alma y el espíritu. Porque la obra del ayuno no se detiene en el cuerpo físico; el ayuno limpia la persona total. La mayor y más poderosa obra del ayuno es su potente capacidad para limpiar el alma. Veamos.

SECCIÓN III
CÓMO DESINTOXICAR LA PERSONA COMPLETA

Capítulo 11

AYUNO ESPIRITUAL: DE QUÉ SE TRATA

EL AYUNO NO ES SOLO UN PODEROSO MÉTODO DE LIMPIAR Y sanar su cuerpo físico, sino que es también una herramienta para limpiar el alma. El ayuno es una clave de la genuina y profunda espiritualidad. A lo largo de las épocas, aquellos que buscaban conocer a Dios y deseaban entrar en esferas y dones espirituales más profundos utilizaron el ayuno como una herramienta potente y esencial. A lo largo de toda la Biblia, ayunar se consideraba una parte clave de entrar y mantener un poderoso y espiritualmente dinámico caminar con Dios.

Se utilizaban dos palabras en el Antiguo Testamento para *ayunar*. Una significa "cubrir la boca", y la otra significa "humillarse". En el Nuevo Testamento, la palabra para *ayunar* literalmente significa "no comer". La definición actual de *ayunar* es "abstenerse de alimento ya sea parcialmente o completamente".

Para realizar un ayuno bíblico usted debe abstenerse voluntariamente de alimentos, de modo parcial o total, durante un período de tiempo con un propósito espiritual. Durante un ayuno espiritual, se niega a usted mismo uno de los elementos básicos de supervivencia, que su cuerpo ama y atesora: el alimento.

¿Pero por qué cualquiera de nosotros querría aún considerar negar a nuestro cuerpo las galletas, los pasteles, los helados, las hamburguesas y la pizza que tanto le gusta? La razón es que el ayuno, cuando se realiza mediante la dirección y la capacitación del Espíritu Santo, tiene el poder de romper el control atenazador de nuestra naturaleza más baja.

Nuestro apetito carnal puede ser un animal hambriento, derrotando al hombre espiritual en nuestro interior. Cuando esto sucede, «parece» imposible decir *no* al deseo de dulces, comida rápida o hasta de sexo, murmuración o calumnia. Estos fuertes anhelos y deseos son parte de nuestra naturaleza más baja, o más animal. La Biblia denomina a este apetito "la carne".

Cuando el Espíritu de Dios nos conduce a orar, pero la carne demanda un programa más de televisión, podemos encontrarnos en medio de una batalla interior por el control. O cuando la balanza en el cuarto de baño nos dice que necesitamos perder peso, pero nos resulta prácticamente imposible no comernos un pedazo más de pastel de chocolate o un bol de helado, entonces nos encontramos con esta potente tenaza de nuestra carne, que ha obtenido prominencia sobre nuestra mente, voluntad, espíritu y emociones.

Una manera de romper el poder de su carne y ponerla bajo sumisión a su espíritu y su mente es el ayuno. ¿Tiene un temperamento fuera de control que surge en los peores momentos, dañando relaciones con las personas a las que quiere? El ayuno puede poner esa "carne" bajo control.

El ayuno alimenta su hombre espiritual a la vez que deja hambriento a su hombre natural. Puede suavizar su corazón y limpiar su cuerpo para hacerle más receptivo a los planes de Dios. El ayuno puede sensibilizar su espíritu para discernir la voz y los impulsos internos del Espíritu de Dios.

Obtener el control

La Biblia tiene mucho que decir sobre nuestros deseos de alimentos que nos hacen daño en lugar de mejorar nuestra salud. Por ejemplo, Proverbios 23:1-3 dice: "Cuando te sientes a comer con algún señor, considera bien lo que está delante de ti, Y pon cuchillo a tu garganta, si tienes gran apetito. No codicies sus manjares delicados, porque es pan engañoso".

En este pasaje, Dios nos advierte contra la glotonería y nos dice que no seamos controlados por nuestros deseos de pasteles y otros alimentos tentadores que no nutren nuestro cuerpo. El versículo 3 nos advierte que no deseemos los "manjares delicados" del rey. Esos "manjares" son delicados, significando que probablemente sean alimentos altos en azúcar.

El término carne en la Biblia habla acerca de los anhelos y deseos de nuestros cuerpos que debemos conquistar. Estos deseos incluyen los siguientes:

1. Pereza y letargo que evitan que hagamos ejercicio

2. Anhelos de dulces, féculas procesadas y grasas que nos hacen comer demasiada cantidad de alimentos erróneos de modo que terminamos acumulando kilos extra y no nutriendo nunca adecuadamente nuestro cuerpo

3. Emociones fuera de control, como la ira y la furia, que pueden conducirnos a enloquecer en el tráfico o hacer que digamos cosas hirientes a nuestros seres queridos, lo cual luego lamentamos

Hay muchas más cosas que encajan bajo la categoría de "carne". Carne puede incluir nuestros pensamientos, emociones, deseos de sexo inapropiado, nuestra compulsión por darnos un atracón de dulces, nuestra incapacidad para dejar de murmurar, y mucho, mucho más. La "carne" no es otra cosa sino nuestras necesidades, deseos y anhelos en su estado indisciplinado. Este concepto de la "carne" será importante para nosotros al completar nuestra discusión sobre la desintoxicación.

Nuestra carne es ignorante. *Ignorante* se define en el diccionario como "carente de conocimiento". Oseas 4:6 dice: "Mi pueblo fue destruido, porque le faltó conocimiento". Si su carne le gobierna, realmente será atraído precisamente a los alimentos que al final le destruirán.

El poder destructivo de los deseos incontrolados

Se ha dicho que el camino más rápido al corazón de un hombre es mediante su estómago. Fue debido al apetito que Eva, y después Adán, cayeron en pecado comiendo del fruto prohibido. El apetito incontrolado de alimento llevó a toda la raza humana al pecado, abriendo la puerta a todas las desastrosas consecuencias que siguieron, como abuso, asesinato, robo y muchas más (véase Génesis 3:6).

Muchas generaciones más adelante, el nieto de Abraham, Esaú, también fue incapaz de obtener control sobre su apetito de alimentos. Esaú vendió su primogenitura, que le daba derecho a una posición de gran honor e importancia, solamente por una comida; ¡y solo era un bol de sopa! Debido a esto, Esaú perdió el privilegio y la bendición culturales que llegaban con ser el primer hijo. En cambio, Jacob, el hermano menor de Esaú, recibió este prestigioso título y posición. Mas adelante, Jacob, y no Esaú, fue renombrado como Israel, y sus doce hijos llegaron a ser las doce tribus fundadoras de una gran nación. Si el apetito no hubiera controlado a Esaú, el título y la posición de la bendición de Abraham e Isaac habrían sido de él. Los descendientes de Esaú habrían llegado a ser la gran nación escogida, en vez de serlo la descendencia de Jacob.

Años más adelante, cuando los descendientes de Israel vagaban por el caliente y árido desierto del Oriente Medio, la nación entera se encontró con la misma lucha. Cuando fueron incapaces de conseguir alimento, Dios les envío de manera sobrenatural maná del cielo para comer; pero en lugar de agradecer ese increíble milagro, ellos se quejaron de que no les gustaba. Mire, no satisfacía los deseos de su carne. Números 21:5 dice: "Y habló el pueblo contra Dios y contra Moisés: ¿Por qué nos hiciste subir de Egipto para que muramos en este desierto? Pues no hay pan ni agua, y nuestra alma tiene fastidio de este pan tan liviano".

En otras palabras, los israelitas aborrecían el maná, así que se quejaron y murmuraron contra Moisés. En los versículos 6-7 vemos el desastre que siguió:

> Y Jehová envió entre el pueblo serpientes ardientes, que mordían al pueblo; y murió mucho pueblo de Israel. Entonces el pueblo vino a Moisés y dijo: Hemos pecado por haber hablado contra Jehová, y contra ti; ruega a Jehová que quite de nosotros estas serpientes. Y Moisés oró por el pueblo.

En esta ocasión en particular Moisés oró, pero Dios no quitó las serpientes. En cambio, hizo que Moisés fabricase una serpiente de bronce y la pusiera sobre un palo. Si alguna serpiente mordía a alguien, esa persona sencillamente tenía que utilizar su fe y mirar a la serpiente de bronce, y vivía. Aquella serpiente en un palo era también un tipo y una sombra de Jesús. Pero esa no fue la primera vez en que sucedió tal cosa. Sus apetitos incontrolados les habían metido en grandes problemas anteriormente. Veamos:

> Y la gente extranjera que se mezcló con ellos tuvo un vivo deseo, y los hijos de Israel también volvieron a llorar y

dijeron: ¡Quién nos diera a comer carne! Nos acordamos del pescado que comíamos en Egipto de balde, de los pepinos, los melones, los puerros, las cebollas y los ajos; y ahora nuestra alma se seca; pues nada sino este maná ven nuestros ojos.

—Números 11:4-6

Como puede ver, los israelitas cedieron a sus apetitos incontrolados y murmuraron, lamentaron y se quejaron en voz alta de que querían disfrutar de los mismos alimentos que tenían en Egipto. Esto es lo que sucedió a continuación:

Y vino un viento de Jehová, y trajo codornices del mar, y las dejó sobre el campamento, un día de camino a un lado, y un día de camino al otro, alrededor del campamento... Entonces el pueblo estuvo levantado todo aquel día y toda la noche, y todo el día siguiente, y recogieron codornices; el que menos, recogió diez montones; y las tendieron para sí a lo largo alrededor del campamento. Aún estaba la carne entre los dientes de ellos, antes que fuese masticada, cuando la ira de Jehová se encendió en el pueblo, e hirió Jehová al pueblo con una plaga muy grande.

—Números 11:31-33

Si aquellas aves estaban o no enfermas, no lo sabemos en realidad. Lo que sí sabemos es que los deseos carnales fuera de control metieron a aquellas personas en un gran problema.

Debemos tener mucho cuidado de no descartar estas historias como irrelevantes. Estos relatos son muy relevantes para nuestras propias vidas, porque estamos hechos de la misma pasta de la que estaban hechos aquellos vagabundos de la antigüedad. El apetito incontrolado de nuestra naturaleza más baja es igual de peligroso para nuestra propia salud y bienestar que lo fue para ellos.

Deseos carnales

Investiguemos un poco más la naturaleza baja. ¿Qué anhela? Estos versículos en 1 Juan lo describen:

No améis al mundo, ni las cosas que están en el mundo. Si alguno ama al mundo, el amor del Padre no está en él.

Porque todo lo que hay en el mundo, los deseos de la carne, los deseos de los ojos, y la vanagloria de la vida, no proviene del Padre, sino del mundo.

—1 JUAN 2:15-16

Lo que la Biblia denomina "los deseos de la carne" incluyen los siguientes deseos:

- Desear excesivas cantidades de los alimentos equivocados, dulces, grasas y carnes; un glotón (Proverbios 23:1-3).

- Sexo fuera del matrimonio

- Deseos impuros e impíos

- Pensar en sexo inadecuado y desearlo

- Deseo compulsivo obsesivo por otras cosas distintas a Dios

- Arrebatos de ira y de enojo cuando no se consigue lo que quiere

- Crear peleas minimizando a personas, criticando y murmurando

- Sedición, rebelión, o sencillamente demandar que quienes están por encima de usted hagan las cosas como usted quiere, o si no encontrará la manera de salirse con la suya de todos modos

- Asesinatos, que pueden incluir destruir a quienes se interponen en su camino, abortos

- Borracheras y deleites (Gálatas 5:19-21)

Lo que la Biblia denomina "los deseos de los ojos" realmente no es otra cosa que un deseo incontrolado de sexo fuera del matrimonio o un anhelo por lo que les pertenece a otras personas, como posiciones, poder, riquezas, belleza, posesiones y fuerza. Los deseos de los ojos hacen que nos elevemos por encima de los demás y nos sintamos engreídos y fariseicos.

El ayuno para controlar la naturaleza más baja

Ya que todos nacemos con la misma naturaleza más baja, ¿qué podemos hacer? El ayuno es una potente herramienta para someter la fuerza de nuestra carne. El ayuno puede ayudarnos a controlar los deseos de la naturaleza más baja, poniendo nuestra carne bajo sujeción a nuestra mente y nuestro espíritu.

La clave de nuestra espiritualidad es someternos al Espíritu Santo. Nuestra naturaleza carnal se opone al Espíritu de Dios y no puede someterse. Romanos 8:7-8 dice: "Por cuanto los designios de la carne son enemistad contra Dios; porque no se sujetan a la ley de Dios, ni tampoco pueden; y los que viven según la carne no pueden agradar a Dios". Esto significa que es imposible caminar en el poder del Espíritu Santo y vivir en la naturaleza carnal.

La Biblia nos alienta a caminar en la presencia y el poder del Espíritu como antídoto para no vivir en la carne. En Gálatas 5:16-17 Pablo dice: "Digo, pues: Andad en el Espíritu, y no satisfagáis los deseos de la carne. Porque el deseo de la carne es contra el Espíritu, y el del Espíritu es contra la carne; y éstos se oponen entre sí, para que no hagáis lo que quisiereis".

Mientras nuestra naturaleza carnal nos controle, seremos incapaces de hacer la voluntad del Espíritu Santo porque está en oposición directa a su voluntad.

La mente carnal y no renovada de la carne es controlada y dominada por el pensamiento y el razonamiento de nuestro intelecto. Las emociones también controlan y dominan esta naturaleza más baja, lo cual significa que sus sentimientos y deseos le controlan. Además de eso, la naturaleza carnal es también controlada por los cinco sentidos: gusto, olfato, vista, tacto y oído.

Pero no estamos sin esperanza, porque el poder de Dios es liberado mediante el Espíritu Santo que obra en nosotros. Efesios 3:20 nos dice: "Y a Aquel que es poderoso para hacer todas las cosas mucho más abundantemente de lo que pedimos o entendemos, según el poder que actúa en nosotros...". Ese poder que actúa en nosotros es el poder del Espíritu Santo. Sin embargo, no puede ser liberado en nosotros si estamos caminando en la carne.

La promesa de Hechos 1:8, que seremos divinamente capacitados por el Espíritu Santo para ser testigos del poder y el amor de Dios, la naturaleza carnal y más baja no puede entenderla. Jesús enseñó que debemos crucificar la carne tomando nuestra propia cruz, al igual que Él tomó su cruz. Si no lo hacemos, seremos incapaces de someternos al poder del Espíritu Santo y seremos totalmente controlados por el poder de la carne.

Solamente cuando vivimos nuestras vidas en conexión vital con el Cristo vivo es cuando somos capaces de crucificar los deseos de la carne y vivir y caminar en la naturaleza superior del Espíritu Santo en nuestro interior.

Este proceso de crucificar la carne debe lograrse diariamente mediante la oración, renovando la mente mediante la lectura regular de la Palabra de Dios y vigilando cada palabra que salga de nuestra boca. Todas esas cosas son como martillos, picos, taladros y herramientas que operan en la cantera de roca de nuestra carne endurecida. En este esfuerzo, el ayuno es la dinámica que hace que todos los otros esfuerzos sean más fáciles y más efectivos.

Permanecer en la Palabra de Dios

La Palabra de Dios dice: "Andad en el Espíritu, y no satisfagáis los deseos de la carne" (Gálatas 5:16). Estos versículos sugiere que aquello en lo que usted se enfoque capacitará sus pensamientos. Si se enfoca en el Espíritu de Dios mediante la oración y llena su mente de la Palabra de Dios, sus pensamientos estarán llenos del poder de Dios para resistir emociones y actitudes negativas y venenosas.

Nuestra mente debe ser renovada de modo que seamos capaces de andar en el Espíritu y no satisfacer los deseos de la carne. Esta renovación de la mente se produce cuando nuestros pensamientos están llenos de la poderosa y viva Palabra de Dios. Pero si nuestra mente siempre está pensando en cosas negativas como celos, envidia, peleas, falta de perdón o lo que nos hace enojar, o en cosas que no tenemos pero queremos, en alguien que nos ha hecho daño o que nos ha causado daño, o en cosas que no nos gustan, entonces nuestra mente y nuestros pensamientos son carnales o inspirados por nuestra naturaleza más baja. Cuando llenamos nuestra mente de las palabras y los pensamientos de Dios por medio de la Biblia y la oración, alimentamos y fortalecemos nuestra naturaleza más elevada, la cual fue diseñada para servir a Dios.

Este es el secreto para vencer la tentación; incluso la tentación de las emociones mortales.

Permanecer en una conversación semejante a Cristo

Con frecuencia, nuestra boca nos mete en más problemas que ninguna otra cosa. Bien puede que sea nuestra mayor arma de destrucción. De hecho, Santiago 3:6 dice: "Y la lengua es un fuego, un mundo de maldad. La lengua está puesta entre nuestros miembros, y contamina todo el cuerpo, e inflama la rueda de la creación, y ella misma es inflamada por el infierno". Lo que decimos con frecuencia libera el poder destructivo de nuestra naturaleza más baja a la atmósfera o a vidas y relaciones individuales. ¿Cuántas veces no hemos deseado poder retirar alguna de las cosas que hemos dicho?

Lo que usted dice tiene un enorme poder espiritual, emocional y físico. Proverbios 18:21 dice: "La muerte y la vida están en poder de la lengua". Sus palabras realmente tienen el poder de sanar o matar, de fortalecer o herir, de unir o dividir. Controlar sus palabras es muy importante. A continuación hay algunas escrituras sobre la lengua para recitar cada vez que se vea tentado a resbalar y decir algo que sabe que lamentará:

- "Porque de la abundancia del corazón habla la boca" (Mateo 12:34).
- "Mas yo os digo que de toda palabra ociosa que hablen los hombres, de ella darán cuenta en el día del juicio" (Mateo 12:36).
- "Ninguna palabra corrompida salga de vuestra boca" (Efesios 4:29).

Pablo habló sobre su victoria sobre la naturaleza carnal en 1 Corintios 9:25-27. Pablo dijo que él "disciplinaba" su cuerpo y lo hacía su esclavo. Él logró eso en parte mediante el ayuno. El apóstol nos dice en Romanos 13:14 que no proveamos para los deseos de la carne. En Colosenses 3:5 Pablo nos dice que hagamos morir nuestros miembros. En 1 Corintios 9:27 Pablo dice que pongamos el cuerpo en sujeción.

Debemos crucificar la carne según Gálatas 2:20 y Romanos 6:6. En 1 Pedro 2:11 se nos dice que nos abstengamos de los deseos de la carne. Debemos decidir: ¿Es el cuerpo el amo, o es el Espíritu Santo el amo? El cuerpo es un maravilloso siervo pero un mal amo. En Romanos 8:5-6 Pablo nos recuerda: "Porque los que son de la carne piensan en las cosas de la carne; pero los que son del Espíritu, en las cosas del Espíritu. Porque el ocuparse de la carne es muerte, pero el ocuparse del Espíritu es vida y paz".

El ayuno pone en sujeción la naturaleza carnal de modo que el cuerpo se convierta en el siervo y el Espíritu se convierta en el amo, permitiéndonos caminar en el poder del Espíritu Santo.

Además de ayudarnos a conquistar el aparentemente insuperable poder de la carne, el ayuno tiene muchas otras poderosas aplicaciones espirituales.

El porqué del ayuno espiritual

Por tanto, ¿por qué deberíamos ayunar? ¿Qué hace por nosotros el negarnos nuestros alimentos favoritos?

Edifica un carácter piadoso

Para comenzar, el ayuno edifica carácter. Al capacitarnos para rendir nuestra vida a Dios en una mayor medida, tenemos más control sobre nuestra lengua, nuestra mente, nuestra actitud, nuestras emociones, nuestro cuerpo y todos nuestros deseos carnales. El ayuno también nos ayuda a someter nuestro espíritu a Dios por completo de modo que Él pueda usarlo para sus propósitos.

Es realmente posible ser guiado por el Espíritu de Dios y no ser gobernado por los deseos carnales; sin embargo, aunque muchos cristianos han invitado a sus vidas el poder del Espíritu Santo, continúan siendo dirigidos por los insaciables apetitos de la carne. Viven sus vidas persiguiendo cualquier cosa que satisfaga los anhelos de la naturaleza inferior o sus propios motivos egoístas en lugar de los propósitos de Dios. Muchos de ellos son buenas personas que en realidad querrían vivir en un plano mucho más elevado de existencia, pero sencillamente no saben cómo hacerlo.

El ayuno nos permite morir a los apetitos de la naturaleza inferior, a los deseos de la carne. Nos da la capacidad de edificar carácter e integridad al permitir que el Espíritu de Dios obre por medio de nosotros. La única manera real de edificar un carácter piadoso y una integridad genuina en nuestro hombre interior es pasando tiempo en la presencia de Dios.

Rompe cadenas de atadura

¿Batalla usted con adicciones o conductas adictivas? A veces las adicciones pueden incluso mostrarse en nuestra personalidad en lugar de hacerlo mediante conductas debilitantes, como el alcoholismo. Por ejemplo, quizá usted nunca haya sido alcohólico, pero cuando entra en una habitación llena de gente, tiene una necesidad obsesiva de estar constantemente hablando o controlando todo y a todas las personas. Una necesidad exagerada de controlar a otros o de controlar las circunstancias y las situaciones puede causar tanta atadura como una adicción a una droga.

Las ataduras son de todo tipo, color y tamaño; por tanto, no descarte con toda rapidez la idea de que pueda usted tener ataduras en su propia vida. La mayoría de nosotros, que crecemos y vivimos en este mundo imperfecto, terminamos teniendo algún tipo de atadura. Quienes no las tienen son la rara excepción, si es que existen.

¿Tiene usted ataduras en su vida? ¿O tiene seres queridos que están atados por personalidades o conductas adictivas? El ayuno es críticamente importante si tiene usted hijos que necesiten ser libres de las drogas y el alcohol, homosexualidad, pornografía o que hayan sido atrapados en la agonía de la rebelión. El ayuno puede ser muy útil cuando está usted orando por la salvación de un ser querido. ¿Hay peleas en su hogar o su lugar de trabajo? El ayuno puede romper cualquier fortaleza espiritual, a fin de que puedan regresar la paz y la armonía.

Isaías 58:6 dice que el ayuno es «desatar las ligaduras de impiedad, soltar las cargas de opresión, y dejar ir libres a los quebrantados, y que rompáis todo yugo».

Nos humilla

Aunque la naturaleza inferior puede parecer increíblemente poderosa, el ayuno la humilla. Humillar la carne es necesario si queremos vivir una vida limpia y piadosa.

Mateo 18:4 dice: "Así que, cualquiera que se humille como este niño, ése es el mayor en el reino de los cielos". En 1 Pedro 5:6 leemos: "Humillaos, pues, bajo la poderosa mano de Dios, para que él os exalte cuando fuere tiempo". Santiago 4:10 dice: "Humillaos delante del Señor, y él os exaltará". Mateo 23:12 dice: "Porque el que se enaltece será humillado, y el que se humilla será enaltecido".

Una de las razones clave de que el ayuno capte la atención de Dios es que es una clave de la humildad. El ayuno humilla nuestra carne, la cual haya favor con Dios. Santiago 4:6 dice: "Dios resiste a los soberbios, y da gracia a los humildes". En otras palabras, la humildad que puede obtenerse mediante el ayuno espiritual abre la puerta a la gracia y el favor de Dios.

Dios no nos hace ser humildes. Él nos ha dejado esa responsabilidad a nosotros. Nos humillamos a nosotros mismos delante de Dios con ayuno y oración, como individuos e incluso como nación.

El ayuno para sanidad espiritual, gloria y refrigerio

América necesita ser sanada. Nuestros hijos necesitan ser sanados de los espíritus de rebelión, drogas, alcohol, jolgorio, homosexualidad, lujuria sexual y perversión. Nuestra tierra necesita ser sanada del derramamiento de sangre inocente debido a los millones de abortos que se producen cada año. Nuestra cultura necesita ser sanada del egoísmo y el egocentrismo que nos han consumido, haciendo que constantemente deseemos más cosas, más dinero y más poder. Somos personas que necesitan desesperadamente sanidad espiritual.

Como hemos visto, el ayuno es una poderosa herramienta para la salud espiritual, ya sea para una nación en general, para ciudades, para familias o para individuos.

Se nos promete en la Palabra de Dios que si ayunamos y oramos como grupo, puede tener lugar una increíble sanidad espiritual. Veamos:

> Si se humillare mi pueblo, sobre el cual mi nombre es invocado, y oraren, y buscaren mi rostro, y se convirtieren de sus malos caminos; entonces yo oiré desde los cielos, y perdonaré sus pecados, y sanaré su tierra.
>
> —2 Crónicas 7:14

De nuevo vemos que la actitud y la motivación son tan importantes como el ayuno mismo. Aunque nuestra cultura recompensa el orgullo, Dios hace exactamente lo contrario. Él recompensa la humildad autoimpuesta obtenida por medio del ayuno. Humillarnos a nosotros mismos nos ayuda a alejar nuestro enfoque de los placeres, preocupaciones y demandas de nuestras vidas aquí en la tierra y enfocarlo en las cosas de arriba: en Dios y sus prioridades.

Tal ayuno humilde ha creado una fuerza que ha ganado guerras, ha establecido juicio y ha salvado ciudades y países. Humillarse en ayuno delante de Dios es increíblemente poderoso y puede darle la vuelta a toda una nación.

Encontrar la presencia de Dios

¿Ha deseado alguna vez experimentar la presencia de Dios? El ayuno puede llevar la sanadora y refrescante presencia de Dios a la vida individual y a la vida de una familia, y hasta de un país. Muchos de nosotros permitimos que las cosas naturales absorban nuestro tiempo y energía cuando podríamos estar disfrutando de la gloriosa esfera del Espíritu de Dios.

Después de que Moisés hubiera ayunado durante cuarenta días, fue transportado a un lugar totalmente nuevo en el Espíritu de Dios. Recibió los Diez Mandamientos y se convirtió en el legislador de Israel. Después de que Jesús hubiera ayunado durante cuarenta días, el Espíritu Santo capacitó su vida, y fue lanzado a su ministerio de sanidad y predicación.

Usted también puede recibir el toque de la gloria de Dios en su propia vida, al igual que Jesús y Moisés, por medio del ayuno y la oración. El tipo de oración que sencillamente hace largas listas de peticiones a Dios no es suficiente. Debe usted entrar en la esfera del Espíritu Santo por medio de la adoración, la lectura de la Palabra de Dios, y escuchando la voz de Dios al igual que haciendo peticiones.

Moisés experimentó la misma hambre de más de Dios que usted puede estar experimentando en este momento. Él oró para que Dios pudiera revelarse a él, aunque ningún hombre podía realmente mirar a Dios y vivir. Su petición se encuentra en Éxodo 33. El Señor entonces le dijo:

> He aquí un lugar junto a mí, y tú estarás sobre la peña; y cuando pase mi gloria, yo te pondré en una hendidura de la peña, y te cubriré con mi mano hasta que haya pasado.

Después apartaré mi mano, y verás mis espaldas; mas no se verá mi rostro.

—ÉXODO 33:21-23

En otras palabras, Moisés obtuvo un destello de la gloria de las espaldas de Dios. Éxodo 34:29-32 dice:

Y aconteció que descendiendo Moisés del monte Sinaí con las dos tablas del testimonio en su mano, al descender del monte, no sabía Moisés que la piel de su rostro resplandecía, después que hubo hablado con Dios. Y Aarón y todos los hijos de Israel miraron a Moisés, y he aquí la piel de su rostro era resplandeciente; y tuvieron miedo de acercarse a él. Entonces Moisés los llamó; y Aarón y todos los príncipes de la congregación volvieron a él, y Moisés les habló. Después se acercaron todos los hijos de Israel, a los cuales mandó todo lo que Jehová le había dicho en el monte Sinaí.

El encuentro que Moisés tuvo con Dios fue tan poderoso que realmente brillaba con la gloria de Dios, y el pueblo, cegado por la luz que estaba en él, se retiró en temor. La dinámica experiencia de Moisés con Dios fue mucho más allá de solamente impactar su propia vida. El toque de Dios que él recibió impactó de modo dramático a toda la nación.

El radiante brillo que había en su rostro era tan intenso que Moisés se cubrió la cara con un velo para evitar cegar a quienes estaban cerca de él. El versículo 33 dice: "Y cuando acabó Moisés de hablar con ellos, puso un velo sobre su rostro".

El ayuno permitió a Moisés entrar en tal profundidad de la presencia de Dios que la gloria de Dios estaba sobre él e irradiaba a todos los que estaban cerca. El ayuno creó tal sentimiento del poder y la presencia de Dios sobre él que la gloria de Dios rebosaba.

El ayuno nos capacita para tocar el mundo que nos rodea con el amor y el poder de Dios. El ayuno puede ser una herramienta para acceder al poder de Dios para afectar a nuestros hijos, nuestros familiares, nuestras ciudades e incluso el mundo. Hechos 1:8 dice: "pero recibiréis poder, cuando haya venido sobre vosotros el Espíritu Santo, y me seréis testigos en Jerusalén, en toda Judea, en Samaria, y hasta lo último de la tierra".

De hecho, fue con ayuno como los apóstoles en el primer siglo enviaron a sus misioneros a proclamar el mensaje de Cristo. Hechos 13:2-3 dice: "Ministrando éstos al Señor, y ayunando, dijo el Espíritu Santo: Apartadme a Bernabé y a Saulo para la obra a que los he llamado. Entonces, habiendo ayunado y orado, les impusieron las manos y los despidieron".

El ayuno nos libra del error

Cuando usted está tomando decisiones críticas, como escoger pareja, cambiar de trabajo, decidir mudarse, u otras decisiones con gran impacto en la vida, necesita la guía divina de Dios para asegurarse de no aferrarse a opiniones u otros juicios que sean erróneos.

El problema del error es que cuando estamos en él, pensamos que tenemos razón. Por eso necesitamos guía divina para las decisiones importantes en la vida.

La Biblia promete que el Espíritu Santo está listo y dispuesto para proporcionarnos esa guía cuando la pedimos. Juan 16:13-14 dice: "Pero cuando venga el Espíritu de verdad, él os guiará a toda la verdad; porque no hablará por su propia cuenta, sino que hablará todo lo que oyere, y os hará saber las cosas que habrán de venir. El me glorificará; porque tomará de lo mío, y os lo hará saber".

El apóstol Pablo recibió este tipo de guía en Hechos 9 después de haber tenido un encuentro con Jesucristo en el camino de Damasco. Antes de convertirse en creyente, el apóstol realmente era muy hostil hacia la Iglesia de Jesucristo. Una oleada de persecución barrió la Iglesia primitiva, y Pablo era uno de sus líderes. Mientras Pablo estaba siguiendo erróneamente su propio mejor juicio, Jesucristo se le apareció y él cayó a tierra.

Cegado por la luz del Salvador resucitado, el Señor le dijo que visitara una casa en particular. Tuvo que ser guiado de la mano por tres días, tiempo durante el cual ayunó, sin comer ni beber.

Pablo creía genuinamente que estaba sirviendo a Dios al perseguir a los cristianos, hasta que oyó la voz de Cristo decir: "¿Por qué me persigues?".

Pero cuando respondió: "¿Quién eres, Señor?".

La respuesta fue: "Yo soy Jesús".

El ayuno le librará de sus propios juicios erróneos y permitirá que la luz de la verdad de Cristo brille con claridad.

Hay momentos en nuestras vidas en los que somos guiados por nuestros propios juicios y deseos erróneos, y ni siquiera lo sabemos. El ayuno regular puede protegernos de la ceguera de nuestras propias opiniones y deseos.

El ayuno nos ayudará a ser guiados por el Espíritu en lugar de ser guiados por juicios erróneos. Pablo era un buen hombre, pero sus juicios erróneos hicieron que realmente luchase contra Dios en lugar de pelear por Él. Es trágico que los seres humanos podamos estar tan ciegos; ¡pero podemos! Por eso el ayuno espiritual es tan importante.

El ayuno para sanidad

El ayuno es también una poderosa herramienta para sanidad y restauración. Esto es lo que la Biblia dice al respecto:

> Entonces nacerá tu luz como el alba, y tu salvación se dejará ver pronto; e irá tu justicia delante de ti, y la gloria de Jehová será tu retaguardia.
>
> —Isaías 58:8

El ayuno no solo rompe las cadenas de maldad, quita pesadas cargas y libera a los oprimidos, sino que también restaura la salud.

El cuándo del ayuno espiritual

Es importante ayunar con la motivación correcta, pero apuesto a que no sabía que es igualmente importante NO ayunar en ciertos momentos. Los discípulos de Jesús aprendieron esta verdad.

> Y los discípulos de Juan y los de los fariseos ayunaban; y vinieron, y le dijeron: ¿Por qué los discípulos de Juan y los de los fariseos ayunan, y tus discípulos no ayunan? Jesús les dijo: ¿Acaso pueden los que están de bodas ayunar mientras está con ellos el esposo? Entre tanto que tienen consigo al esposo, no pueden ayunar. Pero vendrán días cuando el esposo les será quitado, y entonces en aquellos días ayunarán.
>
> —Marcos 2:18-20

Cuando Jesús iba caminando con ellos por las colinas de Galilea, enseñándoles y orando con ellos, el ayuno era inadecuado. No era ni el momento ni el período para ayunar.

En cambio, la presencia de Él produjo un período de regocijo y fiesta. Sin embargo, después de que Jesús ascendiera al cielo, se esperaba de los discípulos que ayunasen.

En Marcos 2:20 Jesús dijo: "En aquellos días ayunarán".

Aun así, realmente no leemos acerca del ayuno de los discípulos hasta el libro de Hechos. En Hechos 13:1-3 la iglesia ayunaba en conjunto tal como eran guiados por el Espíritu Santo o tenían una necesidad.

Después de que los seguidores de Cristo comenzase a ayunar, el Maestro les proporcionó abundante enseñanza de la cual aprender. Jesús les había enseñado todo sobre los motivos e incluso sobre la apariencia durante períodos de ayuno. En Mateo 6:17-18 Jesús dijo: "Pero tú, cuando ayunes, unge tu cabeza y lava tu rostro, para no mostrar a los hombres que ayunas, sino a tu Padre que está en secreto; y tu Padre que ve en lo secreto te recompensará en público".

Jesús no dijo "si" ayunas, sino "cuando" ayunes. Él supone que el ayuno será una parte normal de la vida espiritual una vez que Él, el Novio, se haya ido.

Por tanto, ¿cuándo deberíamos ayunar? Ayune siempre tal como el Espíritu Santo le dirija. En otras palabras, al igual que Jesús fue enviado al desierto para ayunar y orar, también nosotros deberíamos ser guiados por el Espíritu a tiempos y períodos de ayuno. El Nuevo Testamento nunca establece leyes estrictas con respecto al ayuno; por tanto, nunca deberíamos imponer reglas estrictas sobre otros o sobre nosotros mismos.

Visitas regularmente programadas

Aunque la mayoría de líderes espirituales fueron llamados a un estilo de vida de ayuno, a lo largo del tiempo muchos han sido llamados a ayunar durante momentos regularmente programados. Investiguemos.

Sabemos que los líderes judíos ayunaban con regularidad, normalmente dos veces por semana. La Biblia menciona sus ayunos regulares en Lucas 18:11-12.

El fariseo, puesto en pie, oraba consigo mismo de esta manera: Dios, te doy gracias porque no soy como los otros hombres, ladrones, injustos, adúlteros, ni aun como este publicano; ayuno dos veces a la semana, doy diezmos de todo lo que gano.

La *Didaché* era un manual cristiano sobre las prácticas de la Iglesia que fue escrito en el siglo II. La *Didaché* realmente ordenaba ayunos semanales regulares tanto los miércoles como los viernes. Los escritores de este documento dijeron: "Que tu ayuno no sea con hipócritas, porque ellos ayunan los lunes y los jueves, pero tú ayuna los miércoles y los viernes".[1] Al ordenar ayunos regulares, la *Didaché* estaba haciendo precisamente lo que criticaba que los fariseos hacían: estaba promoviendo el legalismo.

Mas adelante, la Iglesia católica romana estableció los viernes como su día de ayuno. A ningún cristiano católico se le permitía comer carne los viernes. Incluso Martín Lutero, el líder del movimiento protestante, promovía el ayuno. Sin embargo, él insistía en que el ayuno fuese voluntario y privado.

John Wesley, por otro lado, recomendaba que los cristianos ayunasen los dos días de la semana mencionados en la *Didaché*: miércoles y viernes. Wesley se negaba a ordenar a un individuo en el ministerio metodista si no ayunaba en esos días.

Otros grandes hombres de Dios ayunaban también regularmente, hombres como Andrew Murray, Charles Finney, Charles Spurgeon y John G. Lake.

Un compromiso al ayuno regular es otra poderosa manera de disfrutar de los beneficios de un estilo de vida de ayuno. Para los discípulos actuales que regularmente ministran a individuos que sufren, el ayuno es una poderosa herramienta de capacitación espiritual.

Como hemos visto, el ayuno es muy importante en la vida espiritual; pero también hemos visto que no todo el ayuno es útil. El ayuno legalista no les hizo ganar a los fariseos en Lucas ningún punto con Dios. Las razones por las cuales deberíamos realizar ayuno espiritual siempre son totalmente sin egoísmo.

Como hemos visto, Dios está más interesado en nuestros motivos para ayunar. Jesús también estaba más interesado en los motivos que había detrás del ayuno que en cuánto tiempo o con cuánta frecuencia ayunamos. La motivación lo es todo cuando se trata del ayuno espiritual.

Como conclusión

¿Desea experimentar el gran poder y la presencia sobrenatural de Dios en su vida? Confío en que a estas alturas haya comprendido que puede que requiera más de usted que una sencilla oración. Para profundizar en las cosas espirituales puede que tenga que humillarse combinando el ayuno con su oración. ¿Desea que Dios cambie circunstancias aparentemente insuperables en la vida de un ser querido, en su familia o en su lugar de trabajo? El ayuno puede capacitar sus oraciones y romper la atadura y la opresión más fuertes.

El ayuno espiritual es una poderosa clave que, cuando se realiza con los motivos correctos, produce resultados poderosamente dinámicos.

Veamos ahora cómo se utilizó el ayuno precisamente de estas maneras por parte de grandes hombres y mujeres a lo largo de la Historia.

Capítulo 12

EL AYUNO ESPIRITUAL A LO LARGO DE LA BIBLIA

L A BIBLIA DICE QUE CUANDO AYUNAMOS O DEJAMOS DE COMER por propósitos espirituales, entonces Dios nos alimentará con algo mejor que comida. Isaías 58:14 dice que Él nos alimentará con "la heredad de Jacob". Lo que eso significa es que el ayuno nos dará un lugar entre otros grandes hombres y mujeres espirituales a lo largo de la Historia.

Esta es una promesa increíble, porque muchos grandes hombres y mujeres han conmovido naciones y han sacudido reinos. Caminar en sus pasos es un genuino privilegio.

Veamos ahora algunos de estos grandes gigantes espirituales y examinemos sus poderosos ayunos espirituales. Tienen el nombre de los grandes líderes espirituales que los utilizaron para hacer que su mundo fuese mejor y para elevarse por encima de la condición humana y carnal.

Jesús mismo empleó el ayuno para conquistar a Satanás.

Investiguemos el ayuno de Jesús. La historia comienza cuando Juan el Bautista bautizó a Jesús. En Lucas 3:21-22, la Biblia afirma: "Aconteció que cuando todo el pueblo se bautizaba, también Jesús fue bautizado; y orando, el cielo se abrió, y descendió el Espíritu Santo sobre él en forma corporal, como paloma, y vino una voz del cielo que decía: Tú eres mi Hijo amado; en ti tengo complacencia".

Esta es la primera de dos importantes experiencias que Jesús tuvo antes de entrar en el ministerio público. En esta experiencia, el Espíritu Santo descendió sobre Él en forma visible. Si las cámaras Kodak hubieran existido en aquel entonces, no hay duda de que alguien habría tomado fotografías de este poderoso fenómeno. Aun así, esta increíble señal del cielo no lanzó el ministerio de Cristo. Después de que el Espíritu Santo descendiese sobre Él, fue enviado por el Espíritu al desierto para ayunar y orar (Mateo 4:1).

Durante cuarenta días, Cristo no comió nada. Después de este prolongado ayuno, Lucas 4:14 dice: "Y Jesús volvió en el poder del Espíritu a Galilea, y se difundió su fama por toda la tierra de alrededor".

Mas adelante, Jesús se sentaba entre el pueblo y enseñó tres disciplinas en el Sermón del Monte. Incluyen oración, ofrendas y ayuno; y Él situó a las tres en el mismo nivel. Los creyentes sienten que es su obligación orar y ofrendar, pero rara vez sienten la misma necesidad de ayunar. Pero Jesús no dijo "Si ayunas...". Él dijo: "Cuando ayunes..." (véase Mateo 6:17-18).

Jesús no comenzó su ministerio hasta que hubo ayunado durante cuarenta días. Jesús primero fue bautizado; entonces el Espíritu Santo descendió sobre Él, y después Él fue lleno del Espíritu. El Espíritu Santo le condujo al desierto, y después de su ayuno, Él regresó en el poder del Espíritu Santo. Entonces fue cuando su poderoso ministerio fue lanzado, un ministerio de grandes milagros, señales y maravillas. Todo esto tuvo lugar como resultado del ayuno.

Es interesante que Jesús nos dijera que también nosotros haríamos esas obras y aún obras mayores porque Él iba al Padre (véase Juan 14:12). Yo creo verdaderamente que veremos esas mayores obras a medida que aprendamos y practiquemos la gran disciplina espiritual del ayuno.

Si Jesucristo sintió la necesidad de ayunar, ¿cuánto más deberíamos sentirla nosotros? Un individuo, un grupo de personas o una nación entera pueden ayunar. Cuando los judíos se reunían cada año el día de la Expiación para un día de ayuno colectivo, los resultados eran poderosos. Echemos un vistazo.

El ayuno colectivo para el perdón de pecados

Históricamente, se ordenó al pueblo de Dios ayunar una vez al año. El día de la Expiación, todo Israel se presentaba delante de Dios en ayuno colectivo y arrepentimiento (véase Levítico 16:29-34; 23:26-32).

El día de la Expiación se consideraba el día más sagrado de todo el año religioso, un día en el cual todos en la nación entera dejaban todo lo que estuvieran haciendo, se negaban a comer, y buscaban el perdón de Dios de todos los pecados cometidos ese año.

Levítico 16:29 nos dice:

Y esto tendréis por estatuto perpetuo: En el mes séptimo, a los diez días del mes, afligiréis vuestras almas, y ninguna obra haréis.

Sigue diciendo: "Porque en este día se hará expiación por vosotros, y seréis limpios de todos vuestros pecados delante de Jehová. Día de reposo es para vosotros, y afligiréis vuestras almas; es estatuto perpetuo" (vv. 30-31).

Desde el día en que se dio este estatuto, durante los últimos tres mil quinientos años los judíos han honrado y observado el Yom Kippur, o día de la Expiación, como un día solemne de ayuno. Este día de ayuno fue mencionado en el Nuevo Testamento. Cuando Pablo viajó a Roma, "habiendo pasado mucho tiempo, y siendo ya peligrosa la navegación, por haber pasado ya el ayuno [que era el día de la Expiación]" (Hechos 27:9).

El día de la Expiación normalmente caía a finales de septiembre o a principios de octubre. El ayuno de este día especial era la parte de la humildad y el arrepentimiento necesarios para que Dios diese la expiación. Este día, el sumo sacerdote realmente ponía sus manos sobre un macho cabrío y declaraba los pecados del pueblo. Cuando había terminado, soltaba al macho cabrío al desierto. La sangre de otro macho cabrío era entonces rociada en el lugar santísimo en un acto solemne. Mediante esta ceremonia, los pecados del pueblo eran limpiados.

El día de la Expiación caía siempre en día de reposo. Durante la vida de Jesús, los judíos observaban aproximadamente veintidós ayunos espirituales diferentes, incluyendo el ayuno del día de la Expiación.

El ayuno no solo se utilizaba para limpiar los pecados de toda una nación, sino que también el ayuno colectivo era utilizado por los judíos para buscar protección y liberación cuando sus enemigos intentaban destruirles.

El ayuno de Ester: para protección, liberación y favor divino

Ester era una hermosa joven hebrea que vivía en Persia durante la cautividad de Israel. Esta adorable mujer fue escogida como reina sobre todas las demás jóvenes en todo el país. El primer ministro de Persia era Amán, un hombre malvado que aborrecía a los judíos.

Amán consiguió que se aprobase una ley de genocidio para matar a todos los judíos. Por tanto, la reina Ester decidió arriesgarse a presentarse delante del rey para intentar salvar a su pueblo. Según las leyes, si cualquiera, incluso la reina, pedía una audiencia con el rey sin haber sido invitado, esa persona podía morir.

De cara con el peligro para su pueblo y el peligro para Ester misma, la reina convocó un ayuno. La Biblia dice:

> Ve y reúne a todos los judíos que se hallan en Susa, y ayunad por mí, y no comáis ni bebáis en tres días, noche y día; yo también con mis doncellas ayunaré igualmente, y entonces entraré a ver al rey, aunque no sea conforme a la ley; y si perezco, que perezca.
>
> —Ester 4:16

Ester se presentó ante el rey bien vestida, no en cilicio y cenizas, sino con sus vestiduras reales. Ella invitó a Amán y al rey a un banquete que había preparado, y el rey aceptó. Sin embargo, aquella noche el rey no podía dormir. Hizo que le llevasen su diario real y, a medida que le leían el diario, se enteró de que el primo de Ester, Mardoqueo, le había salvado la vida. El corazón del rey ya mostraba favor hacia Ester debido al ayuno colectivo del pueblo.

Cuando Amán entró en la corte para hablar con el rey sobre otro asunto, el rey le hizo esta pregunta a Amán: "¿Qué se hará al hombre cuya honra desea el rey? Y dijo Amán en su corazón: ¿A quién deseará el rey honrar más que a mí?" (Ester 6:6).

Amán respondió al rey con las siguientes palabras:

> Traigan el vestido real de que el rey se viste, y el caballo en que el rey cabalga, y la corona real que está puesta en su cabeza; y den el vestido y el caballo en mano de alguno de los príncipes más nobles del rey, y vistan a aquel varón cuya honra desea el rey, y llévenlo en el caballo por la plaza de la ciudad, y pregonen delante de él: Así se hará al varón cuya honra desea el rey.
>
> —Ester 6:8-9

Justamente antes de que esto sucediera, Amán había preparado una horca para colgar a Mardoqueo. Pero en lugar de colgarle a él,

Amán se vio obligado a hacerle desfilar con gran tributo por toda la ciudad. Entonces Ester informó al rey de que Amán había emitido el decreto para que todo el pueblo judío fuese exterminado. El rey entró a la vez que Amán se había acercado a la reina para suplicarle misericordia. Al rey le pareció como si Amán estuviera intentando asaltar sexualmente a su esposa. La historia termina con Amán siendo colgado en la horca que había preparado para Mardoqueo.

Los tres días de ayuno colectivo convocados por Ester cambiaron la situación por completo en una poderosa exhibición de favor sobrenatural y poder espiritual.

El ayuno de Ester de tres días es para protección, liberación y favor divino, y revela el poder del ayuno colectivo para mover la mano de Dios poderosamente y para cambiar los corazones de los hombres. Este ayuno hace que se abran incluso quienes tienen sus corazones amargamente endurecidos contra Dios, y puede ayudar a que individuos que sufren se vuelvan a Dios.

Veamos ahora el ayuno de otro gran líder cuyo ayuno espiritual impactó de modo importante la historia de la nación.

El ayuno de Esdras: para dirección y protección

Durante siglos, la nación de los judíos estuvo en cautividad a la nación de Persia. Cuando finalmente llegó la libertad, Esdras, sacerdote, recibió permiso por parte de Ciro, el rey de Persia, para regresar a Jerusalén a reconstruir el magnífico templo de Jerusalén.

El viaje a Jerusalén era muy peligroso. Esdras necesitaba protección para conducir la gran caravana de miles de judíos indefensos de regreso a su ciudad natal. Él sentía vergüenza de pedir al rey una escolta de soldados porque había estado presumiendo de la protección de Dios de todos aquellos que le adoran. Muchos de los viajeros en realidad se habían hecho ricos en la cautividad y, por tanto, Esdras era responsable de transportar con seguridad sus tesoros y también sus otras pertenencias.

Esdras 8:21 dice: "Y publiqué ayuno allí junto al río Ahava, para afligirnos delante de nuestro Dios, para solicitar de él camino derecho para nosotros, y para nuestros niños, y para todos nuestros bienes". Ellos ayunaron por la protección, seguridad y dirección de Dios.

Los viajeros regresaron a Israel con seguridad y con todas sus posesiones intactas. Una vez más, la Biblia habla de poderosos resultados espirituales que fueron obtenidos por medio del ayuno.

Aunque el ayuno colectivo era común, los ayunos individuales lo eran aún más. Elías fue otro gigante espiritual de la Biblia que entendió el poder del ayuno para afectar el resultado de grandes batallas espirituales. El ayuno de Elías se realiza durante períodos de intenso conflicto espiritual.

El ayuno de Elías: para combatir enemigos espirituales

Elías acababa de obtener la mayor victoria de su vida sobre cuatrocientos cincuenta profetas de Baal. Realmente había hecho descender fuego del cielo y que después todos aquellos profetas de Baal inspirados por demonios muriesen. La reina Jezabel, que había dado a aquellos profetas un lugar de autoridad, respondió con furia, amenazando con asesinar a Elías al día siguiente.

En un estado de terror, depresión y desaliento, Elías huyó para salvar su vida. No dejó de correr hasta que estuvo a distancia aproximadamente de un día en el desierto, donde se sentó para descansar debajo de un enebro. Parece claro que Elías entendió que carecía de lo necesario para pelear contra lo que venía contra él. En 1 Reyes 19:5-8 leemos:

> Y echándose debajo del enebro, se quedó dormido; y he aquí luego un ángel le tocó, y le dijo: Levántate, come. Entonces él miró, y he aquí a su cabecera una torta cocida sobre las ascuas, y una vasija de agua; y comió y bebió, y volvió a dormirse. Y volviendo el ángel de Jehová la segunda vez, lo tocó, diciendo: Levántate y come, porque largo camino te resta. Se levantó, pues, y comió y bebió; y fortalecido con aquella comida caminó cuarenta días y cuarenta noches hasta Horeb, el monte de Dios.

En este relato, Jezabel representa las fuerzas malvadas que pueden salir contra el pueblo de Dios. La Biblia dice: "Porque no tenemos lucha contra sangre y carne, sino contra principados, contra potestades, contra los gobernadores de las tinieblas de este siglo, contra huestes espirituales de maldad en las regiones celestes" (Efesios 6:12). Al ser confrontado con la furia de las fuerzas malvadas, Elías respondió con ayuno.

Elías no comió ni bebió, y el poder del terror, el desánimo y la depresión que había asaltado su mente y había abrumado sus emociones fue roto.

Todos nos hemos enfrentado a situaciones abrumadoras que nos aterrorizan, nos paralizan y nos sitúan en una atadura emocional y mental. Incluso hay momentos en los que sentimos que las fuerzas mismas del infierno están cayendo sobre nosotros.

Sin embargo, no tenemos que quedarnos paralizados u atados por un yugo de ansiedad, depresión y temor. Al igual que con Elías, Dios ha proporcionado el ayuno como una potente arma para combatir las fortalezas espirituales que atacan nuestras mentes y emociones.

Isaías 58:6 dice: "¿No es más bien el ayuno que yo escogí, desatar las ligaduras de impiedad, soltar las cargas de opresión, y dejar ir libres a los quebrantados, y que rompáis todo yugo?". Los yugos son aparatos para mantener juntos a dos bueyes. Cuando usted está unido en yugo a la depresión, está atado o unido a ella en una pesada carga que debe llevar.

Los yugos de atadura incluyen actitudes negativas como depresión, desánimo, temor y ansiedad. Pero no realice un ayuno de cuarenta días como hizo Elías sin haber recibido una palabra especial de Dios, a pesar de lo pesado que sea su yugo. Incluso entonces, su médico debe supervisar atentamente un ayuno tan prolongado. También, nunca realice un ayuno sin beber cantidades adecuadas de agua diariamente.

Tanto Elías como Moisés realizaron un ayuno sobrenatural en el que no ingirieron ni comida ni agua. Jesús, sin embargo, realizó un ayuno de cuarenta días y bebió agua pero no comió alimentos.

Es interesante que, en el monte de la Transfiguración, Elías y Moisés, los dos hombres que habían ayunado por cuarenta días sin comida ni agua, estaban allí con Jesús (véase Mateo 17:2-3). Los tres que estuvieron juntos en el monte habían realizado un ayuno de cuarenta días.

El ayuno halla un gran favor a los ojos de Dios debido a su capacidad de romper el control de la carne. Daniel fue otro gran líder espiritual cuyo ayuno produjo resultados poderosos. Veamos el ayuno de Daniel para vencer la carne.

El ayuno de Daniel: para vencer la carne

Daniel y otros tres jóvenes hebreos, Sadrac, Mesac y Abed-nego, eran judíos que estaban en la cautividad, pero en el reino de Babilonia. Era muy favorecidos por su pureza, y tenían una educación muy buena y estaba muy dotados tanto mentalmente como espiritualmente.

Cuando aquellos cuatro jóvenes fueron capturados y llevados al palacio del rey para ser educados en los caminos de los caldeos, Daniel 1:5 afirma: "Y les señaló el rey ración para cada día, de la provisión de la comida del rey, y del vino que él bebía". Él planeaba que ellos siguieran su propia dieta abundante en carnes, grasas, dulces y vino durante tres años. Al final de esos tres años ellos se presentarían delante del rey.

Sin embargo, el versículo 8 dice: "Y Daniel propuso en su corazón no contaminarse con la porción de la comida del rey, ni con el vino que él bebía". En otras palabras, Daniel rechazó las abundantes y tentadoras carnes deliciosas, el vino y los dulces de la corte real, porque no cumplían con los requisitos de las leyes dietéticas judías o porque aquellos jóvenes puede que hubieran hecho votos en contra de beber alcohol.

Por tanto, Daniel hizo una petición al príncipe de los eunucos. El versículo 12 dice: "Te ruego que hagas la prueba con tus siervos por diez días, y nos den legumbres a comer, y agua a beber". "Legumbres" consistía en *verduras y granos, trigo, cebada, centeno, guisantes, frijoles y lentejas.*

Daniel y los otros tres jóvenes hebreos vivieron una vida de ayuno durante tres años con una dieta vegetariana de legumbres a la vez que aprendían y estudiaban en la corte del rey, y Dios honró su ayuno parcial. Se nos dice en el versículo 15: "Y al cabo de los diez días pareció el rostro de ellos mejor y más robusto que el de los otros muchachos que comían de la porción de la comida del rey".

Dios favoreció tremendamente su decisión de ayunar, y les dio amor, sabiduría y perspectiva muy por encima de todos los que les rodeaban. En los versículos 18-20 leemos:

> Pasados, pues, los días al fin de los cuales había dicho el
> rey que los trajesen, el jefe de los eunucos los trajo delante
> de Nabucodonosor. Y el rey habló con ellos, y no fueron

hallados entre todos ellos otros como Daniel, Ananías, Misael y Azarías; así, pues, estuvieron delante del rey. En todo asunto de sabiduría e inteligencia que el rey les consultó, los halló diez veces mejores que todos los magos y astrólogos que había en todo su reino.

Daniel sabía lo que era sano, y se propuso en su corazón no contaminarse. El ayuno de Daniel elimina las comidas ricas como carnes, dulces, pasteles, galletas, alcohol, y cualquier otro alimento que es tentador para la carne.

Hoy en día, la gente está tan atada a su carne que con frecuencia no puede pasarse una comida sin comer algún tipo de carne, algo dulce, algo con grasa, o algún otro tipo de comida rica. Debemos crucificar nuestra carne diariamente, tomar nuestra cruz y seguir a Cristo (véase Mateo 16:24). ¿Qué mejor manera de crucificar nuestra carne que seguir el estilo de vida de ayuno de Daniel?

El segundo de Daniel: por victorias espirituales

Encontramos un segundo ayuno de Daniel, en el cual no comió ninguna otra cosa a excepción de agua. Veamos.

Daniel 9:3 dice: "Y volví mi rostro a Dios el Señor, buscándole en oración y ruego, en ayuno, cilicio y ceniza". Cuando los judíos ayunaban con cilicio y ceniza, nunca era un ayuno parcial, sino un ayuno total con completa abstinencia de alimentos.

Una vez más, durante un período de oración especial cuando Daniel necesitaba desesperadamente revelación de Dios, ayunó. Daniel 10:2-3 dice: "En aquellos días yo Daniel estuve afligido por espacio de tres semanas. No comí manjar delicado, ni entró en mi boca carne ni vino, ni me ungí con ungüento, hasta que se cumplieron las tres semanas".

Muchos eruditos creen que este fue un ayuno o dieta parcial; sin embargo, algunos eruditos creen que fue un ayuno total. Durante este período de ayuno, Daniel tuvo grandes visiones del cielo, juntamente con una increíble visitación angélica.

Este período de ayuno revela algunas perspectivas asombrosas del ámbito espiritual y cómo funciona. Una vez más, vemos el ayuno como un dinámico agente de poderosa guerra espiritual. Parece que el gran ángel gobernador, Gabriel, intentaba llevar un mensaje a Daniel desde el momento en que Daniel comenzó a orar. Sin embargo, el relato pinta una imagen de una gran batalla espiritual que este ser angélico afrontó y que fue rota cuando Daniel ayunó.

El poderoso y brillante gobernador celestial habló a Daniel: "Desde el primer día que dispusiste tu corazón a entender y a humillarte en la presencia de tu Dios, fueron oídas tus palabras; y a causa de tus palabras yo he venido. Mas el príncipe del reino de Persia se me opuso durante veintiún días" (Daniel 10:12-13).

El ángel habló de poderosos príncipes demoniacos espirituales y grandes ángeles de elevado rango para hacer frente a aquellos seres. Lo fascinante de este pasaje es el lugar que le da al ayuno y la oración. Debido al ayuno de Daniel de tres semanas, el gran ángel pudo vencer la oscura oposición y llegar hasta Daniel para darle la poderosa revelación que él buscaba.

Este sorprendente pasaje sugiere que el ayuno es muy importante cuando necesitamos una victoria. Además de eso, también sugiere que nunca debemos tirar la toalla cuando estamos buscando a Dios.

A lo largo de la Biblia, quienes creyeron en Dios y quisieran desarrollarse espiritualmente buscaron a Dios mediante la disciplina del ayuno. Los discípulos de Jesús también estaban entre ellos.

El ayuno de los discípulos: para un ministerio capacitado

Cuando los discípulos que viajaban con Jesús fueron enviados a comenzar a ministrar por sí mismos, se encontraron con alguna resistencia inesperada al poder sanador de Dios. Cuando los discípulos se vieron incapaces de sanar a un joven, el padre del niño se acercó a Jesús.

La petición del padre está registrada en Mateo 17:15:

Señor, ten misericordia de mi hijo, que es lunático, y padece muchísimo; porque muchas veces cae en el fuego, y muchas en el agua.

Aparentemente, el padre no entendía que su hijo en realidad estaba atenazado por una fuerza demoniaca. Aunque la mayoría de los casos de epilepsia pueden tener causas físicas, este caso en particular no las tenía.

En Mateo 17:16 vemos que el padre había llevado a su hijo a los discípulos, pero ellos no pudieron responder. Muchos de nuestros propios jóvenes, adolescentes y jóvenes adultos están atados por el alcohol, las drogas, la nicotina, el deseo sexual, un espíritu de jolgorio y fiesta, la homosexualidad, el satanismo, la brujería, la lectura de las manos, y otras peligrosas fortalezas. Desgraciadamente, algunos de esos jóvenes son cristianos, pero siguen estando atados con temor, enojo, amargura, resentimiento, falta de perdón, celos, peleas, envidia y muchas otras emociones mortales.

¿Cómo pueden nuestros jóvenes estar atados con esas fortalezas y a la vez profesar conocer a Cristo? Así es como sucede. Puede que sus pecados hayan sido perdonados, y puede que ellos hayan profesado a Cristo como su Salvador, pero nunca han sido rotas sus cadenas espirituales de maldad. Isaías 58:6 dice: "¿No es más bien el ayuno que yo escogí, desatar las ligaduras de impiedad, soltar las cargas de opresión, y dejar ir libres a los quebrantados, y que rompáis todo yugo?".

El ayuno de los discípulos rompe yugos, o rompe ataduras mentales, espirituales y emocionales, y hace libres a las personas. Si usted es una madre o un padre con un hijo o hija en rebelión, atado a la homosexualidad, la perversión sexual, el deseo sexual, las drogas, el alcohol o cualquier otra fortaleza, Jesucristo puede liberarlo aplicando los principios del ayuno de los discípulos.

En Mateo 17:17-21 está claro que Jesús esperaba que los discípulos ejercitaran suficiente fe para sanar al muchacho demonizado. Él los reprendió diciendo:

> ¡Oh generación incrédula y perversa! ¿Hasta cuándo he de estar con vosotros? ¿Hasta cuándo os he de soportar? Traédmelo acá. Y reprendió Jesús al demonio, el cual salió del muchacho, y éste quedó sano desde aquella hora. Viniendo entonces los discípulos a Jesús, aparte, dijeron: ¿Por qué nosotros no pudimos echarlo fuera? Jesús les dijo: Por vuestra poca fe; porque de cierto os digo, que si tuviereis fe como un grano de mostaza, diréis a este monte: Pásate de aquí allá, y se pasará; y nada os será imposible. Pero este género no sale sino con oración y ayuno.

Los ataques de aquel niño eran el resultado de una fortaleza demoniaca que requería ayuno y oración para ser rota. Aunque las fortalezas demoniaca son creadas por el pecado, no necesariamente se desprende que todo aquel que peca está atado por fortalezas de maldad. Pero si parece imposible resistir el pecado, haciendo que un individuo repetidamente recaiga en conductas destructivas, entonces puede que esté implicada una fortaleza. Las fortalezas incluyen alcoholismo, drogadicción, adicciones sexuales, mentiras compulsivas, robo o cualquier otra conducta fuertemente compulsiva.

Para vencer una fortaleza, primero debe reconocerla tal como es: una poderosa manera en la que las fuerzas de la oscuridad han intentado controlarle. Después, es importante evitar personas y situaciones que le vinculen a esa fortaleza. Por ejemplo, si usted es alcohólico, manténgase alejado de los bares y evite estar con sus antiguos amigos de borracheras.

También es importante que vigile lo que dice. Sus palabras tienen un gran poder. Intente pronunciar palabras que produzcan fe y vida, no depresión y desesperanza. En otras palabras, cuando sea tentado no diga: «Esto es más grande que yo. Nunca seré libre». En cambio, proclame la poderosa Palabra de Dios: *Si el Hijo de Dios me ha libertado, ¡entonces soy verdaderamente libre!* (Juan 8:36).

Una su fe a la fe de otros creyentes. Haga que ellos oren por usted y con usted. Visite y comparta sus sentimientos con aquellos que le ayudarán a permanecer enfocado y fuerte.

Si nunca ha pedido a Cristo que entre en su vida, le aliento a que lo haga. Hay una gran libertad en el poder y la comunión del Espíritu Santo. La salvación no está más lejos que el susurro de una oración. ¿Por qué no invitar a Jesucristo a su corazón en este mismo instante? Simplemente incline su cabeza y haga esta oración:

> *Querido Jesús, me arrepiento de todos mis pecados. Me arrepiento de los pecados que han causado atadura y temor en mi vida y en las vidas de otros. Te doy gracias por haber muerto en una cruz por mí para que yo pueda ser libre. Recibo tu perdón en este momento. Jesús, entra en mi corazón, porque te entrego mi vida. En el nombre de Jesús, amén.*

Si acaba de hacer esta oración, la libertad y la liberación son suyas. Cristo ha perdonado sus pecados y ha entrado en su corazón. Acéptelo por fe, que no es otra cosa sino escoger creer a Dios. Y a propósito, ¡bienvenido a la familia!

Continúe edificando su fe mediante la lectura de la Biblia, la oración, y la proclamación de la Palabra de Dios. Ahora bien, si usted ha recibido a Cristo, ha orado y ha hecho todo lo demás de lo que hemos hablado y sigue batallando contra una fortaleza, puede que necesite realizar un ayuno para romper el poder que tiene sobre usted.

Es interesante que cuando Jesús se encontraba con quienes estaban poseídos por el demonio, nunca intentaba sanarlos. En cambio, Él echaba fuera al demonio. Otro ejemplo del trato de Jesús con fortalezas demoniacas puede verse en Marcos 5:1-16.

En Marcos 5:8-9, Cristo habló a la fortaleza. Él dijo:

> Porque le decía: Sal de este hombre, espíritu inmundo. Y le preguntó: ¿Cómo te llamas? Y respondió diciendo: Legión me llamo; porque somos muchos.

Desgraciadamente, en la actualidad tratamos la mayoría de adicciones y enfermedades con medicamentos, cuando la causa real puede que sea una fortaleza satánica. Un individuo que reciba tales tratamientos nunca estará verdaderamente sanado hasta que se trate con la fortaleza. Esto normalmente requiere oración y ayuno.

La Biblia describe el ayuno de los discípulos para romper fortalezas en Isaías 58:6, donde Dios nos da las razones para el ayuno. Como leímos anteriormente, dice: "¿No es más bien el ayuno que yo escogí, desatar las ligaduras de impiedad, soltar las cargas de opresión, y dejar ir libres a los quebrantados, y que rompáis todo yugo?".

Otros grandes ministros en la Biblia ayunaron. Por ejemplo, Moisés ayunó durante cuarenta días, tal como se registra en Éxodo 24:18. Es interesante que Moisés ayunase durante cuarenta días al menos otras dos veces (véase Éxodo 34:28; Deuteronomio 9:18).

Yo le desaliento con fuerza a que ayune nunca sin beber agua. El agua es totalmente esencial para la vida, y solo podemos vivir aproximadamente cuatro días sin agua. Moisés y Elías realizaron un ayuno sobrenatural, ya que no consumieron ni alimentos ni agua. Además, nunca ayune más de tres días sin estar bajo el cuidado de un nutriólogo.

Algunos otros grandes ministros que ayunaron en la Biblia

incluyen al rey David, al gran profeta Samuel, al apóstol Pablo y a Juan el Bautista.

Vivir una vida "ayunada"

Muchos grandes ministros con llamamientos especiales en la Biblia realmente fueron más allá del ayuno. Ellos vivieron un estilo de vida "ayunada".

Juan el Bautista fue uno de esos individuos que vivió toda su vida en un estado de ayuno parcial. Vemos este estilo de vida descrito en Mateo 3:4.

> Y su comida era langostas y miel silvestre.

Juan el Bautista era nazareo. Fue llamado a un voto nazareo y a una vida ayunada incluso antes de nacer. Ese llamamiento está registrado en Lucas.

> Porque será grande delante de Dios. No beberá vino ni sidra, y será lleno del Espíritu Santo, aun desde el vientre de su madre.
>
> —LUCAS 1:15

Juan el Bautista vivió una vida ayunada que incluía comer langostas y miel silvestre para obtener proteínas. De otro modo, él era un vegetariano total, y lo más probable es que suplementase su dieta de insectos recubiertos de miel con frutas, verduras y ciertos granos.

Otro nazareo muy conocido fue Sansón. Él mantuvo un estilo de vida alejado del vino y las bebidas alcohólicas y de tocar nada que hubiese muerto. Por tanto, Sansón probablemente también era vegetariano. Además de eso, Sansón hizo el voto de no cortarse nunca el cabello (véase Jueces 13:4-5).

Estos fieles hombres vivieron en un nivel más profundo de devoción y separación para Dios que la mayoría de personas pueden incluso entender en la actualidad. En lugar de alimentar su carne, Juan el Bautista tenía hambre de las cosas de Dios. Jesús dijo en Mateo 5:6: "Bienaventurados los que tienen hambre y sed de justicia, porque ellos serán saciados.".

Al vivir vidas ayunadas, Juan el Bautista y Sansón fueron capacitados para proclamar una palabra de profecía y liberación a sus generaciones. Juan el Bautista gritó en el campo, preparando a las multitudes para la llegada de Cristo.

Las vidas ayunadas de aquellos individuos dieron la señal de que habían nacido para un propósito grande y especial. Sus vidas no les pertenecían a ellos, sino que tenían que vivirlas en completa dedicación a Dios.

¿Está usted interesado en realizar un ayuno espiritual? ¿Busca influenciar su nación, ciudad, lugar de trabajo o familia? ¿Le gustaría romper la fortaleza de su carne o el poder de una atadura en particular? Confío en que haya descubierto algunas perspectivas poderosas con respecto al ayuno mediante esta lista de ayunos espirituales bíblicos. Le aliento a que elija el ayuno que más se corresponda con sus objetivos espirituales particulares. El Apéndice B es un manual práctico de ayuno que le ayudará a enfocarse y a comenzar.

Como conclusión

Confío en que haya descubierto que el ayuno es una potente herramienta para la salud, la limpieza, la fuerza colectiva y la capacitación espiritual. La Biblia otorga al ayuno una antigua posición de honor, un lugar al lado de otros principios dinámicos para la salud y el crecimiento espiritual.

El ayuno es un privilegio, y es una clave bíblica para la limpieza que bendecirá su vida con el don de salud, sanidad, vitalidad renovada, longevidad y una espiritualidad más profunda.

A medida que comience a realizar ayunos periódicos a base de jugos para la desintoxicación, le aliento a que antes entregue ese tiempo a Dios para que haya limpieza y renovación espirituales. Una vez que se haya acostumbrado a ayunar durante dos o tres días, puede que escoja aumentar un poco ese tiempo. Aprenda a dedicar partes cada vez más grandes de ese tiempo a la lectura de la Biblia, la oración y a escribir para un crecimiento personal y espiritual. A veces puede que incluso elija dedicar sus períodos de ayuno a propósitos aún más elevados, como ayunar por problemas de limpieza y sanidad nacional.

A medida que desarrolle una vida de ayuno y oración, descubrirá que Dios le alimentará con la herencia de Jacob. Caminará en las huellas de grandes hombres y mujeres que nos han precedido; hombres y mujeres que aumentaron en pureza de cuerpo, mente y espíritu, y que tocaron el cielo con sus oraciones y naciones con su pasión.

UNA NOTA PERSONAL
de Don Colbert

Dios desea sanarle de la enfermedad. Su Palabra está llena de promesas que confirman su amor por usted y su deseo de darle su vida abundante. Su deseo incluye algo más que la salud física para usted; Él quiere que usted también sea sano en su mente y su espíritu mediante una relación personal con su Hijo Jesucristo.

Si usted no ha conocido a mi mejor amigo, Jesús, me gustaría aprovechar esta oportunidad para presentárselo. Es muy sencillo. Si está usted preparado para permitir que Él entre en su vida y se convierta en su mejor amigo, lo único que necesita es hacer esta oración sinceramente:

Señor Jesús, quiero conocerte como mi Salvador y Señor. Creo que tú eres el Hijo de Dios y que moriste por mis pecados. También creo que resucitaste de la muerte y ahora estás sentado a la diestra del Padre orando por mí. Te pido que perdones mis pecados y cambies mi corazón para que pueda ser tu hijo y vivir contigo eternamente. Gracias por tu paz. Ayúdame a caminar contigo para que pueda comenzar a conocerte como mi mejor amigo y mi Señor. Amén.

Si ha hecho esta oración, acaba de tomar la decisión más importante de su vida. Me alegro con usted en su decisión y su nueva relación con Jesús. Por favor, póngase en contacto con mi editora en pray4me@charismamedia.com para que podamos enviarle algunos materiales que le ayudarán a consolidarse en su relación con el Señor. Esperamos oír de usted.

OTRAS SOLUCIONES PARA LIBERARSE DE LAS TOXINAS

AUNQUE ES VITALMENTE IMPORTANTE DESINTOXICAR SU cuerpo, hay otras medidas que puede usted tomar para vivir libre de los efectos de este planeta tóxico. A continuación hay algunas útiles soluciones adicionales para ayudarle a mantenerse sano.

Vertidos de petróleo

Si huele usted a gas o ve humo debido a vertidos de petróleo, permanezca en el interior de donde esté. También, encienda su aire acondicionado para reciclar el aire interior de modo que el aire del exterior no se filtre a la casa. Evite el esfuerzo físico que suponga demandas extra de sus pulmones y su corazón.

Siga las pautas locales y estatales para la salud pública en cuanto al consumo de mariscos y agua. Manténgase al día sobre las pautas sobre salud pública locales y estatales en cuanto a actividades acuáticas, como natación, navegación y pesca.

El contacto prolongado con disolventes de petróleo puede causar erupciones, piel seca e irritaciones oculares. Si usted experimenta una exposición prolongada a disolventes de petróleo, visite a su doctor inmediatamente.[1]

Radiación nuclear

Cuando esté expuesto a la radiación nuclear, preste atención a tres principios: tiempo, distancia y protección.[2]

Cuando se trata de tiempo, sepa que la cantidad de exposición aumenta y disminuye dependiendo de cuánto tiempo pase usted cerca de la fuente. Si el material radioactivo entra en el interior de su cuerpo, usted no es capaz de alejarse de él, de modo que el tiempo pasado cerca del material es constante hasta que se descomponga o el cuerpo lo elimine de modo natural.

Con respecto a la distancia, su exposición es menor cuanto más alejado esté de la fuente. Las partículas alfa y beta no son lo bastante fuertes para viajar lejos, pero los rayos gamma pueden viajar largas distancias y crear la necesidad de tener especial cuidado con la exposición distante. Como regla general, duplicar su distancia de la fuente radioactiva reducirá su poder de exposición en un factor de cuatro.

En general, cuanto mayor sea la protección que tenga de una fuente radioactiva, menos exposición tendrá a ella. La protección absorbe la radiación entre usted y la fuente, y la cantidad de protección requerida depende de la cantidad de energía desprendida por los rayos. Un material fino, como el papel, es lo bastante fuerte para proteger contra las partículas alfa. Ropas gruesas son suficientes para las partículas beta. Pero una protección mucho más pesada y densa, como el plomo, es necesaria para protegerse contra los potentes rayos gamma.

Los suplementos a tomar si es expuesto a la radiación nuclear incluyen yodo potásico (KI) y un impulsor del Glutatións como Max GXL (véase el Apéndice D). Los adultos deberían tomar 130 miligramos de yodo potásico (KI) o 1 pastilla. Los niños de edades comprendidas entre los tres y los dieciocho años deberían tomar 65 miligramos de KI a menos que pesen 69 kilos o más, y en ese caso pueden tomar la dosis de los adultos de 130 mg. Una sola dosis normalmente es todo lo necesario para proteger la glándula tiroides.

Contaminación del aire

Evite los lugares de mucha contaminación y los gases de los vehículos. Si está esperando un taxi en un aeropuerto y el aire en el exterior está lleno de gases del tráfico y de los autobuses, entonces espere dentro. No esté en una estación de autobuses en zonas donde hay muchos gases detrás de los autobuses. Nunca se quede en medio de mucho tráfico con su ventanilla bajada, y si está siguiendo a un motorista cuyo tubo de escape evite una nube de gases nauseabundos, tome otra ruta, si es necesario, para alejarse de esas peligrosas emisiones, que son elevadas en monóxido de carbono, hidrocarburos y muchos otros contaminantes químicos.

Nunca salga a correr por una autopista con tráfico en la que sus pulmones pueden estar absorbiendo elevadas cantidades de monóxido de carbono, hidrocarburos y otras toxinas.

Otras soluciones para liberarse de las toxinas

Síndrome de enfermedad de edificios

Puede minimizar el síndrome de enfermedad de edificios en su casa escogiendo alfombras menos tóxicas o instalando pisos de azulejo. Use pinturas menos tóxicas. Nunca compre ni use muebles fabricados con madera prensada o aglomerado. En cambio, escoja muebles de madera o de metal. Elija cortinas hechas de algodón en lugar de telas que hayan sido tratadas con formaldehido.

Las plantas tienen un uso práctico maravilloso, al igual que el de crear un ambiente atractivo. Las plantas realmente toman el dióxido de carbono y muchos otros gases peligrosos y proporcionan oxígeno puro y limpio. Si sospecha que el edificio de oficinas en el que usted trabaja está enfermo, rodee su lugar de trabajo de plantas. Plantas trepadoras, filodendros, helechos y hiedras son plantas que crecen fácilmente y son resistentes en interiores. Mejor aún, tienden a ser excelentes purificadores naturales del aire.

Bacterias, moho y levadura

Minimice su exposición a las esporas de moho y a los ácaros del polvo manteniendo los conductos de la calefacción y del aire acondicionado de su casa limpios. Establezca un calendario para la limpieza periódica, y cúmplalo.

Además, disminuya la humedad relativa en su casa hasta menos del 45 por ciento. Esto desalentará el crecimiento de moho y de ácaros del polvo. Tome nota especial de los cuartos en su casa que tiendan a ser más húmedos, como el cuarto de baño y la habitación de la colada.

Si vive en un clima muy húmedo, puede que quiera considerar adquirir un deshumidificador para su casa.

Utilice un purificador del aire como un filtro hepa o un filtro ionizador para eliminar del aire productos químicos y toxinas. Abra las ventanas y las puertas de su casa durante el día para que entre aire fresco. También es una buena idea abrir las ventanas o las puertas de su oficina para que entre aire fresco y difuminar parte del aire tóxico. Es aún mejor tener un ventilador de techo al lado de una ventana abierta, ya que se produce un mejor intercambio del aire.

Sin embargo, asegúrese de limpiar la parte de arriba del ventilador periódicamente.

Adquiera algunas plantas purificadoras del aire como trepadoras, hiedra o helechos, por nombrar unas pocas.

Contaminación por pesticidas

Una de las maneras más importantes en que puede reducir su exposición a los pesticidas es dejar de fumigar su casa. Pruebe métodos más naturales para el control de insectos, como rociar armarios con ácido bórico.

Evite el uso de ambientadores o desodorantes de aire. Pruebe ambientadores de aire más naturales, como un tiesto de flores fragantes sobre la mesa de su sala. Mejor aún, abra las ventanas en las mañanas frescas y las noches para airear su casa. Si tiene una ventana por la que entra una brisa regular, intente plantar cerca flores olorosas, como los jazmines. Las plantas aromáticas pueden refrescar su casa con un aroma agradable y natural mientras al mismo tiempo proporcionan un purificador de aire natural y oxígeno fresco.

Pida a todos los que lleguen a su casa que se quiten los zapatos antes de entrar. Esta es una manera significativa en que los pesticidas entran a la casa. El polvo de la casa puede acumular grandes cantidades de pesticida que han llegado desde el exterior, y aspirar cada día simplemente tiende a enviarlos al aire, empeorando aún más la situación. Es mucho más sencillo cultivar el hábito de hacer que todos se quiten los zapatos al entrar.

Humo de cigarrillos

No permita fumar en su casa. Evite zonas donde haya humo de cigarrillos.

Toxinas en nuestras aguas

Un filtro en la ducha, como el carbón vegetal o un filtro de ducha KDF (véase el Apéndice D) es eficaz para eliminar el cloro y así prevenir la formación de trihalometanos o THM.

Apéndice B

SU DIARIO DE AYUNO

Este diario especial de ayuno le ayudará a crecer y a desarrollarse como persona completa, cuerpo, mente y espíritu, a medida que aprender a ayunar. Aparte tiempo para reflexionar, escribir, orar y leer la Biblia durante su período de ayuno. No pasará mucho tiempo hasta que comenzará a tocar los dinámicos beneficios del ayuno para la limpieza y la sanidad del corazón, la mente, el cuerpo y el espíritu.

La página del diario de cada día incluye un lugar para que usted escriba sus oraciones, peticiones de oración, pensamientos y perspectivas. Ya que usted querrá repetir los períodos de ayuno, le recomiendo que utilice este apéndice cómo su guía para anotar su viaje de ayuno en su propio diario personal o cuaderno.

Este programa llama a períodos repetidos de dos o tres ayunos. Cada vez que ayune, regrese al diario y continúe donde lo dejó. Si usted ayuna durante períodos más prolongados, entonces recorra las páginas del diario cada día a lo largo de la duración de su ayuno.

Antes de comenzar...

Antes de que comience este tiempo de ayuno, oración, reflexión personal y crecimiento espiritual, aquí están algunas consideraciones que le ayudarán a preparar su corazón.

Durante su ayuno, medite en las Escrituras a lo largo del día, lea la Biblia y pida al Espíritu Santo, su Maestro, que le dé revelación divina.

Escuche grabaciones de enseñanza bíblica mientras va conduciendo, en el trabajo o en su casa, para ayudarle a permanecer enfocado en la Palabra de Dios.

Ore con tanta frecuencia como sea posible, o haga lo que dice la Escritura y ore sin cesar. Aparte ciertos períodos concretos para la oración y para escribir. A continuación hay algunas indicaciones que también ayudarán:

- Tome tiempo para estar tranquilo delante del Señor, y escuche la voz del Espíritu.
- Registre en su diario lo que el Espíritu Santo le está revelando.
- Escriba peticiones de oración.
- Escriba revelación y perspectivas que recibió durante el ayuno.
- Escriba respuestas a la oración.
- Escriba cualquier sueño, y ore por la interpretación.

Antes de comenzar, es importante que establezca los límites de su ayuno. Decida qué tipo de ayuno realizará. Marque las casillas a continuación que identifiquen ayuno o ayunos que estará usted implementando.

❏ Un ayuno parcial, como en Daniel

❏ Un ayuno con agua (no siga más de tres días a menos que sea supervisado por un doctor)

❏ Un ayuno a base de jugos de frutas y verduras (como desarrollamos en este libro)

❏ Un ayuno con un suplemento de proteína en polvo (como UltraClear Plus o UltraClycemX)

❏ Un ayuno de palabras (una negativa a pronunciar ninguna palabra que haga daño, hiera o cause temor, duda, enojo, peleas, vergüenza o culpabilidad)

❏ Un ayuno de medios de comunicación, televisión, Internet y radio a fin de escuchar la Biblia en audio o escuchar cintas de audio de enseñanza

❏ Un ayuno de palabras ásperas y críticas en casa (este ayuno le ayudará como madre o padre a utilizar un lenguaje que sea amable y edificante para los hijos. Le ayudará como esposo o esposa a pronunciar solamente palabras alentadoras y edificantes a su cónyuge)

❏ Un ayuno de murmuración (¿Está rodeado de murmuración, crítica y negatividad en el trabajo o con un

grupo social? Este ayuno le ayuda a obtener control
sobre tales ambientes sociales mortales y tóxicos.
Sencillamente niéguese a murmurar sobre nadie y niéguese a escuchar ninguna murmuración)

Ahora que ha establecido sus parámetros, es momento de comenzar. Oro para que estos días especiales de limpieza y sanidad sean uno de los días más satisfactorios de toda su vida. Oro para que experimente una salud renovada, energía y vitalidad. Además, oro para que su alma y su espíritu sean renovados y refrescados también.

Recuerde: si planea ayunar regularmente, en lugar de escribir en estas páginas del diario puede que quiera utilizarlas como pauta para anotar su viaje de ayuno en su propio diario personal o cuaderno. Ahora comencemos.

Día 1

Requisitos previos del ayuno

> No ayunéis como hoy, para que vuestra voz sea oída en lo alto. ¿Es tal el ayuno que yo escogí?
>
> —ISAÍAS 58:4-5

1. ¿Cuáles son sus propósitos para ayunar?

❑ Para que un hijo sea libre de las drogas o el alcohol

❑ Para liberar a un hijo rebelde

❑ Por la salvación de un hijo, amigo o familiar

❑ Para romper un espíritu de lucha en una casa, negocio o iglesia

❑ Para romper una relación adictiva

❑ Otro _____

2. ¿Está ayunando para obtener guía divina y revelación para usted mismo o un ser querido?

❑ Para decidir con quién casarse

❑ Para decidir qué empleo o campo de estudio escoger

❑ Para decidir dónde mudarse

❑ Para decidir qué tipo de trabajo Dios querría que realizase

❑ Por ascenso en su trabajo, como José fue ascendido de la casa de Potifar a ser el segundo al mando de todo Egipto después de faraón

❑ Por sabiduría para entender la necesidad de ese ascenso

❑ Otro _____

3. Compromiso: Escriba una declaración de compromiso a Dios sobre por qué está ayunando y lo que espera que se logrará durante este tiempo especial.

_____

_____

_____

_____

_____

_____

_____

4. Dedicación: Escriba una oración de dedicación, entregando este tiempo de ayuno a Dios y a sus propósitos en su vida.

_____

_____

_____

_____

_____

_____

_____

_____

Día 2

Arrepentimiento y reconciliación

Entonces invocarás, y te oirá Jehová; clamarás,
y dirá él: Heme aquí. Si quitares de en medio
de ti el yugo, el dedo amenazador, y el hablar
vanidad.

—ISAÍAS 58:9

El ayuno es un modo de ayudarle a entrar en la presencia de Dios,
donde puede ministrarle a Él mediante la alabanza, la adoración
y la acción de gracias. A continuación hay algunos pasos a seguir
para ayudarle a entrar en la presencia de Dios.

1. En primer lugar, identifique y confiese todo pecado antes
   del ayuno y arrepiéntase. También, hágalo durante el ayuno.
   Escriba una lista de cualquier pecado que pueda tener en su
   vida.

_____

_____

_____

2. Ahora, escriba una oración confesando y arrepintiéndose ante
   Dios por esos pecados.

_____

_____

_____

3. Pida al Espíritu Santo que identifique cualquier fortaleza como
   enojo, temor, odio, envidia, celos, amargura, falta de perdón,
   rechazo, vergüenza, culpabilidad, culpa, abandono, tristeza o

incapacidades que le estén separando de Dios. Pida al Espíritu Santo que le ayude a perdonarse a usted mismo y a cualquier otra persona que le haya ofendido, y rompa esa fortaleza.

_____

_____

_____

_____

4. El Espíritu Santo puede impulsarle a buscar reconciliación y restauración con alguien que le haya ofendido. Pida a Dios que le muestre cualquier persona o personas a las que deba acudir y con las que buscar reconciliación. ¿Cuáles son sus nombres?

_____

_____

_____

_____

5. Escriba una oración sincera pidiendo a Dios ayuda para perdonar verdaderamente y bendecir a TODOS los demás.

_____

_____

_____

_____

Día 3

Una promesa de renovación

\Jehová te pastoreará siempre, y en las sequías
saciará tu alma, y dará vigor a tus huesos; y
serás como huerto de riego, y como manantial
de aguas, cuyas aguas nunca faltan.
—ISAÍAS 58:11

La Biblia por promete renovación mental, física y espiritual durante el ayuno.

1. **Escriba sobre su necesidad de renovación.**

_____

_____

_____

_____

_____

2. **Escriba una oración pidiendo a Dios que renueve áreas específicas en su vida.**

_____

_____

_____

_____

_____

Día 4

Liberar las cargas

¿No es más bien el ayuno que yo escogí, desatar las ligaduras de impiedad, soltar las cargas de opresión?

—ISAÍAS 58:6

El ayuno también le hará libre de las cargas.

1. **Esto significa que un ayuno le capacitará para ser libre de cargas como:**

   ❏ Cargas financieras

   ❏ El estrés de la vida diaria

   ❏ Enfermedad crónica de usted mismo o un ser querido

   ❏ Problemas legales, incluyendo pleitos, bancarrotas, ejecuciones hipotecarias o encarcelamiento

   ❏ La carga de los impuestos

   ❏ Tratar con vecinos, compañeros de trabajo o familiares difíciles

2. **Escriba en su diario acerca de sus circunstancias.**

   _____

   _____

   _____

3. **Escriba una oración pidiendo la ayuda de Dios y entregando sus cargas a Dios. Dele gracias por ello.**

   _____

   _____

Día 5

Ayunar para sanidad

Y tu salvación se dejará ver pronto.
—Isaías 58:8

Una de esas cargas es la enfermedad. Puede que también ayune por una enfermedad larga o recurrente de usted mismo o de un ser querido.

1. **Enumere los seres queridos y sus necesidades por las cuales está ayunando.**

_____

_____

_____

_____

_____

2. **Escriba una oración pidiendo a Dios que sane a sus seres queridos.**

_____

_____

_____

_____

_____

_____

Día 6

Una liberación del poder de Dios

E irá tu justicia delante de ti, y la gloria de
Jehová será tu retaguardia.

—Isaías 58:8

El ayuno ayuda a liberar el poder del Espíritu Santo en la vida de la
persona.

1. **¿Quiere ver el poder de Dios liberado en su vida? Escriba al
   respecto.**

_____

_____

_____

_____

_____

_____

2. **Escriba una oración pidiendo a Dios más poder en su vida para
   conducir a más al Señor.**

_____

_____

_____

_____

_____

_____

_____

Día 7

Protección y seguridad

.... desatar las ligaduras de impiedad.
—ISAÍAS 58:6

El ayuno le proporcionará protección, seguridad y liberación.

1. 1. **¿En qué circunstancias necesita la ayuda de Dios?**

    ❏ Protección y liberación de la violencia doméstica

    ❏ Seguridad del daño físico

    ❏ Protección de su casa, sus finanzas y su negocio

    ❏ Por seguridad y protección de sus hijos en la escuela,
    en el cuidado diario o en cualquier otro lugar público

2. **El libro de Ester muestra protección divina de los hijos de Israel
   por el ayuno de Ester y Mardoqueo. Lea el libro de Ester hoy.**

3. **Cuando esté ayunando, debería tener comunión con Dios
   durante el ayuno. Así es como recibirá la protección de Dios
   y su liberación. El Salmo 91:1-3 da otras promesas que puede
   reclamar para usted mismo durante este período de ayuno.**

4. **Escriba una oración dando gracias a Dios por su protección.**

Día 8

Esperar los beneficios del ayuno

Entonces invocarás, y te oirá Jehová; clamarás,
y dirá él: Heme aquí.

—Isaías 58:9

1. **Mientras esté ayunando, también debería estar esperando. Espere que Dios haga cosas maravillosas en su vida mientras usted ayuna. Estudie la lista de beneficios del ayuno en la Biblia.**

❏ El ayuno edifica carácter e integridad. "Sino que golpeo mi cuerpo, y lo pongo en servidumbre, no sea que habiendo sido heraldo para otros, yo mismo venga a ser eliminado" (1 Corintios 9:27). El ayuno ayuda a romper la naturaleza carnal, lo cual nos permite ser guiados por el Espíritu y, por tanto, andar en integridad.

❏ El ayuno pone la carne bajo sujeción. Isaías 58:6 dice que el ayuno desatará las cadenas de impiedad.

❏ Muchas personas están controladas por los deseos de la carne. Romanos 13:14 nos advierte que no hagamos provisión para la carne para gratificar sus deseos. En 1 Pedro 2:11 se nos enseña a abstenernos de las pasiones de la carne.

❏ El ayuno nos permite desatar las cadenas de impiedad, que son las fortalezas de la carne.

❏ El ayuno nos capacita para buscar la presencia de Dios. Isaías 58:9, 11 dice: "Entonces invocarás, y te oirá Jehová; clamarás, y dirá él: Heme aquí... Jehová te pastoreará siempre, y en las sequías saciará tu alma, y dará vigor a tus huesos; y serás como huerto de riego, y como manantial de aguas, cuyas aguas nunca faltan".

❑ El ayuno nos capacita para predicar con poder y autoridad. Lea Hechos 1:8 y Hechos 13:3

❑ El ayuno permitirá avivamiento espiritual, primero en su propia familia y después en su iglesia, en su ciudad y finalmente en toda la nación. Lea 2 Crónicas 7:14.

2. scriba una oración dando gracias a Dios por todos los muchos beneficios que Él le está dando durante su ayuno.

_____

_____

_____

_____

_____

_____

_____

_____

_____

_____

_____

_____

_____

_____

Día 9

Ser guiado por el Espíritu durante el ayuno

Jehová te pastoreará siempre.

—ISAÍAS 58:11

Para entender todos los beneficios del ayuno, usted debe ser guiado por el Espíritu durante este período especial. Pase algún tiempo leyendo sobre el ayuno y sobre el Espíritu de Dios en la Biblia.

1. El ayuno debería ser guiado por el Espíritu para recibir beneficios espirituales. Lucas 4:1-2 explica cómo ayunó Jesús. Él fue enviado por el Espíritu y fue lleno del Espíritu.

2. Jesús respaldó el ayuno en Mateo 6:1-18, y dijo en realidad: "Cuando ayunes…". No dijo: "Si ayunas…". Sin embargo, cuando ayune según la dirección del Espíritu, hágalo con propósitos concretos en mente.

   ¿Qué propósitos dirigidos por el Espíritu tiene para ayunar hoy?

3. La Iglesia ayunaba cuando el Espíritu les guiaba o cuando tenían necesidad. Lea Hechos 13:1-3.

4. El Espíritu guió a Jesús al desierto. El Señor también guió a Moisés. En Éxodo 24:12 el Señor le dijo que subiese al monte. Allí, Moisés se quedó con Dios por cuarenta días y cuarenta noches sin alimentos ni agua. Lea estos relatos.

   Describa cómo siente que Dios le está guiando a comenzar a ayunar.

_____

_____

_____

_____

_____

_____

_____

_____

_____

_____

Debería ayunar cuando una necesidad o situación en la vida lo reclame. Si usted tiene una gran necesidad de escuchar del Señor para hallar dirección y guía, o cualquier otra de las anteriores razones, el Espíritu normalmente guiará a la persona a un ayuno.

5. Escriba una oración de gratitud a Dios por haberle guiado al ayuno.

_____

_____

_____

_____

_____

_____

_____

_____

Día 10

Su motivación para ayunar

He aquí que para contiendas y debates
ayunáis.

—Isaías 58:4

1. Pase algún tiempo reflexionando sobre sus propios motivos
para ayunar. ¿Son puros sus motivos? Reflexione en las preguntas siguientes.

❑ Los fariseos demostraban orgullo espiritual cuando
ayunaban. ¿Son sus motivos para impresionar a otros?

_____

_____

_____

❑ El ayuno no vale la pena si se convierte en un ritual o
rutina. ¿Se ha convertido el ayuno solo en una parte
rutinaria de su vida?

_____

_____

_____

❑ ¿Obtendrá usted ganancia o beneficio personal del
ayuno, o es para el beneficio del Señor?

_____

_____

_____

❑ Deberíamos ayunar por el beneficio de los demás, no solo por nosotros mismos. ¿Beneficiará su ayuno a otros?

_____

_____

_____

2. Escriba una oración pidiendo a Dios que le perdone por cualquier motivo equivocado para ayunar y que llene su corazón y su mente de motivos que sean puros.

_____

_____

_____

Apéndice C
CONSEJOS PARA COMER SANO

En el capítulo 6 hablamos de la importancia de escoger frutas y verduras orgánicas para evitar los productos químicos utilizados como pesticidas y fertilizantes en la mayoría de los alimentos que se producen comercialmente. Comprendo que puede que sea difícil cambiar a una dieta totalmente orgánica para el propósito de la dieta de desintoxicación, ya que el costo de las verduras y productos orgánicos puede que sea un poco caro para su presupuesto. Recomiendo que comience eligiendo tan solo algunos alimentos orgánicos. A medida que pueda progresar hacia alimentos producidos más orgánicamente, estará en el camino hacia una dieta sana.

La definición técnica de *alimentos orgánicos* es "productos alimenticios que son cultivados con la adición solamente de fertilizantes animales o vegetales al terreno, como estiércol, hueso molido y abono". Los alimentos orgánicos se producen sin el uso de pesticidas artificiales y fertilizantes químicos, y son mínimamente procesados. Esto significa que no contienen grasas hidrogenadas, aditivos artificiales, conservantes u organismos genéticamente modificados, también conocidos como GMO.

Consejos útiles para comprar en el supermercado

Incluir los siguientes alimentos en su dieta le ayudará a eliminar alimentos dañinos y a comenzar a alimentar su cuerpo de manera más natural. Las siguientes categorías de alimentos verdaderos deberían ser parte de su dieta diaria familiar.

- Frutas frescas orgánicas
- Verduras frescas orgánicas
- Hojas verdes para ensaladas
- Panes integrales como pan de centeno, espelta, mijo o arroz integral (evite el trigo)
- Agua: consuma mucha agua filtrada o embotellada
- Jugos recién exprimidos

- Leche de arroz, de almendras y de sésamo
- Frutos secos (como almendras, nueces y nueces de Macadamia) y semillas (como semillas de calabaza, de girasol, de sésamo o de linaza)
- Hierbas frescas siempre que sea posible
- Tés de hierbas como té de cardo mariano, té de espárragos, té verde, té blanco, té negro, té de camomila y otros
- Huevos producidos orgánicamente
- Pescado como salmón, sardinas y atún tongal
- Pollo de corral u orgánicamente criado

Productos a evitar

Desde luego, junto con añadir alimentos que pueden ser nutritivos para su cuerpo, debería evitar alimentos que puedan tener efectos dañinos. La siguiente es una lista parcial de alimentos que deberían evitarse generalmente cuando se realice este programa:

- Café
- Productos lácteos (leche, queso, yogur, crema)
- Azúcar
- Pasta de trigo
- Arroz blanco
- Sal
- Alcohol
- Aditivos alimentarios artificiales
- Patatas fritas
- Endulzantes artificiales como el aspartame
- Grasas hidrogenadas
- Bebidas carbonatadas
- Alimentos procesados como pan blanco, galletas saladas, rosquillas y pretzels
- Maíz

Puede desvincularse de hábitos de comida poco sanos sustituyendo conscientemente productos alimentarios dañinos que han sido sus favoritos por mucho tiempo por otros parecidos pero sanos. Compruebe el siguiente esquema para ver qué alimentos necesita sustituir en su dieta, y escoja alternativas sanas. Dese a usted mismo una oportunidad; ¡puede que de verdad le gusten!

SUSTITUCIONES SALUDABLES

Viejo favorito	Sustituto sano
Pan de trigo	Mijo, arroz integral (sin gluten), espelta u otros panes sin trigo
Pasta de trigo	Pasta hecha de espelta, arroz, mijo u otra pasta sin trigo
Leche entera	Leche de arroz, almendra o sésamo
Postres dulces/ mantequilla	Mantequilla de nuez, puré de garbanzos, tahini y guacamole. Frutas frescas con Stevia o Splenda
Cereales azucarados	Muesli con fruta fresca, cereales de mijo o cereales de arroz

Pautas saludables para la preparación de alimentos

No corte o prepare frutas o verduras antes de que esté listo para comerlas. Puede que se vea tentado a cortar ese melón o esos palitos de zanahoria solo por la comodidad de poder agarrarlos más adelante del refrigerador. Sin embargo, las frutas y las verduras pierden sus nutrientes cuando son cortadas y almacenadas. Es mejor prepararlas cuando sabe que serán comidas de inmediato.

No cocine los alimentos con demasiada antelación. Aunque a las amas de casa ocupadas les gusta preparar las comidas con antelación, necesitan entender que recalentar la comida y las obras les quita a los alimentos valiosas vitaminas, minerales y nutrientes.

Las frutas y verduras deberían comerse con piel siempre que sea posible, porque muchas vitaminas y minerales realmente se concentran justamente debajo de la cáscara. Debería ser seguro comer la capa exterior de las frutas y verduras orgánicas; sin embargo, si no ha adquirido productos orgánicos, es imperativo que lave esas frutas y verduras con cuidado. (Véase el capítulo 6 para obtener información sobre lavar frutas y verduras).

Como hemos hablado, es mejor utilizar frutas y verduras frescas y cultivadas orgánicamente; sin embargo, si no tiene a su disposición productos frescos, escoja frutas y verduras congeladas, ya que su valor nutritivo es parecido. Evite siempre las frutas y verduras enlatadas.

Aparatos eléctricos útiles y esenciales de la cocina

A continuación se enumeran aparatos eléctricos que son beneficiosos en la preparación de las comidas. Aunque su cocina no tiene que estar equipada con estos aparatos eléctricos a fin de comer sano, pueden ser útiles para ahorrar tiempo en la cocina. Estos aparatos le permiten preparar las comidas con mayor facilidad de modo que usted pueda seguir con su vida y pasar más tiempo de calidad con su familia.

- Vaporera: hervir ligeramente las verduras evita que se pierdan importantes vitaminas y minerales, haciendo así que las verduras tengan mejor sabor y sean mejores para usted.
- Batidora: una batidora es muy útil cuando se hacen sopas y batidos.
- Exprimidor: puede valer la pena invertir en un exprimidor. Al exprimir frutas y verduras, usted consume todos los nutrientes de los productos y elimina conservantes e ingredientes artificiales. Mi favorito es el exprimidor Vitamix.
- Batería de cocina de acero inoxidable o porcelana es mejor. *No* utilice aluminio. Los residuos del aluminio en las baterías de cocina o del papel de aluminio pueden transferirse a nuestros cuerpos como minerales tóxicos. Por tanto, es mejor evitar utilizar el aluminio.

Consejos para escoger el proceso de cocinado más beneficioso

Una sana regla general para comer de modo saludable es comer tan cerca de la naturaleza como sea posible, escogiendo alimentos vivos (véase el Apéndice D para información sobre *Los Siete Pilares de la Salud*). Las frutas y verduras crudas son las mejores. Sin embargo, después de haber escogido una buena parte de su dieta con alimentos crudos, hay maneras sanas de preparar los alimentos. Le recomiendo que pruebe las siguientes:

- *Cocer al vapor* es una manera maravillosa de cocinar verduras. Cocer ligeramente las verduras causa muy poca pérdida de nutrientes.

- *Sofreír* es un buen método para cocinar porque los alimentos se cocinan ligeramente de modo que retienen la mayoría de sus nutrientes. Pruebe a sofreír utilizando una pequeña cantidad de caldo de verduras o de agua en lugar de aceite. Si el aceite es esencial para la preparación de la comida, utilice una pequeña cantidad de aceite de oliva extra virgen.

- *Hervir* no es un método ideal para cocinar verduras. Sin embargo, si debe hervir verduras, haga hervir primero el agua y después añada las verduras durante breves momentos. No permita que se empapen en el agua. Escúrralas de inmediato y sírvalas.

- *Asar* es un método aceptable de preparación de alimentos. Puede seguir disfrutando del sabor de carnes y verduras asadas si las prepara con seguridad. Al asar sus carnes de corral, sencillamente evite quemar la carne. La carne quemada contiene un producto químico llamado benzopireno, que es una sustancia muy carcinogénica.

Apéndice D

INFORMACIÓN SOBRE PRODUCTOS

A LO LARGO DE ESTE LIBRO PUEDE QUE HAYA OBSERVADO QUE se han mencionado varios productos. Para su comodidad, a continuación hay una lista de esos productos y cómo adquirirlos:

- Suplementos para impulsar el Glutatión
  - Max GXL: tres cápsulas tres veces al día (impulsa el Glutatión el 292 por ciento) www.drcolbert.com
  - Max One: cápsula dos veces al día (impulsa el Glutatión el 267 por ciento) www.drcolbert.com

- Bebidas con fitonutrientes
  - Green Superfood www.drcolbert.com
  - Polvo de frutas y verduras orgánicas www.drcolbert.com

- Extracto de semilla de uvas y de corteza de pino
  - Divine Health OPC 1 cucharada al día www.drcolbert.com

- Batidora
  - Batidora Vitamix (www.vitamix.com. Utilice el siguiente código al hacer su pedido: 06-006584)

- Complejos vitamínicos
  - Divine Health Multivitamin
  - Divine Health Living Multivitamin

- Cardo mariano Divina Health Milk Thistle: una pastilla dos veces al día

- Extracto de té verde Divine Health: 100 mg/pastilla dos o tres veces al día

- Fosfatidil colina: cinco cápsulas una o dos veces al día

- Extracto de remolacha

- Beta TCP: dos pastillas tres veces al día
- Fibra
  - Divine Health Fiber Formula
- Probiótica
  - Divine Health Probiotic: 20 mio millones CFU (lactobacillus, bífido y sacro B)
  - Theralac: 30 mil millones CFU (lactobacillus, bífido, lactoferrina)
  - Probiomax: 50 mil millones CFU (lactobacillus, 50 mil millones de CFU bífido, saccharomyces boulardii)
  - Sarco B: 5 mil millones de organismos vivos
- Análisis completo de deposiciones digestivas con parasitología
  - Contactar: Genova, www.gdx.net
- Agua alcalina
  - Life Ionizer www.drcolbert.com
- Fórmulas para desintoxicación
  - Ultraclear Renew
  - Ultraclear Plus PH
  - Contactar: Metogenics 1-800-692-9400
  - Para pedidos, utilice el código W7741
- Sauna de infrarrojos
  - TheraSauna: 1-888-729-7727, www.therasauna.com
  - Infrared Lamp Sauna: 1-800-528-4067, www.drlwilson.com
- Suplemento para la diabetes tipo 2
  - UltraGlycemX medical food
  - Contactar: Metagenics 1-800-692-9400
  - Para pedidos, utilice el código W7741
- BioDolphilus-FOS (bacterias beneficiosas con FOS) y Cytozyme AD (para apoyo suprarrenal); disponible en Biotics en 1-800-874-7318

- Divine Health Green Superfood, Divine Health Multivitamin, Divine Health Vitamin C, y otros productos Divine Health: llame al 407- 331-7007 o visite la página web en www.drcolbert.com.

- Serie en audio *Los Siete Pilares de la Salud*: llame al 407- 331-7007 o visite la página web en www.drcolbert. com.

- Análisis de deposición digestiva con parasitología, análisis de permeabilidad intestinal y análisis de alergias alimentarias: contacte con Great Smokies Diagnostic Laboratories en su página web: www.gsdl.com.

- Inuflora y Primal Defense: llame a Longevity Plus al 1-800-580-7587.

- Agua para el bienestar y filtros para la ducha. Llame a WellnessFilters.com al 1-888- 667-8082, ext. 214.

- L-Glutamine Plus: llame a Nutri-West al 1-800-451-5620. (Por favor, mencione el nombre del Dr. Colbert al pedir)

- Sauna de infrarrojos: contacte con QCA spas y/o TheraSauna al 1-563-359-3881 o visite su página web en www.qcaspas.com. También puede escribir por correo electrónico a qcaspas@qcaspas.com.

- The Alkalizer Water System; para más información, escriba a info@alkalizer.com. DBS, Inc. ofrece a los lectores del Dr. Colbert un descuento de $100 por unidad. Simplemente proporcione este código al pedir: DC7007.

- Therapeutics al 1-800-931-1709. Debe indicar PCP#5266 al pedir.

- Living Fuel: llame al 1-866-580-FUEL (3835) para pedir. También puede visitar su página web en www.livingfuel.com.

- Para localizar a un nutricionista, llame a ACAM al 1-800-LEAD-OUT (1-800-532-3688).

NOTAS

Introducción

1. Elizabeth Frazão, "High Costs of Poor Eating Patterns in the United States". Capítulo 1, Agencia para la Protección Medioambiental, http://www.ers.usda.gov/publications/aib750/aib750a.pdf (consultado el 9 de septiembre de 2011).

Capítulo 1—Nuestra tierra tóxica

1. Maureen Hoch, "New Estimate Puts Gulf Oil Leak at 205 Million Gallons", PBS NewsHour, August 2, 2010, http://www.pbs.org/newshour/rundown/2010/08/new-estimate-puts-oil-leak-at-49-million-barrels.html (consultado el 23 de julio de 2011).

2. Bryan Walsh, "Assessing the Health Effects of the Oil Spill", *TIME*, 25 de junio 2010, http://www.time.com/time/health/article/0,8599,1999479,00.html (accesado el 20 de junio de 2011).

3. Shari Roan, "Possible Health Effects of Nuclear Crisis", Los Angeles Times, 16 de marzo 2011, http://articles.latimes.com/2011/mar/16/health/la-he-japan-quake-radiation-20110316 (consultado el 6 de junio de 2011).

4. VOA News, "Two Japanese Workers Exceed Radiation Exposure Limits", 3 de junio 2011, http://www.voanews.com/english/news/asia/east-pacific/Two-Japanese-Workers-Exceed-Radiation-Exposure-Limits-123102673.html (accesado 7 de junio 2011).

5. Majirox News, "Fukushima Evacuation Zone Areas Uninhabitable, PM to Apologize", 21 de agosto 2011, http://www.majiroxnews.com/2011/08/21/fukushima-evacuation-zone-areas-uninhabitable-pm-to-apologize/ (accesado el 24 de agosto de 2011).

6. Jacqueline Krohn, *Natural Detoxification* (Vancouver, BC: Hartley & Marks Publishers, Inc., 1996).

7. C. C. Patterson, "Contaminated and Natural Lead Environments of Man", Archives of Environmental Health 11 (1965):344.

8. E. Cranton, *By-Passing By-Pass* (Troutdale, VA: Medex Publishers, 1996), p. 97.

9. Richard Knox, "How Will the Gulf Oil Spill Affect Human Health?" NPR, 23 de junio 2010, http://www.npr.org/templates/story/story.php?storyId=128008826 (accesado el 20 de junio de 2011).

10. Ibíd.

11. Ibíd.

12. Ibíd.

13. Bryan Walsh, "What Is the Health Impact of the Spill?" *TIME*, 16 de agosto 2010, http://www.time.com/time/health/article/0,8599,2010953, 00.html (accesado el 6 de junio de 2011).

14. Ibíd.

15. Ibíd.

16. Ibíd.

17. Bryan Walsh, "Assessing the Health Effects of the Oil Spill".

18. Neil Katz, "Radiation Exposure: What's the Danger for Japan and America?" CBSNews.com, 15 de marzo 2011, http://www.cbsnews.com/ 8301-504763_162-20043313-10391704.html (accesado 20 de junio de 2011).

19. Ibíd.

20. Mehul Srivastava and Simeon Bennett, "Radiation Contamination Risk Growing as Japan Nuclear Crisis Deepens: Q&A", Bloomberg News, 16 de marzo 2011, http://www.bloomberg.com/news/2011-03-16/radiation -contamination-risk-growing-as-japan-nuclear-crisis-deepens-q-a.html (accesado el 20 de junio de 2011.

21. Ibíd.

22. BBC News, "Japan 'Unprepared' for Fukushima Nuclear Disaster", 7 de junio 2011, http://www.bbc.co.uk/news/world-asia-pacific-13678627 (accesado el 7 de junio de 2011).

23. Deborah Dupre, "Children Sickness Linked to Fukushima Radiation", Examiner.com, 19 de junio 2011, http://www.examiner.com/human -rights-in-national/children-sickness-linked-to-fukushima-radiation (accesado el 20 de junio de 2011).

24. The Japan Times, "Radioactive Strontium Detected 62 Km From Fukushima No. 1 Plant", 10 de junio 2011, http://search.japantimes.co.jp/ cgi-bin/nn20110610a2.html (accesado el 20 de junio de 2011).

25. Ibíd.

26. Environmental Protection Agency, "2009 Toxics Release Inventory: National Analysis Overview", http://www.epa.gov/tri/tridata/tri09/nationa-lanalysis/overview/2009TRINAOverviewfinal.pdf (accesado el 23 de julio de 2011).

27. Joseph Mercola con Rachael Droege, "How to Avoid the Top 10 Most Common Toxins", Mercola.com, 19 de febrero 2005, http://articles .mercola.com/sites/articles/archive/2005/02/19/common-toxins.aspx (accesado el 16 de mayo de 2011).

28. Ibíd.

29. Ibíd.

30. *Harrison's Principles of Internal Medicine*, 12th edition (New York: McGraw-Hill), 1991.

31. Joanna Zelman, "Power Plant Air Pollution Kills 13,000 People Per Year, Coal-Fired Are Most Hazardous: ALA Report", *Huffington Post*,

15 de marzo 2011, http://www.huffingtonpost.com/2011/03/14/power-plant
-air-pollution-coal-kills_n_833385.html (consultado el 6 de junio de 2011).

32. ScienceDaily.com, "Prenatal Pesticide Exposure Tied to Lower IQ
in Children, Study Finds", April 22, 2011, http://www.sciencedaily.com/
releases/2011/04/110421082519.htm (consultado el 16 de mayo de 2011).

33. Alice Park, "Study: A Link Between Pesticides and ADHD", *TIME
.com*, 17 de mayo 2010, http://www.time.com/time/health/article/0,8599,
1989564,00.html (consultado el 16 de mayo de 2011).

34. 22nd Annual Surgeon General's Report on Smoking and Health.

35. Rebecca Sutton, "CDC: Americans Carry Body Burden of Toxic
Sunscreen Chemical", Environmental Working Group, 25 de marzo 2008,
http://www.ewg.org/analysis/toxicsunscreen (consultado el 14 de junio de
2011).

36. Karl Tupper, "At Long Last: EPA Releases Pesticide Use Statistics",
Pesticide Action Network, Ground Truth blog, 22 de febrero 2011, http://
www.panna.org/blog/long-last-epa-releases-pesticide-use-statistics (consultado el 10 de junio de 2011).

37. Agencia para la Protección Medioambiental, "Pesticides Industry
Sales and Usage Report", 2006 and 2007 Usage, página 11.

38. G. T. Sterling et al, "Health effects of phenoxy herbicides", *Scandina-
vian Journal of Work Environmental Health* 12 (1986): pp. 161–173.

39. Joseph Mercola, "Toxic Chemicals Found in Nearly All Foods", Mer-
cola.com, 24 de diciembre de 2000, http://articles.mercola.com/sites/arti-
cles/archive/2000/12/24/chemicals-pop.aspx.

40. Ibíd.

41. Rachel Carson, *Silent Spring* (Boston MA: Houghton, Mifflin, 1962).

42. Krohn, *Natural Detoxification*.

43. John Lee et al., *What Your Doctor May Not Tell You About Preme-
nopause* (New York: Waner Books, 1999).

44. Puesto a disposición por Environmental Working Group en www.
foodnews.org.

45. Institute for Agriculture and Trade Policy, "Playing Chicken: Avoi-
ding Arsenic in Your Meat", abril de 2006, http://www.iatp.org/files/
421_2_80529.pdf.

46. J. B. Weston y E. Richter, *The Israeli Breast Cancer Anomaly* (New
York: Academy of Sciences, 1990), pp. 269–279.

47. J. Beasley et al, "The Kellogg Report: The Impact of Nutrition, Envi-
ronment and Lifestyle on the Health of Americans", New York Institute of
Health Policy and Practice, The Baird College Center, 1989.

48. Joseph Mercola y Rachael Droege, "How to Avoid the Top 10 Most
Common Toxins".

49. Theo Colborn, *Our Stolen Future* (New York: Penguin Group, 1997), pp. 150–152.

50. Ibíd.

51. Joseph Mercola y Dietrich Klinghardt, "Mercury Toxicity and Systemic Elimination Agents", Mercola.com, http://www.mercola.com/article/mercury/mercury_elimination.htm (consultado el 1 de junio de 2011).

52. Ibíd.

53. Agencia para la Protección Medioambiental, "What You Need to Know About Mercury in Fish and Shellfish", http://water.epa.gov/scitech/swguidance/fishshellfish/outreach/advice_index.cfm (consultado el 25 de julio de 2011).

54. Joseph Mercola y Rachael Droege, "How to Avoid the Top 10 Most Common Toxins".

Capítulo 3—¿Sobrealimentados y con hambre?

1. Elizabeth Frazão, "High Costs of Poor Eating Patterns in the United States". Capítulo 1, Agencia para la Protección Medioambiental, http://www.ers.usda.gov/publications/aib750/aib750a.pdf (consultado el 9 de septiembre de 2011).

2. Don Colbert, MD, *What You Don't Know May Be Killing You* (Lake Mary, FL: Siloam Press, 2000), p. 108.

3. Joseph Mercola, "12 Food Additives to Avoid", Mercola.com, 24 de junio 2008, http://articles.mercola.com/sites/articles/archive/2008/06/24/12-food-additives-to-avoid.aspx (consultado el 8 de junio de 2011).

4. C. H. Barrows, "Nutritional Aging: The Time Has Come to Move From Laboratory Research to Clinical Studied", Geriatrics 32 (1977): p. 39.

5. Paul Bragg, *The Miracle of Fasting* (Santa Barbara, CA: Health Science, 1983).

6. C. Ruckner et al., *The Seventh-Day Adventist Diet* (New York: Random House, 1991).

7. B. Jensen, *Tissue Cleansing Through Bowel Management* (Escondido, CA: Bernard Jensen Enterprises, 1981).

8. Ibíd.

9. Joseph Mercola, "Nine Hidden Toxins Lurking in Your Food", Mercola.com, 1 de septiembre 2009, http://articles.mercola.com/sites/articles/archive/2009/09/01/9-hidden-toxins-lurking-in-your-food.aspx (consultado el 7 de junio de 2011).

10. Ibíd.

Capítulo 5—La alegría de los jugos

1. Fuente obtenida de la Internet: http://www.ams.usda.gov/fu//.

2. J. Selhub, et al., *American Medical Association,* 270 (1993): pp. 2693–2726.

3. R. G. Ziegler, "A review of epidemiologic evidence that carotenoids reduce the risk of cancer", *JNutr* 119 (1989): pp. 116–122.

4. E. Giovannucci et al., "Tomatoes, lycopene and prostate cancer", *Proc Soc Esp Biol* 218 (1998): pp. 129–139.

5. "Caret Trial", by the National Cancer Institute, n.p.

6. K. A. Steinmetz et al., "Vegetables, Fruit and Cancer", Two Mechanism, *Canc Causes Control*, 2 (1991) : pp. 427–442.

7. American Cancer Society "Nutrition and prevention", (New York: American Cancer Society, 1984).

8. D. Ahn et al, "The Effects of Dietary Ellagic Acid on Rat Hepatic and Esophageal Mucosal Cytochrome P450 and Phase II Enzymes", *Carcinogenesis* 17 (1996): pp. 821–828.

9. S. A. Glynn et al., "Folate and Cancer: A Review of the Literature", *New England Journal of Medicine* (1998): pp. 1176–1178.

Capítulo 6—Ayuno de desintoxicación del Dr. C
1. Elson Haas, MD, *Staying Healthy With Nutrition* (Berleley, CA: Celestial Arts Pub., 1992).

Capítulo 7—Su boxeador profesional campeón
1. Chun LJ, Tong MJ, Busuttil RW, Hiatt JR., "Acetaminophen Hepatotoxicity and Acute Liver Failure", *Clin Gastroenterol.* 2009 Apr; 43(4):342-9.

Capítulo 8—Un programa nutricional para un hígado saludable
1. Mark Hyman, MD, "Glutathione: The Mother of All Antioxidants", *Huffington Post,* 10 de abril 2010, http://www.huffingtonpost.com/dr-mark-hyman/glutathione-the-mother-of_b_530494.html (accesado 31 de mayo 2011).

2. Ibíd.

3. Thomas E. Levy, MD, JD, *GSH: Master Defender Against Disease, Toxins, and Aging* (Henderson, NV: LivOn Books, 2008), pp. 10–11.

4. Frank D. Gilliland et al., "Glutathione S-Transferases M1 and P1 Prevent Aggravation of Allergic Responses by Secondhand Smoke", *American Journal of Respiratory and Critical Care Medicine,* Vol. 174, 2006, pp. 1335–1341; I. Rahman y W. MacNee, "Oxidative Stress and Regulation of Glutathione in Lung Inflammation", *European Respiratory Journal*, Septiembre 2000, pp. 534–554; C. Duong et al., "Glutathione Peroxidase-1 Protects Against Cigarette Smoke-Induced Lung Inflammation in Mice", *American Journal of Physiology: Lung Cellular and Molecular Physiology,* Septiembre 2010, L425–433.

5. E. Lubos, J. Loscalzo, y D. E. Handy, "Glutathione Peroxidase-1 in Health and Disease: From Molecular Mechanisms to Therapeutic Opportunities", *Antioxidants and Redox Signaling,* 10 de abril 2011.

6. *Life Extension,* "Heavy Metal Toxicity", http://www.lef.org/protocols/prtcl-156d.shtml (accesado 31 de mayo 2011).

7. J. E. Biaglow et al., "Factors Involved in Depletion of Glutathione From A549 Human Lung Carcinoma Cells: Implications for Radiotherapy", *International Journal of Radiation Oncology, Biology, Physics,* Agosto 1984, pp. 1221–1227.

Capítulo 9—"Elimine lo negativo"

1. Don Colbert, M.D., *The Bible Cure for Heartburn and Indigestion* (Lake Mary: FL Siloam Press, 1999), p. 3.

2. D. Burkett y H. Trowell, *Western Diseases and Their Emergence and Prevention* (Cambridge, MA: Harvard University Press, 1981).

3. Ibíd.

4. Colbert, *The Bible Cure for Heartburn and Indigestion,* p. 4.

5. K. J. Pienta, et al., "Inhibition of Spontaneous Metastasis in Rat Prostate Cancer Model by Oral Administration of Modified Citrus Pectin", *Journal of the Nutritional Cancer Institute,* 87 (1995): pp. 348–353.

Capítulo 10—Encontrar sanidad por medio del ayuno

1. George H. Malkmus, *Why Christians Get Sick* (Shippensburg, PA: Destiny Image Publishers, 1995), pp. 19, 103.

2. Arnold Ehret, *Mucusless Diet and Healing System* (Beaumont, CA: Ehret Literature, 1972).

3. Dean Ornish et al., "Can Lifestyle Changes Reverse Coronary Heart Disease?" *Lancet* 336 (1990): pp. 129–133.

4. Bragg, *The Miracle of Fasting.*

5. H. L. Steward, *Sugar Busters* (New York: Ballantine Books, 1998), p. 246.

Capítulo 11—Ayuno espiritual: de qué se trata

1. J. B. Lightfoot, *The Apostolic Fathers,* editado y completado por J. R. Harner (Grand Rapids, MI: Baker Books Press, 1956).

Apéndice A—Otras soluciones para liberarse de las toxinas

1. Centers for Disease Control and Prevention, "What to Expect From the Oil Spill and How to Protect Your Health", http://www.bt.cdc.gov/gulfoilspill2010/what_to_expect.asp (consultado el 1 de junio de 2011).

2. Agencia para la Protección Medioambiental, "Radiation Protection Basics", http://www.epa.gov/radiation/understand/protection_basics.html (consultado el 1 de junio de 2011).

SOBRE EL AUTOR

Don Colbert, Doctor en Medicina, nació en Tupelo, Mississippi. Estudió en la Escuela de Medicina Oral Roberts en Tulsa, Oklahoma, donde obtuvo una licenciatura de ciencias en biología además de su título en medicina. El Dr. Colbert completó sus prácticas y su residencia en el hospital Florida en Orlando, Florida. Es un médico certificado en medicina de familia, y ha recibido una amplia formación en medicina nutricional.

Para que el Dr. Don y Mary Colbert realicen un seminario sobre salud en su iglesia o ciudad, para otras conferencias, o si querría tener más información sobre los productos *Divine Health Nutritional*, puede contactar con:

DON COLBERT, MD
1908 Boothe Circle
Longwood, FL 32750
Teléfono: 407-331-7007
Página web: www.drcolbert.com.

DESCARGO DE RESPONSABILIDAD: El Dr. Colbert y el personal de Divine Health Wellness Center tienen prohibido abordar el estado médico de un paciente por teléfono, fax o correo electrónico. Por favor, refiera las preguntas relacionadas con su estado médico a su propio doctor de atención primaria.